2024
リニューアル
対応

文部科学省後援

英検®級1

総合
問題集

音声DL
付き

植田一三 編著

由良 毅／
上田敏子／
中坂あき子 著

8日間で
一気に合格!

プロローグ

　英検 1 級は、高度な英語の技能があるかを評価できる、充実したバランスの取れた検定試験であると同時に、この資格試験合格を目指して英語の勉強をすれば、確実に英語の運用力や一般教養や社会情勢の知識が UP する素晴らしい資格検定試験です。それだけに準 1 級と違って、本腰を入れて勉強しなければ合格するのが難しい試験となっています。

　まず語彙問題では、英字紙をはじめとする様々な文献を読んで内容を理解するのに最低必要な「**10000 語水準の語彙力**」があるかどうかがテストされます。次にリスニング問題では、会話、ドキュメンタリーや様々な状況の案内・メッセージ、インタビューなど、どんな英語でも聞き取れるリスニング力が要求されます。また、リーディング問題では、時事的な英文記事やアカデミックな英文ジャーナルを読解する力を試されます。そしてライティング問題では、社会問題を分析し、それについて自分の意見を書く能力が、二次試験のスピーキング問題では、英語て社会問題について論評する力が評価されます。

　英語のスキルを検定試験のレベルでとらえると、英検 2 級（TOEIC 500 点）→準 1 級（TOEIC 730 点）→英検 1 級（TOEIC 900 点・国連英検 A 級・IELTS 6.5-7)→国連英検特 A（TOEIC 990 点・IELTS 7.5-8)→技術英検プロフェッショナル（IELTS 8-8.5）となり、英検 1 級は英語の習得の中間地点であることがわかります。また、1 級に合格できる英語の運用力が、英語放送や洋書洋雑誌や英語での社会問題エッセイライティングやディスカッションがエンジョイできるようになるのに最低必要なレベルとなっています。

　ではどうすれば英検 1 級に合格し、そのレベルの英語力に達することができるのでしょうか。ほとんどの人は過去問題集を何回か解いただけでは合格ラインのスコアに達しないでしょう。それは「**英語体力**」が 1 級水準に至っていないからで、それを伸ばすための 3 大要素とは次のとおりです。

---

① 効果的でシステマティックなボキャブラリービルディングをする。
② 社会問題に興味を持ち、英文献を読んでリサーチし、自分の意見を英語で論理的に述べられるようにする。
③ CNN ENGLISH EXPRESS や英語のドラマや英語ニュースなどの生の英語を毎日視聴する。

次に、合格するためのスコアは、語彙問題は最低 18 問正解し、読解とリスニング問題は 7 割ぐらい正解する必要があります。またライティングは 32 点満点中（内容・構成・語彙・文法で平均 6.5 点）26 点を取る必要があります。しかし、準 1 級に何とか合格したレベルの 1 級受験者にとって、どのセクションも 7 割以上取ることは非常にチャレンジングです。こういったことを踏まえて、1 級に合格するための勉強方法と所要時間を見てみると次のようになります。

◎英検 1 級合格への勉強方法と最低所要時間とは！？

1. 語彙問題対策は、本書を通してのボキャビルの他に、準 1 級単語の漏れをなくすと同時に、『でる単語だけ大特訓　英検 1 級 TOP 800』（オープンゲート）や『英検 1 級英単語大特訓』（ベレ出版）などで、9000 から 10000 語水準の語彙をマスターする。1 日平均 30 分（歩きながらや電車に乗ったときにその音源を聞いて復習すると効果倍増）。

2. リスニング問題対策は、本書で攻略法を学び、対策問題集をやると同時に、CNN ENGLISH EXPRESS を聞いてトレーニングする。1 日平均 30 分。

3. 読解問題対策は、本書で攻略法を学び、過去の英検問題最低 10 回分を解く。1 日平均 30 分。

4. エッセイライティング問題対策は、20 本程度を書いて添削を受ける。1 日平均 30 分。

このように 1 日約 2 時間をほぼ 1 カ月システマチックかつインテンシブに勉強すれば、G1-5 や -4 ぐらいの人なら、1 級に合格できる可能性があります。

本書の 4 大特長

①語い問題対策は、1 級最重要語彙のみの選択肢で構成された練習問題と、巻末の「必須類語フレーズ 150」のカードによって、すき間時間を最大限に利用して語い力を一気に UP！

②句動詞問題対策は、1 級最重要句動詞のみの選択肢で構成された練習問題と、前置詞アプローチ句動詞習得法によって一気に必須句動詞をマスター！

③読解問題、リスニング問題対策は、問題パターンの徹底分析に基づく「必勝攻略法」を会得し、読解＆リスニング問題スコアを一気に UP ！

④ライティング問題、二次試験対策は、「必勝ライティングフォーマット」を会得し、「英文法・語法ミス Top10」を認識し、「英語の発想で論理的に発信できるようになるためのトレーニング」を行うことによって、ライティング＆スピーキングのスコアを一気に UP ！

このような４つの特長を持った「スーパー英検１級必勝対策本」をマスターし、一気に英検１級に合格するだけでなく、合格後も国連英検特 A 級などへとステップ UP されることを祈っています。また、たとえ短期集中勉強によって合格できなかったとしても、英語の勉強は英語のスキル UP だけではなく、視野を広げ（broaden your horizons）、異文化への洞察を深め（heighten your cross-cultural awareness）、論理的思考力や問題解決力を高め（develop critical thinking abilities）、精神力を鍛え、人間性を高め（build character and develop self-discipline）、人生にチャレンジと生きがいを与え、人生を豊かにします（challenging and soul-enriching）。

　最後に、本書の制作にあたり、惜しみない努力をしてくれたアスパイア スタッフの由良 毅氏（読解・リスニング問題制作担当）、中坂あき子氏（イントロ・ライティング・面接担当・リスニング問題制作＆解説）、上田敏子氏（読解問題解説・リスニング問題解説・全体企画・校正担当）、田中秀樹氏（語彙・句動詞コラム・校正担当）、浦勇樹氏（語彙・句動詞問題制作担当）、西宮正太朗氏、および明日香出版社の藤田知子氏には、心からの感謝の意を表したいと思います。そして何よりも、我々の努力の結晶てある著書を愛読して下さる読者の皆さんには心からお礼申し上げます。

　　それでは皆さん、明日に向かって英悟の道を—
　　Let's enjoy the process!（陽は必ず昇る）Good luck!
　　植田一三（Ichay Ueda）

8日目 ライティング＆二次試験（面接） 249

巻末付録：これだけは覚えよう！　必須語いグループ150

音声ダウンロードについて

□収録内容　一次試験　リスニング問題

・実際の試験と同じスピードで収録　→本番の感覚がつかめる！

・解答時間を1割短く設定　→より集中して短時間で解く練習に！

・収録されている英文は、本文中にも掲載　→

　聞き取れない箇所を確認できる！

※収録箇所は「track1」「track2」のように表記してあります。

音声ファイルは、明日香出版社のサイトにアクセスしてダウンロードしてください。パソコンやスマートフォン機器等の端末でお聞きいただけます。

https://www.asuka-g.co.jp/dl/isbn978-4-7569-2326-4/index.html

ダウンロードパスワードは、下記のとおりです。

【23264】

※ファイルサイズの大きな音声ファイルをインストールするため Wi-Fi の利用を前提としています。

※ダウンロードの不具合が生じた際は、キャリア・機器メーカーにお問い合わせください。

※ダウンロードした音声ファイルのアプリ以外での再生方法についてはお使いの機器メーカーにお問い合わせください。

※図書館利用者も、お使いいただけます。本と一緒に貸出利用ください。

■語学音声アプリ「ASUKALA」

　明日香出版社の語学書音声の無料再生アプリが新しくなり、快適にお使いいただけるようになりました。一度音源をダウンロードすれば、後はいつでもどこでもお聞きいただけます。

　音声の再生速度を変えて聞くことができ、書籍内容の習得に有効です。

　個人情報等の入力等は不要ですので、ぜひアプリをダウンロードしてお使いください。

※スマートフォンアプリは書籍に付帯するサービスではありません。予告なく終了することがございます。

動画サポートについて

著者・植田先生のプレゼント動画を無料視聴できます。

各章はじめの QR コードから、リンク先に移動してご視聴ください。

※音声ダウンロードサービス、動画サポートサービスは予告なく終了することがあります。

英検について知ろう

一 気 に ス コ ア UP ！
短 期 集 中 ト レ ー ニ ン グ

１日目の動画をチェック！

QR コードをスキャンしよう！

英検 1 級はどんな試験？

英検での最終目標となる英検 1 級はハイレベルでバランスの取れた試験です。

1 級では「TIME」や「Newsweek」などの高度な英字誌を読んで理解する語彙力・リーディング力、高度な英語のダイアローグやニュースやドキュメンタリー、複雑な館内放送やインタビューなどを聞き取るリスニング力、英語で社会問題に関するエッセイが書けるライティング力、英語で社会問題について評論ができるスピーキング力などが問われます。これらを**日本語で置き換えて考えると、普通の社会人が仕事などで普通に使うレベルのスキル**だということがおわかりいただけると思います。つまり、**一般のネイティブレベルの英語力を持っているかどうかを評価**できる素晴らしい検定試験だと言えるでしょう。実際に**ニュースや新聞で 1 級対策のために勉強した語彙がそこかしこに見られ**、英文を読んだり聞いたりすることがずいぶんラクになったという 1 級合格者の声をよく聞きます。

このような 1 級ですがそれだけにハードルが高く、合格するのに何年もコンスタントに勉強しなければなりません。実際、小手先の勉強ではなかなか通らず、準 1 級に合格してから 1 級にパスするまで、10 年近くかかったとか、途中であきらめてしまった人もたくさんいます。

ではこの難関の英検 1 級にパスするための**4 大要素**は何でしょうか？　それは**「高度な語彙力」**、**「速読速解力」**、**「ロジカルシンキング力」**、**「一般教養と社会問題の知識」**です。**「高度な語彙力」**は最低 1 万語水準以上の認識語彙力のことです。このレベルになると語彙問題や読解問題やリスニング問題を楽に解けるようになります。日本の大学入試はおよそ 5 千語レベル、英検準 1 級は 7 千語レベルの語彙力だとされていますので 1 級に合格するためには新たに 3 千語覚えなくてはならない勘定です。

「速読速解力」は読解だけではなくリスニング問題で高得点を取るのにも不可欠なスキルです。長めのやや複雑な内容の文献や選択肢を読んで、問題を解くためにポイントをすばやくつかんだり、やや複雑な内容の話を聞いて、選択肢を速読し、要点をすばやくつかむ能力がなければ時間も足りず合格点が取れません。**「ロジカルシンキング力」**は critical thinking 力とも言われ、論理的に英語を書いたり話したりする**「英語発信力」**や**「問題解決力」**のことです。「一般教養と社会問題の知識」は読解・リスニング問題を解いたり社会問題をディスカッションしたりするのに必要な要素です。

最後の 2 つは特に社会問題に関するエッセイを書いたり、二次試験で高得点を取るのに欠かせないものです。

試験はどんな形式？

では次に英検 1 級の試験がどのような形式なのかを見てみましょう。

構成

一次試験はリーディング・ライティング（100 分）**とリスニング**（約 35 分）からなり、**ライティング問題以外は全てマークシート形式**です。まず、**リーディングは 3 タイプに分かれています。短文の語句空所補充問題（22 問）、長文の語句空所補充問題 2 題（6 問）、長文の内容一致選択問題 2 題（7 問）。**ライティング**は指定されたトピックについての**意見論述問題（200 語〜 240 語程度）に英文要約問題 (300 語程度の英文を読み 90 〜 110 語に要約）**が加わりました。**リスニングは 4 つのパートに分かれ、全て内容一致選択問題となっています。パート 1 は二者または三者の会話問題（10 問）、パート 2 はパッセージの内容に関する質問に答える問題（10 問）、パート 3 はアナウンスなどの Real-Life 形式の問題（5 問）、パート 4 はインタビューの内容に関する質問に答える問題（2 問）となっています。

　一次試験合格者のみが受ける**二次試験は、面接形式のスピーキングテスト**(約 10 分)です。指定された 5 つのトピックの中から 1 つを選び、それについての 2 分間スピーチと面接官から出されるそのトピックに関連した質問に答えます。

配点

英検では 2016 年度より **CSE（Common Scale for English）スコア**というユニバーサルなスコア尺度が導入されており、リーディング、リスニング、スピーキング、ライティングの 4 技能それぞれのスコアとトータルスコアが表示されます。英検各回の全答案採点後、統計的手法を用いてスコアを算出しているため、1 問ごとの配点は事前に決まっていません。ゆえに同じ正答数であっても、回次が違えばスコアは異なります。また、技能ごとに問題数が違いますが、各技能にスコアを均等に配分しているので、1 問あたりのスコアへの影響は異なります。

　1 級の **CSE スコア**はリーディング、リスニング、ライティング、スピーキング **4 技能それぞれ 850 点満点、合計 3400 点満点**です。**合格基準スコアは一次試験は 2028 点、二次試験は 602 点**となっており、**各技能でバランスよく得点**することが要求されます。

前述のようにスコアは素点ではないので**正答率≠スコアの得点率**ですが、各技能での**正答率がおよそ7割程度の受験者が合格**しています。

英検1級のCSEスコア判定表

4技能	満点スコア	合格基準スコア
Reading	850	2028
Listening	850	
Writing	850	
Speaking	850	602
合　計	3400	2630

英検1級はどこで活用？

　このように広く社会生活で求められる英語を十分理解し、また使用できることが求められる**英検1級は、資格としての活用も入試優遇、単位認定、海外留学など広範囲**に渡り、**とくに通訳案内士（ガイド）試験の外国語（英語）の筆記試験が免除される**など、高い評価を得ています。また、**就職時に優遇されたり、従業員や学生の英語力向上のために報奨制度を設けている企業や大学、採用条件に挙げている翻訳事務所**など、仕事の場面でも1級は高く評価されています。

＜ 2024 年現在で英検 1 級優遇制度を採用している大学例＞

大学名	学部・学科	入試の種類	優遇項目
一橋大学	商、法、経済、社会、ソーシャル・データサイエンス	学校推薦	出願条件
広島大学	教育、歯、薬、工、生物生産、情報科学	公募推薦 AO 入試	加点
早稲田大学（私）	国際教養	一般入試	加点
学習院大学（私）	国際社会科学	一般入試	出願資格・得点換算・英語試験免除
法政大学（私）	グローバル教養	一般入試	換算
関西外国語大学（私）	英語キャリア、国際共生、外国語、英語国際	一般入試	加点
聖路加国際大学（私）	看護	一般入試	得点換算・英語試験免除

＊入試優遇や単位認定などの詳細情報は各機関にお問い合わせください

　このように大学入試や海外留学でますます評価が高まってきた英検 1 級ですが、一般の高校や大学の英語教育を受けたぐらいではなかなかパスできないのが現状です。また独学で合格を狙う人も途中で挫折してしまう可能性が高いという事実も否めません。

　そこで、本書を通して最短距離で英検対策勉強を行ない、1 級合格を目指して頑張っていただきたいと思います。それでは明日に向かって英語の道を
　Let's enjoy the process!　（陽は必ず昇る）

語い力 UP

一 気 に ス コ ア UP ！
短 期 集 中 ト レ ー ニ ン グ

２日目の動画をチェック！

QR コードをスキャンしよう！

語彙問題攻略トレーニング

　英検1級は他の資格検定試験と違って語彙問題のレベルが高く、英字雑誌の『タイム』『Newsweek』『The Economist』や英語放送の『CNNニュース』などが辞書なしでわかる15000万語水準までの語彙の知識をテストしています。それゆえ、大学入試の時に5000語水準までのボキャブラリービルディングをした後、大学で語彙力UPの努力をあまりしていない人にとっては、この語彙セクションは、かなりハードルが高いものになります。

　さらに、この語彙セクションの実力が、読解問題やリスニングのスコア全体にも影響してくるので、効果的なボキャビルが重要です。そこで本章では、皆さんが英検1級の語彙問題で合格水準に達するように、最も効果的で効率のいい語彙力UPトレーニングを行います。

　過去35年間の英検1級の語彙問題分析によれば、問題で解答とならなかった選択肢の語彙が、将来語彙問題として出題されることがよくあります。にもかかわらず語彙問題対策として、過去問題集を数年分解いて間違った問題の単語を覚える人が多いようですが、10年以上過去問をやったとしても、正解になった語彙が再度出題される比率は2〜3割ぐらいしかありません。

　そこで正解だけでなく他の選択肢も同時に覚える努力が必要です。

　過去35年で選択肢として5回以上使われた語をまとめると次のようになります。

　まず8回以上では、赤字で示した英検1級中級レベルの『CNNニュース』などが辞書なしでわかる、英検1級合格に必要な8000語水準から10000語水準レベルの中級語彙が全体の5割と最も多く出題されていることがわかります。

8回以上選択肢に使われた語

初級 (4): austere (austerity), benevolent (benevolence), procure (procurement), prudent (prudence)

中級 (9): admonish, deference (deferential), deride (derision, derisive), deter (deterrent, deterrence), detriment (detrimental), emulate (emulation), fortify (fortification), futile (futility), lucrative

上級 (3): astute, blatant (ly), contentious (contention)

　7回以上では、英検1級初級レベル［＝準1級レベル・5000〜8000語水準］から上級レベル［＝米国大学院入試レベル・10000〜15000語水準］までの5000語水準

から 15000 語水準までに渡って出題されています。赤字で示した中級レベルが全体の 5 割と最も多く出題されていることがわかります。

7 回以上選択肢に使われた語

初級 (10): abort (abortion, abortive), augment (augmentation), dispel, deplore (deplorable), disperse (dispersal), eminent (eminence), entice, infer prevail, tenacious

中級 (15): appease, coerce (coercion), delusion (delusive), elude, gallant, insinuate (insinuation), instigate, intrinsic, invoke, placate, reiterate, regress (regression), resonate (resonant), scrupulous (scruple), stigmatize (stigma)

上級 (6): abrasive (abrasion), dissipate (dissipation), divulge, propensity, rout, wrench

6 回以上では、英検 1 級初級レベル［= 準 1 級レベル］が全体の約 3 割、赤字で示した中級レベルが全体の 5 割以上の割合で出題されていることがわかります。

6 回以上選択肢に使われた語

初級 (20): abate, allege, avert, complacent (complacence, complacency), delegate (delegation), deviate (deviation), discern (discernible, discerning), engross (engrossed), exhort, implore, inaugurate, ingenious (ingenuity), intervene, lament, marginal, meticulous, pretentious, seclude, vehement, viable (viability)

中級 (35): acrimonious (acrimony), adamant, adept, anonymous (anonymity), auspicious, discrepancy, dividend, emanate, embellish, eradicate, euphoric (euphoria), exonerate, exponential, impeccable, inept, infatuate (infatuation), infiltrate (infiltration), intercept, inundate, mollify, muster, oblivious, oust, plight, preclude (preclusion), pristine, profuse (profusion), rampage, relinquish, reminisce (reminiscent), reprimand, revoke, sporadic, squander, taunt

上級 (8): accost, amenable, brazen, caustic, culpable (culpability), hoard, incarcerate, respite

5 回以上でも、同様に英検 1 級初級レベル［= 準 1 級レベル］が全体の約 3 割、赤字で示した中級レベルが全体の約 5 割を切る割合で出題されていることがわかります。以上のことから英検 1 級合格ラインの目安となる 8 割に達するためには初級レベル［= 準 1 級レベル］と中級レベル［=1 級レベル］の単語を覚えておくことが大切です。

初級 (38): adjourn (adjournment), allure, amass, apathetic (apathy), censure, contrive, curtail, dearth, defer (deferral), denote, deploy, detain (detention), diffuse, divert (diversion), dwindle, emancipate, erratic, excavate, feasible (feasibility, unfeasible), frivolous (frivolity), gullible, imperative, heave, induce, infringe (infringement), integrate, lavish, liable (liability), meager, (im)plausible, propagate (propagation), protrude (protrusion), provoke, stake, stifle (stifling), transient, vent, zealous (zeal)

中級 (64): abridge, acquit (acquittal), allay, alleviate, appall (appaling), assail (assailable), avid, belligerent (belligerence), clout, constrict (constriction), contingency (contingent), deluge, depreciate (depreciation), destitute (destitution), detest, disband, disseminate, exasperate, expedient (expediency), fervent, fiasco, forfeit, forgery, impeach (impeachment), invigorate, languish, lethargic, mediocre (mediocrity), misgiving, mitigate, mundane, obliterate, ostracize, paucity, penitent, perpetrate, pester, plummet, precipitation (precipitate), procrastinate, prodigy, prolific, quandary, rebuff, rebuke, rebut (rebuttal), recluse (reclusive), rectify, relegate, remunerate, retaliate (retaliation), secede, sluggish, slur, smear, stipulate (stipulation), stringent, substantiate, tantamount, verbose, vie, vindicate, voracious, zenith

上級 (29):absolve, affront, altruistic (altruism), ambush, animosity, annotation, brandish, capitulate, copious, covetous (covet), dainty, demeanor, distend, felicity, figment, huddle, illustrious, modulate (modulation), opulent, palatable, ransack, repulse (repulsive), resuscitate, reverberate, transgress (transgression), ulterior, undulate, untenable, wince

いかがですか。大体の単語の意味がわかりますか。

それでは今から最短距離ボキャビルトレーニングに参ります。

まずは語彙問題にチャレンジしてみてください。制限時間は 3 分で 1 級合格ラインは 8 割です。ただし英検準 1 級の語彙問題と違って、消去法では解けないようにすべて選択肢の語彙を同じ水準にしているのでやや難しいかもしれません。しかし、選択肢の単語すべてを 1 級必須語にしているので、解答だけでなくその他の選択肢も覚えれば学習効果は高くなります。それでは頑張って参りましょう！

(1) The infant (　　　) at the sight of the doctor's needle.
1. haggled　　　2. basked　　　3. veered　　　4. winced

(2) The project was (　　　) by a paucity of funds from the government.
1. supplanted　　2. hampered　　3. plundered　　4. refuted

(3) The presidential candidates have (　　　) their visions in a debate.
1. engulfed　　2. allayed　　3. galvanized　　4. articulated

(4) One of the teachers' roles is to (　　　) a sense of duty in his students.
1. instill　　2. thwart　　3. lambaste　　4. oust

(5) The bereaved family will (　　　) its rights to inherit the property.
1. languish　　2. extort　　3. defuse　　4. waive

(6) The police (　　　) his driving licence for several traffic violations.
1. revoked　　2. ostracized　　3. derided　　4. infringed

(7) Cryptocurrencies such as bitcoin have (　　　) all over the world.
1. hassled　　2. brandished　　3. diffused　　4. disbanded

(8) The local government has (　　　) a new tax on residential property.
1. placated　　2. levied　　3. overrode　　4. exacerbated

(9) She (　　　) her long-term chairmanship at XXX Corporation.
1. relinquished　2. rectified　　3. elicited　　4. circumvented

(10) The audience was (　　　) by his great performance on stage.
1. mortified　　2. mesmerized　　3. evicted　　4. denounced

(1) 解答 4. winced 訳 幼児は医師の注射針を見て**ひるんだ**。
1. 言い争った　　2. 浴びた　　　　3. それた　　　　4. ひるんだ

(2) 解答 2. hampered 訳 政府からの資金不足でプロジェクトは**難航した**。
1. 取って代わった　2. 妨害される　　3. 略奪される　　4. 反論される

(3) 解答 4. articulated 訳 大統領候補者は討論会でビジョンを**明確に述べた**。
1. 飲み込んだ　　2. 和らげた　　　3. 活気づけた　　4. 明確に述べた

(4) 解答 1. instill 訳 義務感を生徒に**教え込む**ことは教師の役割の一つだ。
1. 教え込む　　　2. 防止する　　　3. 激しく非難する　4. 追放する

(5) 解答 4. waive 訳 遺族は財産を相続する権利を**放棄する**つもりだ。
1. 停滞する　　　2. 強要する　　　3. 静める　　　　4. 放棄する

(6) 解答 1. revoked 訳 警察は数回の交通違反で彼の運転免許を**無効にした**。
1. 無効にした　　2. のけ者にした　3. あざ笑った　　4. 違反した

(7) 解答 3. diffused 訳 ビットコインのような暗号通貨が世界中に**普及している**。
1. 口論している　2. 振り回している　3. 普及している　4. 解散している

(8) 解答 2. levied 訳 地方自治体は住民の不動産に新たな税を**課した**。
1. なだめた　　2.（税など）課した　3. 覆した　　　4. 悪化させた

(9) 解答 1. relinquished 訳 彼女は XXX 社での長期会長職を**放棄した**。
1. 放棄した　　　2. 是正した　　　3. 引き出した　　4. 回避した

(10) 解答 2. mesmerized 訳 観客は舞台上の彼の素晴らしい演技に**魅了された**。
1. 恥をかかされた　2. 魅了された　　3. 立ち退かされた　4. 非難された

1級最重要語を類語で一気にマスター！

英検1級必須動詞グループ①

☐ (adorn, embellish, ornament) a room with flowers 部屋を花で**飾る**

☐ (alleviate, assuage, mitigate, allay, appease) pain 痛みを**和らげる**

☐ (allocate, earmark, allot) money for a project 計画にお金を**割り当てる**

☐ (belittle, disparage, denigrate) the effectiveness of ads 広告の効果を**けなす**

☐ be (acquitted of, vindicated from, exonerated from) the charge 容疑が**晴れる**

☐ be (baffled, mystified, confounded) by his eccentricity 彼の奇行に**当惑する**

☐ be (enthralled, mesmerized, captivated) by the story その話に**魅了される**

☐ be (inundated, swamped, deluged) with applications 申し込みが**殺到する**

☐ be (stunned, astounded, dumbfounded) by the news その知らせに**仰天する**

☐ (coax, entice, seduce, cajole) him into the job 彼を**おだてて仕事をさせる**

☐ (confiscate, impound) the property その所有物を**没収する**

☐ (contend with, vie with, emulate) a rival ライバルと**競う**

☐ (deviate, diverge, veer, swerve) from the road 道路から**それる**

☐ (disclose, divulge, uncover, expose) a secret 秘密を**ばらす**

☐ (displace supersede, supplant) the old system 古い制度に**取って代わる**

☐ (enforce, implement, invoke, enact) the law 法律を**施行する**

☐ (embezzle, misappropriate, appropriate) the company funds 会社の金を**横領する**

☐ (fabricate, concoct) an alibi アリバイを**でっちあげる**

☐ (grumble, gripe, whine) about the mistake そのミスに対して**不平を言う**

☐ get (embroiled, implicated, entangled) in a scandal 醜聞に**巻き込まれる**

☐ (impose, levy, inflict) a heavy tax on people 人々に重税を**課す**

☐ (imprison, detain, jail, incarcerate) criminals 犯罪者たちを**投獄する**

☐ (incite, instigate, foment) a revolt 反乱を**扇動する**

☐ (jeopardize, endanger, imperil) the future of the country 国の将来を**脅かす**

☐ (galvanize, prod, impel, nudge) people into action 人々を行動へ**駆り立てる**

☐ (glorify, exalt, extol, acclaim) a hero 英雄を**褒め称える**

☐ (herald, harbinger, presage) the arrival of spring 　春の到来を**告げる**

☐ (impede, inhibit, hamper, dampen, encumber) the movement 　動きを**妨げる**

☐ (infringe, impinge, encroach, trespass) on his rights 　彼の権利を**侵害する**

☐ (instill, inculcate, implant, infuse) an idea in him 　彼に考えを**吹き込む**

☐ (mourn, lament, deplore, grieve over) his death 　彼の死を**悲しむ**

☐ (mull over, meditate on) a matter 　問題を**熟考する**

☐ (oscillate, vacillate, waver) between consent and refusal 　OK か否かで**迷う**

☐ (permeate, pervade, saturate) the room 　（匂いが）部屋に**充満する**

☐ (plunder, loot, pillage) a town 　町を**略奪する**

☐ (propagate, disseminate, diffuse, disperse) an idea 　考えを**広める**

☐ (quell, suppress, subdue) a riot 　暴動を**鎮める**

☐ (ransack, comb, rummage through) a house 　家の中を**くまなく探す**

☐ (raze, ravage, devastate, obliterate, annihilate) a town 　町を**破壊する**

☐ (remedy, rectify, ameliorate, redress) the situation 　事態を**改善する**

☐ (renovate, remodel, refurbish) an old building 　古いビルを**改装する**

☐ (resolve, mediate, arbitrate, reconcile) a dispute 　紛争を**調停する**

☐ (reproach, rebuke, reprimand, chide) him for laziness 　怠惰で彼を**叱る**

☐ (repudiate, spurn, decline, rebuff) an offer of help 　協力の申し出を**断る**

☐ (repeal, nullify, invalidate, abrogate, rescind) a law 　法律を**廃止する**

☐ (revere, venerate, deify, idolize) the guru 　その教祖を**崇める**

☐ (squabble, wrangle, feud) with the unionists 　労働組合員と**口論する**

☐ (taunt, deride, jeer at, sneer at, scoff at) the loser 　敗者を**あざける**

☐ (thwart, foil, forestall, preclude) an attempt 　企てを**防ぐ**

☐ (topple, overthrow, subvert, overturn) the government 　政府を**倒す**

☐ (unravel, shed light on, elucidate, illuminate) the mystery 　神秘を**解明する**

☐ (waive, relinquish, renounce, cede, abdicate) the right 　その権利を**放棄する**

　いかがでしたか。8割正解できましたか？最初の問題は1級語いの中でも比較的やさしめの問題が多かったのでクリヤーできたかもしれません。それでは次の問題はどうでしょうか。同じく制限時間3分で問題にチャレンジ！

(1)　The regulations were (　　　　) by the vigorous public protests.
　　　1. rescinded　　　2. detested　　　3. expedited　　　4. engendered

(2)　The government should (　　　　) the economy with massive tax cuts.
　　　1. mitigate　　　2. exonerate　　　3. emulate　　　4. revitalize

(3)　The entire population of the village was (　　　) by the civil war.
　　　1. invoked　　　2. decimated　　　3. confiscated　　　4. vindicated

(4)　The rebel army's attempt to (　　　　) power never materialized.
　　　1. shun　　　2. evade　　　3. usurp　　　4. corroborate

(5)　The team and its supporters (　　　　) over their opponent's failure.
　　　1. gloated　　　2. accrued　　　3. scoffed　　　4. wrangled

(6)　The teachers (　　　) the council into spending more on education.
　　　1. permeated　　　2. nullified　　　3. prodded　　　4. condoned

(7)　Stock prices suddenly (　　　　) following the collapse of the stock marmet.
　　　1. waned　　　2. dangled　　　3. plummeted　　　4. wavered

(8)　I (　　　) huge debts because of my persistent gambling.
　　　1. tarnished　　　2. assuaged　　　3. incurred　　　4. dismantled

(9)　People should (　　　) food, water and fuel in case of emergencies.
　　　1. quell　　　2. hoard　　　3. bestow　　　4. exhort

(10)　He scolded his son for (　　　) a lady about her bizarre hairstyle.
　　　1. taunting　　　2. rampaging　　　3. denoting　　　4. touting

(1)　解答 1. rescinded 訳 その規制は国民の激しい抗議により**廃止された**。
　　1. 廃止された　　　2. 嫌悪された　　　3. 促進された　　　4. 引き起こされた

(2)　解答 4. revitalize 訳 政府は大規模減税によって経済を**活性化すべきだ**。
　　1. 和らげる　　　　2. 疑いを晴らす　　3. 見習う　　　　　4. 活性化する

(3)　解答 2. decimated 訳 全村民がその内戦で**命を失った**。
　　1. 発動した　　　　2. 大量に殺した　　3. 没収した　　　　4. 立証した

(4)　解答 3. usurp 訳 反乱軍の権力を**奪う**試みは決して実現しなかった。
　　1. 忌避する　　　　2. 避ける　　　　　3. 不法に奪う　　　4. 裏付ける

(5)　解答 1. gloated 訳 チームとサポーターは対戦相手の失敗に**ニンマリした**。
　　1. 満足げに眺めた　2. 増加した　　　　3. あざ笑った　　　4. 声高に口論した

(6)　解答 3. prodded 訳 教師たちは教育に予算をより費やすよう議会を**促した**。
　　1. 浸透した　　　　2. 無効にした　　　3. 促した　　　　　4. 大目に見た

(7)　解答 3. plummeted 訳 株式市場の破綻を受けて株価は**急落した**。
　　1. 衰えた　　　　　2. ぶらぶら揺れた　3. 急に下落した　　4. 揺れた

(8)　解答 3. incurred 訳 根強いギャンブル癖により多額の負債を**負った**。
　　1. 傷つけた　　　　2. 静めた　　　　　3. 負った　　　　　4. 解体した

(9)　解答 2. hoard 訳 緊急時に備えて食料・水・燃料を**蓄える**べきだ。
　　1. 鎮圧する　　　　2. 蓄える　　　　　3. 授ける　　　　　4. 強く勧める

(10)　解答 1. taunting 訳 彼は息子が女性の変わった髪型を**嘲笑した**ため叱った。
　　1. 嘲笑する　　　　2. 暴れ回る　　　　3. 示す　　　　　　4. ほめる

1級最重要語をコロケーションで一気にマスター！

英検1級必須動詞コロケーション①

☐ The (storm, wind) abated. （嵐，風）が**和らいだ。**

☐ acquit the (defendant, criminal) （被告，犯罪者）の**無罪を宣告する**

☐ alienate (friends, customers) （友人，顧客）を**遠ざける**

☐ allay his (fears, concerns, suspicions) 彼の（不安，懸念，疑い）を**和らげる**

☐ alleviate (poverty, suffering) （貧困・苦しみ）を**和らげる**

☐ articulate a (n) (vision, idea) （展望，考え）を**はっきり述べる**

☐ avert a (crisis, danger, disaster) （危機，危険，災害）を**避ける**

☐ circumvent the (problem, rule) （問題・規則）を**回避する**

☐ be coerced into (retirement, resignation) （退職，辞職）を**強要する**

☐ concoct a (an) (story, excuse, plot) （話，言い訳，企て）を**でっち上げる**

☐ confiscate (assets, drugs, weapons) （財産，薬物，武器）を**押収する**

☐ disband the (group, party, army) （グループ，党，軍隊）を**解散する**

☐ earmark the (budget, money) for the plan 計画に（予算，お金）を**割り当てる**

☐ elicit (information, his responses[feelings]) （情報，彼の反応［感情］）を**引き出す**

☐ elude the (danger, pursuit) （危険，追及）から**逃れる**

☐ embellish a (story, room, dress) （話，部屋，服）を**飾り立てる**

☐ encroach on his (privacy, right, territory) 彼の（プライバシー，権利，領土）を**侵す**

☐ disperse (crowds, demonstrators) （群集，デモ参加者）を**追い払う**

☐ disseminate (information, messages, news) （情報，伝言，ニュース）を**広める**

☐ delve into a (n) (matter, issue) （問題，問題）を**徹底的に調べる**

☐ denounce the (corruption, failure) （汚職，失敗）を**非難する**

☐ The (relationship, environment) deteriorated. （関係，環境）が**悪化した。**

☐ diffuse the (information, light) その（情報・光）を**拡散する**

☐ dispel his (doubts, fears) 彼の（疑い，怖れ）を**払拭する**

☐ divert (his attention, money) 彼の（注意）を**そらす**，（お金）を**流用する**

☐ The (support, resources) is dwindling. （支援，資源）が**減少していく**

☐ (Light, Smells, Sounds) emanate （光，匂い，音）が部屋から**発する。**

□ be embedded in the (system, framework)	（制度，枠組み）に**組み込まれている**
□ embody an (idea, style)	（考え，スタイル）を**体現する**
□ encumber the (progress, process, success)	その（進展，過程，成功）を**妨げる**
□ emulate his (success, achievement)	彼の（成功，達成）を**見習う**

a posh restaurant
しゃれたレストラン

launch a venomous attack on the minister
その大臣に対して悪意のある攻撃を始める

have a pernicious influence on children
子供たちに悪影響がある

his hilarious joke
彼の非常に面白いジョーク

(1) She (　　　　) her inauguration speech by speaking too fast.
　　1. pilfered　　　2. slaughtered　　3. fomented　　4. bungled

(2) The minister (　　　　) a highly sensitive issue at the conference.
　　1. flouted　　　2. broached　　　3. petrified　　　4. ravaged

(3) The smartphone market in Japan is already (　　　) and is stalled now.
　　1. abdicated　　2. replicated　　3. scoured　　　4. saturated

(4) My ex-girlfriend constantly (　　　　) me with phone calls and letters.
　　1. fettered　　　2. confounded　　3. pestered　　　4. suffocated

(5) Sumo wrestling is deeply (　　　　) in the culture of Japan.
　　1. ingrained　　2. repudiated　　3. demeaned　　4. invigorated

(6) The defendant (　　　　) a story in order to escape a death sentence.
　　1. procrastinated　2. inhibited　　3. dampened　　4. concocted

(7) The incumbent mayor (　　　) enough support to win re-election.
　　1. recanted　　　2. garnered　　　3. ameliorated　　4. mangled

(8) The lady (　　　) the rich man into buying luxury items for her.
　　1. absconded　　2. decried　　　3. cajoled　　　4. disparaged

(9) At first I (　　　) at slaughtering chickens, but I finally got used to it.
　　1. balked　　　2. waned　　　3. succumbed　　4. dwindled

(10) Many people (　　　) Ms. Sadako Ogata as "the diminutive giant".
　　1. underscored　2. lauded　　　3. connived　　　4. gorged

(1)　解答 4. bungled　訳 彼女はあまりにも早口であったため就任演説を**台無しにした**。
1. 盗んだ　　　　　　2. 虐殺した　　　　　3. 扇動した　　　　　4. しくじった

(2)　解答 2. broached　訳 大臣は会談で非常にデリケートな問題を**切り出した**。
1. 無視した　　　　　2. (話題を) 切り出した 3. 石化した　　　　　4. 破壊した

(3)　解答 4. saturated　訳 日本のスマホ市場は既に**飽和状態**で今日は停滞している。
1. 放棄した　　　　　2. 再現した　　　　　3. 磨いた　　　　　　4. 飽和した

(4)　解答 3. pestered　訳 元彼女は絶えず電話と手紙で私を**しつこく悩ませた**。
1. 拘束した　　　　　2. 困惑させた　　　　3. 悩ませた　　　　　4. 窒息させた

(5)　解答 1. ingrained　訳 相撲は日本の文化に深く**根付いている**。
1. 根付いた　　　　　2. 拒否した　　　　　3. 品位を落とした　　4. 元気づけた

(6)　解答 4. concocted　訳 被告人は死刑判決を免れるため**話を作り上げた**。
1. 先延ばしにした　　2. 妨げた　　　　　　3. 湿らせた　　　　　4. でっちあげた

(7)　解答 2. garnered　訳 現職市長は再選を果たすために必要な支援を**集めた**。
1. 撤回した　　　　　2. 集めた　　　　　　3. 改善した　　　　　4. 台無しにした

(8)　解答 3. cajoled　訳 その女性はお金持ち男性を**おだてて**贅沢品を購入**させた**。
1. 持ち逃げした　　　2. 非難した　　　　　3. おだてた　　　　　4. 見くびった

(9)　解答 1. balked　訳 始めは鶏の食肉処理に**尻込みした**が、ついに慣れた。
1. 尻込みした　　　　2. 衰えた　　　　　　3. 屈した　　　　　　4. 減少した

(10)　解答 2. lauded　訳 多くの人々は緒方貞子氏を "小さな巨人" と**称賛した**。
1. 強調した　　　　　2. 称賛した　　　　　3. 黙認した　　　　　4. むさぼり食った

１級最重要語をコロケーションで一気にマスター！

英検１級必須動詞コロケーション②

- ☐ engender (anxiety, suspicions, a problem) （不安，疑い，問題）を**引き起こす**
- ☐ enunciate his (plan, idea) 彼の（計画，考え）を**明確に述べる**
- ☐ evict him from the (house, property) （家，土地）から彼を**退去させる**
- ☐ exacerbate the (problem, relations) （問題，関係）を**悪化させる**
- ☐ eradicate (disease, poverty, terrorism) （病気，貧困，テロ）を**撲滅する**
- ☐ forfeit his (right, claim, title) 彼の（権利，主張，肩書き）を**喪失させる**
- ☐ forge a (an) (alliance, relationship) （同盟・関係）を**結ぶ**
- ☐ hamper the (progress, development) （進展，発展）を**妨げる**
- ☐ harness solar (power, energy) 太陽（パワー，エネルギー）を**利用する**
- ☐ infringe on his (rights, ownership) 彼の（権利・所有権）を**侵害する**
- ☐ incur (costs, fines, losses) （費用，罰金，損失）を**負う**
- ☐ instigate a (riot, legal action) （暴動，訴訟）を**あおる**
- ☐ invigorate an (economy, organization) （経済，組織）を**活性化させる**
- ☐ impede the (growth, development) （成長，発展）を**妨げる**
- ☐ inaugurate a (president, buidling) 大統領を**就任させる**，建物を**落成させる**
- ☐ intercept a (call, message) （電話，伝言）を**傍受する**
- ☐ intimidate their (opponents, enemies) 彼らの（相手，敵）を**脅す**
- ☐ mitigate the (impact, damage) （影響，被害）を**和らげる**
- ☐ perpetrate (crimes, violence, attacks) （犯罪，暴力，攻撃）を**実行する**
- ☐ pinpoint the (cause, problem, location) （原因，問題，場所）を**突き止める**
- ☐ placate his (anger, protest, irritation) 彼の（怒り，抗議，苛立ち）を**なだめる**
- ☐ preclude his (attempt, approach) 彼の（企て，取り組み）を**妨げる**
- ☐ propagate the (idea, religion) （アイデア，宗教）を**普及させる**
- ☐ recuperate from (illness, injury) （病気，ケガ）から**回復する**
- ☐ stipulate the (conditions, terms) （条件，条件）を**規定する**

☐ quell (riots, his fears[doubts])

（暴動）を**鎮圧する**，彼の（不安［疑い］）を**和らげる**

☐ quench (flames, my thirst[appetite])　　　炎を**消す**，喉の渇き［食欲］を**癒す**

☐ rectify the (problem, mistake, situation)　　（問題，誤り，状況）を**是正する**

☐ redress the (imbalance, situation, injustice)　（不均衡，状況，不正）を**是正する**

☐ refurbish a (building, house, hotel)　　　（ビル，家，ホテル）を**改装する**

☐ relinquish his (power, position, responsibility) 彼の（権力，職，責任）を**放棄する**

☐ repeal the (law, bill, tax)　　　（法律，法案，税金）を**取消す［無効にする］**

☐ retract my (statement, remark, criticism)　　（声明，発言，批判）を**撤回する**

☐ retrieve (information, his honor)　情報を**読み出す**，彼の名誉を**回復する**

☐ revamp a (system, house)　　　（制度・家屋）を**刷新する［改める］**

☐ revoke a (license, law, contract)　　　（免許・法律・契約）を**取消す**

☐ streamline the (management, operation)　　（経営，業務）を**合理化する**

☐ thwart his (attempt, efforts, plan)　彼の（企て，取組み，計画）を**妨げる**

☐ topple the (government, regime, dictator)　（政府，政権，独裁者）を**倒す**

☐ unravel the (mystery, plot, riddle)　　（謎，企み，難題）を**解明する**

☐ vie for (power, supremacy)　　　　（権力，覇権）を**争う**

☐ wage a (war, battle, campaign)　　　（戦争，戦闘，運動）を**行う**

☐ whet his (appetite, curiosity, imagination)

彼の（食欲，興味，想像力）を**刺激する**

☐ wield (power, a sword[weapon])　（権力）を**行使する**，（剣［武器］）を**振るう**

　さていかがでしたか。3回の語いテストの平均スコアを出してみて下さい。7割以上正解できればまずまずです。コロケーションが覚えにくいものはグーグルの画像検索を開いてフレーズのピクチャーを下へどんどん見て行ってください。右脳が単語のイメージを記憶することでしょう。それでは次の問題です。

制限時間 3 分

(1) Many local companies are (　　　　) on the brink of bankruptcy.
　　1. teetering　　　2. ebbing　　　3. ruminating　　　4. abating

(2) The sting operation (　　　　) an attempt to assassinate the president.
　　1. impounded　　2. exuded　　　3. forestalled　　　4. infused

(3) As a teacher it's my duty to (　　　　) morals and knowledge to children.
　　1. reprove　　　2. impart　　　3. smother　　　4. disavow

(4) The company is trying to (　　　　) its losses by a large-scale lay-off.
　　1. chastise　　　2. recoup　　　3. dissect　　　4. deprecate

(5) The politicians are (　　　　) over import tariffs on Chinese goods.
　　1. scampering　　2. culminating　　3. wrangling　　　4. undulating

(6) He (　　　　) his father's vast legacy on flashy sport cars.
　　1. belittled　　　2. forwent　　　3. procreated　　　4. squandered

(7) The professor (　　　　) one difficult theory after another in philosophy.
　　1. elucidated　　2. abridged　　　3. garnished　　　4. debunked

(8) I have taken a number of crash courses to (　　　　) my English skills.
　　1. deter　　　　2. obliterate　　　3. pique　　　4. hone

(9) For years her sudden disappearance has been (　　　　) in mystery.
　　1. inculcated　　2. acquited　　　3. eluded　　　4. shrouded

(10) She is (　　　　) a campaign against corruption in the regime.
　　1. nudging　　　2. replenishing　　3. intimidating　　4. spearheading

(1) 解答 1. teetering 訳 数多くの地元企業は倒産の**瀬戸際にある**。
1. 瀬戸際にある　　2. 衰退する　　3. 熟考する　　4. 弱まる

(2) 解答 3. forestalled 訳 囮捜査によって大統領暗殺の企みを**未然に防止した**。
1. 押収した　　2. 発散した　　3. 防止した　　4. 満たした

(3) 解答 2. impart 訳 教師として道徳と知識を子どもたちに**伝える**義務がある。
1. 非難する　　2. 伝える　　3. 窒息死させる　　4. 否認する

(4) 解答 2. recoup 訳 会社は大規模解雇により損失の**埋め合わせ**を試みている。
1. 叱責する　　2. 取り戻す　　3. 解剖する　　4. 不賛成を唱える

(5) 解答 3. wrangling 訳 政治家たちは中国製品への輸入関税で**口論している**。
1. 走り去る　　2. 最高潮に達する　　3. 口論する　　4. 起伏に富む

(6) 解答 4. squandered 訳 彼は父からの遺産を派手なスポーツカーに**浪費した**。
1. 見くびった　　2. 差し控えた　　3. 出産した　　4. 浪費した

(7) 解答 1. elucidated 訳 教授は難解な哲学の理論を次から次へと**解明した**。
1. 解明した　　2. 簡略化した　　3. 添えた　　4. 誤りを指摘した

(8) 解答 4. hone 訳 英語力に**磨きをかける**ため多くの短期集中講座を受講した。
1. 防止する　　2. 抹消する　　3. 立腹させる　　4. 磨きをかける

(9) 解答 4. shrouded 訳 長い間彼女の突然の失踪は謎の**ベールに包まれている**。
1. 教え込まれる　　2. 放免される　　3. 避けた　　4. 包まれた

(10) 解答 4. spearheading 訳 彼女は政権内の汚職反対運動の**先頭に立っている**。
1. 軽く押している　　2. 補充している　　3. 脅している　　4. 先頭に立っている

紛らわし語に要注意！

☐ **allude**（それとなく言う）≠ **elude**（うまくかわす）

☐ **censor**（検閲する）≠ **censure**（非難する）

☐ **collaborate**（協力する）≠ **corroborate**（裏付ける）

☐ **complicate**（複雑にする）≠ **implicate**（巻き込む）

☐ **crumble**（粉々にする）≠ **crumple**（しわくちゃにする）

☐ **corrode**（腐食する）≠ **erode**（侵食する）

☐ **deduce**（推論する）≠ **induce**（誘発する）

☐ **defer**（延期する）≠ **deter**（阻止する）

☐ **denounce**（非難する）≠ **renounce**（放棄する）

☐ **displace**（取って代わる、解任する）≠ **misplace**（置き忘れる）

☐ **detract**（減ずる）≠ **distract**（気をそらす）

☐ **dwindle**（だんだん減る）≠ **swindle**（だましとる）

☐ **exalt**（讃美する、昇進させる）≠ **exult**（歓喜する）

☐ **flunk**（落第させる、しくじる）≠ **flank**（側面に配置する）

☐ **forestall**（～に先んじる）≠ **foretell**（予言する）

☐ **hamper**（阻止する）≠ **pamper**（甘やかす）

☐ **impair**（損ねる）≠ **impart**（伝える、授ける）

☐ **inhabit**（住んでいる）≠ **inhibit**（抑制する）

☐ **meddle**（干渉する）≠ **muddle**（ごちゃごちゃになる）

☐ **mediate**（調停する）≠ **meditate**（瞑想する）

☐ **persecute**（迫害する）≠ **prosecute**（起訴する）

☐ **pervade**（浸透する）≠ **pervert**（墜落させる、曲解する）

☐ **ramble**（ぶらぶら歩く）≠ **rumble**（ゴロゴロ鳴る）

☐ **reiterate**（繰り返して言う）≠ **retaliate**（報復する）

☐ **revel**（夢中になる）≠ **rebel**（反逆する）

☐ **snare**（罠にはめる）≠ **sneer**（冷笑する）

☐ **stagger**（よろめく、動揺する）≠ **swagger**（威張って歩く）

□ straggle (だらだらと連なる、落伍する) ≠ strangle (絞め殺す)

□ simmer (とろ火で煮る) ≠ shimmer (ちらちら光る)

□ tinkle (チリンと鳴る) ≠ twinkle (きらきら光る)

a dearth of food
食糧不足

a barrage of criticism
批判の集中攻撃

establish a good rapport with him
彼と良好な信頼関係を築く

a three-year stint in the army
軍での3年の任期

(1) We should report his (　　　　) sexual harassment to the committee.
1. blatant　　　　2. opulent　　　　3. adept　　　　4. penitent

(2) Leaving one's baby in a car while shopping is (　　　　) to negligence.
1. adamant　　　2. lucrative　　　3. tantamount　　　4. meticulous

(3) He has been a(n) (　　　　) supporter of The Hanshin Tigers since 1990.
1. inept　　　　2. erratic　　　　3. avid　　　　4. pristine

(4) The population of Africa has been increasing at a(n) (　　　　) rate.
1. gullible　　　2. exponential　　3. copious　　　4. palatable

(5) A more (　　　　) ban on smoking in public spaces was put in place.
1. stringent　　2. mundane　　　3. adroit　　　　4. sporadic

(6) She is a (　　　　) writer. She's written more than 500 books so far.
1. voracious　　2. poignant　　　3. salient　　　4. prolific

(7) He said that taking dietary supplements would be (　　　　) to health.
1. frantic　　　2. detrimental　　3. audacious　　4. ostensible

(8) The ham actor has a(n) (　　　　) appetite for the limelight.
1. insatiable　　2. idyllic　　　　3. lethargic　　　4. precarious

(9) The gurreilas had a(n) (　　　　) meeting to subvert the government.
1. destitute　　2. impeccable　　3. versatile　　　4. clandestine

(10) My career as an English teacher had a(n) (　　　　) beginning.
1. fervent　　　2. auspicious　　3. disparate　　　4. succinct

(1) **解答** 1. blatant 訳 我々は彼の**露骨な**セクハラ行為を委員会に報告すべきだ。
1. 露骨な　　　　　2. 豪華な　　　　　3. 熟練して　　　　4. 後悔した

(2) **解答** 3. tantamount 訳 赤ん坊を車に置いて買物することは過失に**等しい**。
1. 断固とした　　　2. 儲かる　　　　　3. 等しい　　　　　4. 念入りな

(3) **解答** 3. avid 訳 彼は 1990 年から**熱狂的**阪神タイガースファンである。
1. 不器用な　　　　2. 気まぐれな　　　3. 熱心な　　　　　4. 新品同様の

(4) **解答** 2. exponential 訳 アフリカの人口は**急速に**増えている。
1. だまされやすい　2. 加速的な　　　　3. 豊富な　　　　　4. 好ましい

(5) **解答** 1. stringent 訳 公共の場所においてより**厳格な**喫煙禁止令が導入された。
1. 厳格な　　　　　2. ありふれた　　　3. 巧みな　　　　　4. 散発的な

(6) **解答** 4. prolific 訳 彼女は**多作**家である。これまで 500 冊以上の本を著した。
1. 貪欲な　　　　　2. 痛切な　　　　　3. 顕著な　　　　　4. 多作の

(7) **解答** 2. detrimental 訳 健康補助食品は健康に**害を及ぼす**と彼は言った。
1. 大慌ての　　　　2. 有害な　　　　　3. 勇敢な　　　　　4. 表面上の

(8) **解答** 1. insatiable 訳 その大根役者は脚光への**飽くなき**欲望がある。
1. 貪欲な　　　　　2. 牧歌的な　　　　3. 無気力な　　　　4. 不安定な

(9) **解答** 4. clandestine 訳 ゲリラたちは政府転覆の**秘密**会議を開いた。
1. 極貧の　　　　　2. 欠点のない　　　3. 多才な　　　　　4. 秘密の

(10) **解答** 2. auspicious 訳 私の英語教師としてのキャリアは**幸先が良かった**。
1. 熱心な　　　　　2. 幸先の良い　　　3. 全く異なる　　　4. 簡潔な

Ⅰ級最重要語を類語で一気にマスター！

英検１級必須形容詞グループ①

☐ (ardent, staunch, fervent, avid, vehement) supporters	**熱烈な**支持者
☐ a (n) (ascetic, austere, monastic, puritanical) life	**禁欲的な**生活
☐ a (n) (banal, mundane, mediocre, prosaic, insipid) story	**ありふれた**話
☐ (biased, bigoted, slanted, lopsided) views	**偏った**見方
☐ a (bellicose, belligerent) ruler	**好戦的な**支配者
☐ a (brusque, blunt, curt, bluff) manner	**ぶっきらぼうな**態度
☐ (caustic, scathing, acerbic, acrimonious, acrid) remarks	**辛辣な**言葉
☐ a (cavalier, condescending, patronizing, haughty) attitude	**横柄な**態度
☐ a (clandestine, covert, furtive) meeting	**秘密**会議
☐ a (n) (chronic, intractable, inveterate) disease	**慢性**病
☐ a (n) (coherent, consistent, tenable, articulate) argument	**筋の通った**意見
☐ a (compelling, cogent, telling) argument	**説得力のある**主張
☐ (deleterious, detrimental, pernicious) effects of smoking	喫煙の**有害な**影響
☐ a (dour, sullen, sulky) character	**陰気な**性格
☐ (flimsy, tenuous, insubstantial) evidence	**もろい**証拠
☐ a (n) (frail, fragile, feeble, infirm) body	**弱々しい**体
☐ a (frantic, frenetic, frenzied) pace	**すさまじい**ペース
☐ a (dexterous, deft, adroit) surgeon	**器用な**外科医
☐ a (n) (emaciated, gaunt, haggard) patient	**やつれた**患者
☐ (irreparable, irrevocable) damage	**取り返しのつかない**損害
☐ a (garrulous, voluble, loquacious) girl	**おしゃべりな**女の子
☐ a (n) (compulsive, obsessive, confirmed) gambler	ギャンブル**狂いの人**
☐ a (n) (consummate, downright, unmitigated) folly	**全くの**愚行
☐ a (demure, coy, self-effacing, bashful, diffident) lady	**内気な**女性
☐ (disparaging, derogatory, snide, derisive, pejorative) remarks	**軽蔑的な**言葉
☐ (demanding, strenuous, arduous, grueling, uphill) work	**きつい**仕事

☐ (ecstatic, jubilant) winners	歓喜した勝者
☐ a (n) (engaging, winsome, enchanting, inviting) smile	魅力的なスマイル
☐ (esoteric, cryptic, arcane) writing	不可解な文書
☐ a (n) (evasive, noncommittal, equivocal) answer	あいまいな返事
☐ a (n) (exorbitant, prohibitive, inordinate, unconscionable) price	法外な値段
☐ a(n) (fawning, obsequious) subordinate	へつらう部下
☐ a(n) (fickle, capricious, mercurial, volatile, erratic) lover	気紛れな恋人
☐ a (flamboyant, gaudy, flashy, garish) dress	派手派手しいドレス
☐ (fleeting, ephemeral, evanescent) love	束の間の愛
☐ a(n) (gruesome, lurid, appalling, macabre, ghastly, horrid) story	恐ろしい話
☐ (harrowing, wrenching, distressing, excruciating) experiences	悲痛な体験
☐ a(n) (heinous, atrocious, hideous, flagrant, blatant) crime	いまわしい犯罪
☐ (imminent, impending, looming) danger	差し迫った危険
☐ (intrepid, daring, gallant, valiant, audacious) explorers	勇敢な探検家
☐ a(n) (insatiable, voracious) appetite for sweets	甘いものへの飽くなき欲望
☐ (needy, impoverished, indigent, destitute) students	貧しい学生
☐ a(n) (obscene, salacious, filthy, lewd) story	わいせつな雑誌
☐ (ominous, portentous, sinister, foreboding) signs	不吉な前兆
☐ a(n) (outgoing, gregarious, extroverted, ebullient) woman	外向的な女性
☐ a(n) (pastoral, idyllic, rustic, bucolic) life	田舎の生活
☐ a(n) (preposterous, ludicrous, farcical, asinine) idea	ばかげた考え
☐ (predatory, carnivorous, rapacious) animals	肉食動物
☐ a (penitent, repentant, remorseful) criminal	後悔している犯罪人

　さて今度はいかがですか。7～8割取れましたか。語いはその人の性格によって、動詞が覚えやすい人と形容詞が覚えやすい人に分かれます。私の英検1級指導37年の経験によると、感情の起伏が激しい情緒的な人は「形容詞」の方が覚えやすいのに対して、クールで客観的事実の描写が好きな人は「動詞」の方が覚えやすいようです。そこで感情的な人はできるだけ動詞を「形容詞形」に派生させて、mesmerize（魅了する）を mesmerizing（魅力的な）のようにすると覚えやすくなります。

ボキャブラリーパワー UP 形容詞 ②

制限時間 3 分

(1) The speculator sold out stocks ahead of the (　　　) financial crisis.
1. impending　　2. flimsy　　3. arid　　4. defunct

(2) As far as I can gather, he has a(n) (　　　) motive behind his request.
1. tantalizing　　2. archaic　　3. ulterior　　4. invincible

(3) It was a(n) (　　　) experience to witness a murder scene last night.
1. lenient　　2. archaic　　3. culpable　　4. harrowing

(4) The stock markets have been highly (　　　) since the trade war began.
1. volatile　　2. rustic　　3. scrupulous　　4. rudimentary

(5) Nightingale has been remembered as one of the most (　　　) nurses.
1. lurid　　2. venerable　　3. tepid　　4. reticent

(6) All the family members cast a (　　　) look at their comatose relative.
1. sleek　　2. rueful　　3. tenuous　　4. sedentary

(7) The spectators got irritated by the team's (　　　) play in the final.
1. gallant　　2. devout　　3. lackluster　　4. frenetic

(8) Many countries have singned a(n) (　　　) agreement on trade.
1. unfounded　　2. euphoric　　3. exorbitant　　4. reciprocal

(9) She has been a (　　　) supporter of the governor since the election.
1. repulsive　　2. ruthless　　3. sordid　　4. staunch

(10) My visit to Tanzania in 2014 left a(n) (　　　) impression on my life.
1. caustic　　2. blunt　　3. abject　　4. indelible

41

(1) 解答 1. impending 訳 その投資家は**差し迫った**金融危機前に株を売却した。
1. 差し迫った　　　2. 壊れやすい　　　3. 不毛の　　　4. 現存しない

(2) 解答 3. ulterior 訳 彼の依頼の背後には**下心がある**と私は推測する。
1. 興味をそそられる　2. 時代遅れの　　　3. 隠れた　　　4. 無敵の

(3) 解答 4. harrowing 訳 昨夜殺人現場を目撃したことは**悲惨な**経験であった。
1. 寛大な　　　2. 古風な　　　3. 非難されるべき　4. 恐ろしい

(4) 解答 1. volatile 訳 貿易戦争が始まって以来、株式市場は非常に**不安定**である。
1. 不安定な　　　2. 素朴な　　　3. 几帳面な　　　4. 初歩的な

(5) 解答 2. venerable 訳 ナイチンゲールは**立派な**看護師として記憶に刻まれている。
1. 恐ろしい　　　2. 尊敬に値する　　　3. なまぬるい　　　4. 寡黙な

(6) 解答 2. rueful 訳 家族全員が昏睡状態の身内を**物悲しそう**に見た。
1. しゃれた　　　2. 悲しそうな　　　3. 薄い・もろい　　　4. 座りっぱなしの

(7) 解答 3. lackluster 訳 観衆は決勝戦でのチームの**さえない**プレーに立腹した。
1. 勇敢な　　　2. 信心深い　　　3. 活気がない　　　4. あわただしい

(8) 解答 4. reciprocal 訳 多くの国が貿易に関する**相互**協定を結んだ。
1. 事実無根の　　　2. 大喜びの　　　3. 法外な　　　4. 相互の

(9) 解答 4. staunch 訳 彼女は選挙以来、知事の**忠実な**支持者である。
1. とても不快な　　　2. 容赦ない　　　3. 下劣な　　　4. 忠実な

(10) 解答 4. indelible 訳 2014 年のタンザニア訪問は人生で**忘れられない**印象を残した。
1. 辛辣な　　　2. 鈍い　　　3. 悲惨な　　　4. 消えない

1級最重要語を類語で一気にマスター！

英検１級必須形容詞グループ②

- [ ] a(n) (prodigious, uncanny, supernatural) memory　　**ものすごい**記憶力
- [ ] (profane, blasphemous, irreverent, impious) language　　**冒とく的な**言葉
- [ ] a (repulsive, repugnant, revolting, repellent) attitude　　**むかつくような**態度
- [ ] be (rife, fraught, rampant) with corruption　　汚職が**はびこっている**
- [ ] a (ruthless, remorseless) dictator　　**非情な**独裁者
- [ ] (sluggish, listless) workers　　**元気のない**労働者
- [ ] (spicy, pungent, piquant) foods　　**ピリッとする**食べ物
- [ ] (spirited, vivacious, animated, brisk) young women　　**元気な**若い女性
- [ ] a(n) (stagnant, sluggish, ailing, anemic) economy　　**停滞している**経済
- [ ] (strenuous, unremitting, persevering, dogged) efforts　　**粘り強い**努力
- [ ] (succinct, terse, laconic, pithy) explanations　　**簡潔な**説明
- [ ] (succulent, luscious, delectable) fruit　　**おいしい**果物
- [ ] (sweltering, scorching, torrid, sizzling) days　　**酷暑の**日
- [ ] a(n) (tantalizing, enticing, tempting, seductive) smell　　**食欲をそそる**におい
- [ ] a (thorny, knotty, sticky, ticklish, touchy) problem　　**厄介な**問題
- [ ] (toxic, noxious, venomous) substances　　**毒性**物質
- [ ] a (tranquil, serene, placid, sedate) life　　**穏やかな**生活
- [ ] (sarcastic, satirical, sardonic, cynical) comments　　**皮肉な**言葉
- [ ] (uncouth, boorish, crass) manners　　**下品な**作法
- [ ] a(n) (unshakable, unwavering, steadfast, unflagging) belief　　**揺るぎなき**信念
- [ ] (utopian, visionary, chimerical, quixotic) ideas　　**空想的な**考え
- [ ] (unruly, recalcitrant, refractory, fractious) boys　　**手に負えない**少年
- [ ] a (verbose, redundant, wordy) description　　**冗長な**記述
- [ ] a(n) (vociferous, clamorous, uproarious, obstreperous) crowd　　**やかましい**群衆
- [ ] (zealous, assiduous, sedulous) workers　　**熱心な**労働者

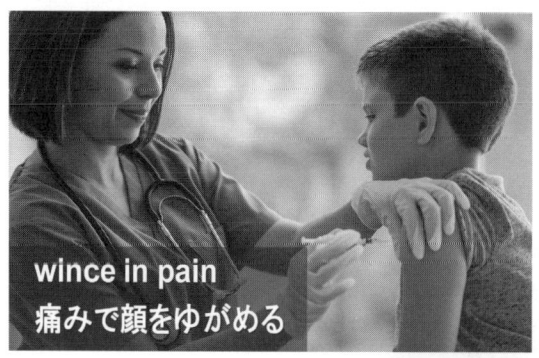

wince in pain
痛みで顔をゆがめる

revoke his license
彼の免許を無効にする

be mesmerized by their performance
彼らの演技に魅了される

hoard food
食糧を蓄える

(1) The company's hostile takeover didn't work. It should have taken a more (　　　) approach.
1. pungent　　　2. boisterous　　　3. diffident　　　4. conciliatory

(2) Her presentation played a(n) (　　　) role in reaching an agreement.
1. pivotal　　　2. unscathed　　　3. innocuous　　　4. arcane

(3) The young are generally more (　　　) to disease than the elderly.
1. torrid　　　2. oblique　　　3. placid　　　4. resilient

(4) I took her at a(n) (　　　) French restaurant and asked her to marry me.
1. deft　　　2. posh　　　3. rampant　　　4. acrimonious

(5) As he always tells (　　　) stories, nobody takes him seriously.
1. brash　　　2. far-fetched　　　3. curt　　　4. resplendent

(6) He made (　　　) apologies to all for the mistake he had made.
1. profuse　　　2. eerie　　　3. jaded　　　4. lanky

(7) You are not supposed to wear such (　　　) clothes at the office.
1. scathing　　　2. exuberant　　　3. flamboyant　　　4. vehement

(8) The opposition parties launched a(n) (　　　) attack on the Prime Minister.
1. placable　　　2. venomous　　　3. vicarious　　　4. delectable

(9) It was (　　　) of the new recruit to refuse the useful advice of his boss.
1. bountiful　　　2. indigenous　　　3. myriad　　　4. presumptuous

(10) The country took (　　　) military action against its enemies.
1. inscrutable　　　2. consummate　　　3. preemptive　　　4. obnoxious

(1) **解答** 4. conciliatory [訳] その会社の敵対的買収はうまくいかなかった。より**融和的な**手法を取るべきだった。
1. 辛辣な　　　　　　2. 陽気な　　　　　　3. 内気な　　　　　　4. 融和的な

(2) **解答** 1. pivotal [訳] 彼女の説明は合意形成に**極めて重要な**役割を果たした。
1. 中枢の　　　　　　2. 無傷の　　　　　　3. 無害の　　　　　　4. 不可解な

(3) **解答** 4. resilient [訳] 若者は通常年配者より病気の**回復が早い**。
1. 熱烈な　　　　　　2. 遠回しの　　　　　3. 落ち着いた　　　　4. 回復力のある

(4) **解答** 2. posh [訳] **豪華な**フランス料理店に彼女を連れて行きプロポーズした。
1. 器用な　　　　　　2. 豪華な　　　　　　3. はびこっている　　4. 痛烈な

(5) **解答** 2. far-fetched [訳] 彼はいつも**ありえない**話をするので、誰も彼の言うことを真剣に受け取らない。
1. 生意気な　　　　　2. 現実的でない　　　3. 素っ気ない　　　　4. 華麗な

(6) **解答** 1. profuse [訳] 彼は失敗に関して全員に**平謝り**した。
1. 豊富な・熱心な　　2. 不気味な　　　　　3. うんざりした　　　4. ひょろ長い

(7) **解答** 3. flamboyant [訳] オフィスでそのような**派手な**服を着るべきではない。
1. 容赦ない　　　　　2. 熱狂的な　　　　　3. 派手な　　　　　　4. 熱烈な

(8) **解答** 2. venomous [訳] 野党は首相に対して**悪意に満ちた**攻撃を始めた。
1. 寛容な　　　　　　2. 悪意に満ちた　　　3. 代理的な　　　　　4. おいしい

(9) **解答** 4. presumptuous [訳] 新入社員が上司の為になるアドバイスを拒むとは**厚かましい**。
1. 豊富な　　　　　　2. 固有の　　　　　　3. 無数の　　　　　　4. 厚かましい

(10) **解答** 3. preemptive [訳] その国は敵に対して**先制の**軍事行動をとった。
1. 不可思議な　　　　2. 申し分ない　　　　3. 先制の　　　　　　4. 実に嫌な

1級最重要語をコロケーションで一気にマスター！

英検1級必須形容詞コロケーション①

☐ an acrimonious (debate, dispute, argument) **辛らつな**（議論，論争，主張）

☐ an adamant (attitude, refusal) **断固とした**（態度，拒否）

☐ adept at (writing, speaking)（書くこと，話すこと）に**熟練した**

☐ altruistic (love, actions, behavior) **利他的な**（愛，行動，振舞い）

☐ apathetic (attitudes, behavior, citizens) **無関心な**（態度，振舞い，市民）

☐ appalling (crimes, cruelties, incidents) **恐ろしい**（犯罪，残虐行為，事故）

☐ (an) ascetic (practices, training, monks, life) **禁欲的な**（実践，訓練，僧，生活）

☐ astute (management, investment) **抜け目のない**（経営，投資）

☐ atrocious (crimes, offenses, brutalities) **凶悪な**（犯罪，違反，残虐行為）

☐ audacious (attacks, demands, attempts) **大胆不敵な**（攻撃，要求，企て）

☐ an auspicious (sign, start, occasion) **幸先の良い**（兆し，始まり，機会）

☐ an austere (budget, fiscal policy) **緊縮の**（予算，財政政策）

☐ an avaricious (politician, nature) **欲深い**（政治家，性格）

☐ bland (statements, foods) **味気ない**（発言，食べ物）

☐ blatant (discrimination, racism) **露骨な**（差別，人種差別）

☐ (a) buoyant (economy, business, market) **上り調子の**（経済，ビジネス，市場）

☐ a candid (opinion, advice, answer) **率直な**（意見，アドバイス，返事）

☐ a clandestine (meeting, operation, affair) **秘密の**（会議，作戦，情事）

☐ a contentious (issue, matter) **議論を呼ぶ**（問題，問題）

☐ defunct (companies, practices, laws) **現存しない[廃れた]**（会社，慣習，法律）

☐ derogatory (remarks, comments, names) **軽蔑的な**（発言，コメント，名前）

☐ (a) destitute (life, children, family) **極貧の**（生活，子供，家族）

☐ devout (followers, faith) **敬虔な**（信者，信仰）

☐ an enigmatic (smile, remark) **不可解な**（微笑み，発言）

☐ enticing (dishes, smells) **そそられるような**（料理，匂い）

☐ erratic (behavior, movements) **不規則な**（振舞い，動き）

☐ an exasperating (look, voice, cry) **いら立った**（顔つき，声，叫び声）

□ an excruciating (pain, agony, ordeal) **耐え難いほどの**（痛み，苦痛，試練）

□ exorbitant (prices, costs, fees) **法外な**（価格，コスト，料金）

□ ferocious (attacks, fighting, competition) **激しい**（攻撃，戦い，競争）

□ fervent (supporters, believers, advocates) **熱烈な**（支持者，信者，賛同者）

a stringent ban on smoking
厳格な喫煙禁止令

an insatiable appetite for the limelight
脚光への飽くなき欲望

the team's lackluster play
そのチームのさえないプレー

staunch supporters
忠実な支持者たち

(1) There are (　　　) rumors that he is aiding and abeting terrorism.
1. dilapidated　　2. unfounded　　3. uncanny　　4. voluptuous

(2) Serving pork to Muslims on purpose is a completely (　　　) act.
1. profane　　2. prescient　　3. wistful　　4. paramount

(3) Cigarette ads are believed to have a(n) (　　　) influence on children.
1. pernicious　　2. palpable　　3. overt　　4. precocious

(4) The pervert cast a (　　　) glance at the women's changing room.
1. lucid　　2. obtrusive　　3. surreptitious　　4. unruly

(5) The legalization of cannabis has been a(n) (　　　) issue for years.
1. nonchalant　　2. amenable　　3. impervious　　4. contentious

(6) I have not had any (　　　) employment since I got laid off last year.
1. intrepid　　2. immaculate　　3. remunerative　　4. preposterous

(7) This tropical region is (　　　) with mosquitoes causing malaria.
1. prosaic　　2. rife　　3. irreparable　　4. outcast

(8) He has never had a girlfriend because of his (　　　) appearance.
1. slovenly　　2. marginal　　3. empirical　　4. indignant

(9) The danger is (　　　) and residents should leave the area immediately.
1. imminent　　2. banal　　3. verbose　　4. elusive

(10) His (　　　) joke made all the classmates burst into laughter.
1. heinous　　2. hilarious　　3. abrasive　　4. sumptuous

2日目　語い力UP

(1) 　解答 2. unfounded 　訳 彼がテロを幇助しているという**根拠のない**噂が流れている。
1. 荒れ果てた　　　　2. 事実無根の　　　　3. 神秘的な　　　　4. 官能的な

(2) 　解答 1. profane 　訳 イスラーム教徒に故意で豚肉を提供することは完全に**冒涜的な**
行為である。
1. 冒涜的な　　　　　2. 予知の　　　　　3. もの欲しそうな　　4. 最重要の

(3) 　解答 1. pernicious 　訳 タバコ広告は子供たちに**悪影響**があると信じられている。
1. 有害な　　　　　　2. 明白な　　　　　3. 公然の　　　　　4. 早熟な

(4) 　解答 3. surreptitious 　訳 その変質者は女性更衣室を**盗み見を**した。
1. 明快な　　　　　　2. でしゃばりの　　　3. こそこそした　　　4. 手に負えない

(5) 　解答 4. contentious 　訳 大麻の合法化は長年**物議をかもす**争点である。
1. 無頓着な　　　　　2. 従順な　　　　　3. 通さない　　　　4. 物議をかもす

(6) 　解答 3. remunerative 　訳 昨年解雇されて以来**報酬ある**雇用についていない。
1. 勇敢な　　　　　　2. 欠点がない　　　　3. 収益のある　　　　4. 不条理な

(7) 　解答 2. rife 　訳 この熱帯地域はマラリアを引き起こす蚊が**蔓延して**いる。
1. 単調な　　　　　　2. 蔓延して　　　　　3. 修復不可能な　　　4. 疎外された

(8) 　解答 1. slovenly 　訳 彼は**だらしない**格好をしているので彼女ができたことがない。
1. だらしない　　　　2. ごくわずかな　　　3. 経験に基づいた　　4. 憤慨した

(9) 　解答 1. imminent 　訳 危険が**差し迫って**おり、住人はすぐに非難するべきだ。
1. 差し迫った　　　　2. 陳腐な　　　　　3. 冗長な　　　　　4. 捕らえにくい

(10) 　解答 2. hilarious 　訳 彼の**非常に面白い**ジョークでクラス全員が突然笑い始めた。
1. 極悪な　　　　　　2. 非常に面白い　　　3. 失礼な　　　　　4. 豪華な

1 級最重要語をコロケーションで一気にマスター！

英検1級必須形容詞コロケーション②

☐ flagrant (violations, errors)　　　　　　　　　目にあまる（違反，誤り）

☐ flimsy (excuses, evidence, clothing)　　　　薄っぺらい（口実，証拠，服）

☐ a formidable (task, enemy)　　　　　　　　手ごわい（課題，敵）

☐ a far-fetched (idea, dream, story)　　　　　ありそうもない（考え，夢，話）

☐ a full-fledged (member, war)　　　　一人前のメンバー，**本格的な**戦争

☐ (a) grueling (task, training, race, schedule)　**厳しい**（課題，訓練，競争，日程）

☐ a haphazard (approach, manner, fashion)

　　　　　　　　　　　　　　でたらめな（方法，マナー，ファッション）

☐ a hilarious (joke, comedy, story)　　　　こっけいな（冗談，コメディ，話）

☐ an imminent (danger, threat, crisis)　　　切迫した（危険，脅威，危機）

☐ (an) impeccable (performance, credentials)　非の打ち所のない（演技，経歴）

☐ (an) impending (death, crisis, danger)　　差し迫った（死，危機，危険）

☐ impervious to (heat[water], criticism)　（熱［水］）を**通さない**，（批判）に**鈍感な**

☐ inept (management, handling)　　　　無能な**[不適切な]**（経営，取扱い）

☐ (an) insatiable (appetite, greed, desire)　　貪欲な（食欲，欲望，願望）

☐ a jovial (mood, atmosphere, crowd)　　　陽気な（ムード，雰囲気，群集）

☐ jubilant (crowds, supporters, celebrations)　歓喜の（群衆，支持者，儀式）

☐ (a) lackluster (economy, performance, trading)　活気のない（経済，演技，取引）

☐ a latent (ability, talent, disease)　　　　潜在的な（能力，才能，病気）

☐ a laudable (goal, attempt, objective)　　称賛に値する（目標，試み，目的）

☐ (a) lenient (treatment, sentence, attitude)　寛大な（処置，判決，態度）

☐ a lucid (argument, explanation, statement)　明快な（主張，説明，発言）

☐ (a) lucrative (job, business, contract)　　もうかる（仕事，事業，契約）

☐ a malevolent (god, spirit, ghost)　　悪意のある（神，霊，幽霊）

☐ a marginal (increase[improvement], cost)　わずかな（増加［改善］），**限界**（費用）

☐ a mediocre (performance, life, school grade)　平凡な（演技，生活，成績）

□ meticulous (attention, accuracy, fairness)	細心の（注意，正確さ，公平さ）
□ mundane (affairs, tasks, chores)	平凡な（事柄，仕事，雑用）
□ an ostensible (purpose, aim)	見せかけの（目的，目標）
□ a precarious (position, situation, condition)	不安定な（地位，状態，状況）
□ (a) pretentious (attitude, behavior)	思い上がった（態度，振舞い）
□ prolific (writers, composers, birds)	多作の（作家，作曲家），多産の（鳥）
□ prudent (conduct, opinions)	慎重な（行い，意見）
□ a reclusive (state, artist, writer)	孤立した（国），人目を避けた（芸術家，作家）
□ relentless (attacks, pursuit, pressure)	容赦ない（攻撃，追跡，圧力）
□ remunerative (business, work, employment)	利益の出る（事業，仕事，雇用）
□ a resilient (economy, material)	回復力のある（経済），弾力性のある（物質）
□ scrupulous (attention, accuracy, fairness)	几帳面な（配慮，正確さ，公正さ）
□ sedentary (lifestyles, jobs, workers)	座ることの多い（生活，仕事，ワーカー）
□ stringent (rules, requirements)	厳しい（規則，必要条件）
□ tantalizing (smells, tastes)	食欲をかきたてる（匂い，味）
□ tenacious (efforts, resistance)	粘り強い（努力，抵抗）
□ a tenuous (connection, relationship, position)	弱い（つながり，関係，立場）
□ an ulterior (motive, purpose)	裏の（動機，目的）
□ (a) voracious (appetite, readers, consumers)	ものすごい食欲，貪欲な（読者，消費者）

　いかがでしたか。段々と問題のレベルが上ってきて7割を取るのがきつくなってきましたか？

　単語の覚え方は、語い集（類語やコロケーション）である程度覚えた後、英語放送や雑誌記事などでくわしく記憶を強化するのが効果的です。それに対して語い集で覚えずに「CNN」を聞いたりした場合は「スルー」してしまったり、ボキャビルをせずに「タイム」などを読もうとすると未知の単語が多すぎたり「お手上げ」になったりするので、やはり語い集とこういった英語教材との効果的な併用が理想です。

(1) There has been a (　　　　) of food since a severe drought broke out.
1. vent　　　　　2. prodigy　　　　3. demeanor　　　4. dearth

(2) The actress has expressed (　　　　) for using the synthetic drug.
1. remorse　　　　2. rubble　　　　3. turmoil　　　　4. zenith

(3) She reached the (　　　　) of her career as a business consultant.
1. rift　　　　　2. pinnacle　　　　3. upshot　　　　4. volition

(4) There is a huge economic (　　　　) between the haves and have-nots.
1. knack　　　　2. disparity　　　　3. deference　　　4. hermit

(5) The company reached a(n) (　　　　) in wage negotiations with workers.
1. fissure　　　2. impasse　　　　3. stigma　　　　4. juncture

(6) The typhoon wreaked (　　　　) on the region and killed many people.
1. trepidation　2. shackle　　　　3. havoc　　　　4. plight

(7) The president's inaugural address turned into a humiliating (　　　　).
1. fiasco　　　2. accolade　　　　3. alacrity　　　4. cinch

(8) The rebel's constant aerial (　　　　) have killed many civilians.
1. culprits　　2. bombardments　3. demises　　　4. efficacy

(9) The development of driverless cars will be a(n) (　　　　) to society.
1. rendition　　2. smear　　　　3. animosity　　　4. boon

(10) The celebrity faced a(n) (　　　　) of criticism from the media.
1. misgiving　　2. figment　　　　3. barrage　　　4. enigma

(1) **解答** 4. dearth **訳** ひどい旱魃（かんばつ）が起こってから食糧**不足**である。

    1. はけ口・通気孔　　　2. 神童　　　　　　3. 振る舞い　　　　　4. 欠乏

(2) **解答** 1. remorse **訳** その女優は合成麻薬の使用に関して**深い後悔**を述べた。

    1. 深い後悔　　　　　2. 破片　　　　　　3. 混乱　　　　　　4. 絶頂

(3) **解答** 2. pinnacle **訳** 彼女はビジネスコンサルタントとしてのキャリアの**絶頂**に達した。

    1. 仲たがい　　　　　2. 絶頂　　　　　　3. 結末　　　　　　4. 意思

(4) **解答** 2. disparity **訳** 大きな経済的な貧富の**差**がある。

    1. 要領　　　　　　　2. 差異　　　　　　3. 敬意　　　　　　4. 世捨て人

(5) **解答** 2. impasse **訳** その会社は労働者との賃金交渉で**行き詰まった**。

    1. 裂け目　　　　　　2. 袋小路　　　　　3. 不名誉　　　　　4.（重大な）時期

(6) **解答** 3. havoc **訳** 台風はその地域に**大被害**を与えて多くの人の命を奪った。

    1. 恐怖　　　　　　　2. 拘束　　　　　　3. 大混乱・大損害　4. 苦境

(7) **解答** 1. fiasco **訳** 大統領の就任演説はひどい**大失敗**となった。

    1. 大失敗　　　　　　2. 称賛　　　　　　3. 機敏さ　　　　　4. 容易なこと

(8) **解答** 2. bombardments **訳** 反乱軍の絶え間ない空**爆**で多数の市民が命を失った。

    1. 犯人　　　　　　　2. 攻撃（爆撃）　　3. 終了・死去　　　4. 効能

(9) **解答** 4. boon **訳** 自動運転車の開発は社会への**恩恵**となる。

    1. 上演・引き渡し　　2. 汚れ・中傷　　　3. 敵意　　　　　　4. 恩恵

(10) **解答** 3. barrage **訳** その著名人はメディアから批判の**集中攻撃**を浴びた。

    1. 疑念　　　　　　　2. 空想　　　　　　3. 集中攻撃　　　　4. 謎

1級最重要語を類語で一気にマスター！

英検1級必須名詞グループ①

☐ practice (abstinence, temperance, sobriety) — **禁酒**を実践する

☐ (an) (animosity, antipathy, aversion (to)) toward gay people — ゲイへの**嫌悪**

☐ lose his (composure, poise, equilibrium, equanimity) — **落ち着き**を失う

☐ a notorious (con man, trickster, charlatan, impostor) — 悪名高い**いかさま師**

☐ the (culprit, perpetrator) apprehended by the police — 警察に逮捕された**犯人**

☐ the (dawn, advent, onset, inception) of a new age — 新時代の**始まり**

☐ a (dearth, paucity, deficiency) of skilled workers — 熟練労働者の**不足**

☐ the (demise, disintegration, downfall) of the regime — 政権の**崩壊**

☐ a political (debacle, fiasco, flop) — 政治的な**大失敗**

☐ a (discrepancy, disparity, chasm, schism) between rich and poor — 貧富の**差**

☐ pay (homage, tribute) to a war hero — 戦争の英雄に**敬意**を表す

☐ reach a(n) (impasse, stalemate, deadlock) — **手詰まり**になる

☐ (misgivings, qualms) about carrying out the project — その計画実行への**不安**

☐ have the (nerve, audacity, gall, effrontery) to talk back — **大胆**にも口答えする

☐ the (paragon, paradigm, epitome) of virtue — 美徳の**典型**

☐ the (pinnacle, zenith) of his career — キャリアの**絶頂**

☐ the (plight, predicament) of the developing countries — 発展途上国の**苦境**

☐ (precursors, forerunners, trailblazers) of the computer — コンピュータの**先駆け**

☐ (remains, relics, remnants, vestiges) of ancient Greece — 古代ギリシアの**名残**

☐ (remorse, compunction, a pang of conscience) for my deeds — 行為の**自責の念**

☐ a(n) (revolt, uprising, insurgence) against the government — 政府への**反乱**

☐ a (propensity, disposition, proclivity) to exaggerate — 誇張する**傾向**

☐ (a) (rift, feud, strife) between the two families — 両家の間の**反目**

☐ political (turmoil, upheaval, disruption) — 政治**動乱**

☐ the (upshot, implications) of the trade talks — 貿易会談の**結果**

pester her with phone calls
しつこい電話で彼女を悩ませる

laud him as a hero
彼を英雄として称賛する

squander his fortune
彼の財産を浪費する

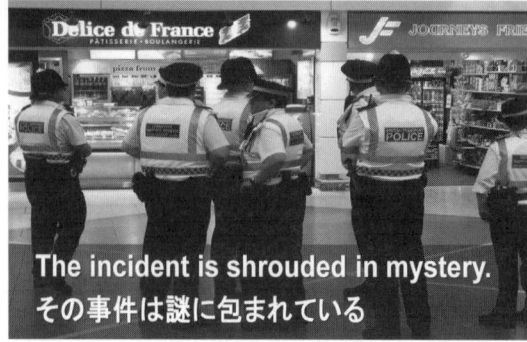

The incident is shrouded in mystery.
その事件は謎に包まれている

(1) All party members swore the pledge of (　　　　) to the party leader.
　　1. novice　　　　2. allegiance　　　3. affinity　　　　4. façade

(2) Anthropologists should establish a good (　　　　) with the local people.
　　1. reek　　　　　2. quirk　　　　　3. heretic　　　　4. rapport

(3) The winner of the beauty pageant was celebrated as a (　　) of beauty.
　　1. paragon　　　　2. prowess　　　　3. proximity　　　4. proclivity

(4) After having finished a three-year (　　　　) in Haiti, I now work in Iraq.
　　1. savor　　　　　2. stint　　　　　3. idiosyncrasy　4. homage

(5) The team leader conveyed the (　　　　) of the meeting with the CEO.
　　1. hindsight　　　2. mutiny　　　　3. gist　　　　　4. impunity

(6) He hit major (　　　　) : the breakdown of his car and the loss of his wallet.
　　1. enmities　　　2. yardsticks　　　3. snags　　　　4. precepts

(7) The notion that the elite always make the right decisions is a(n) (　　　　).
　　1. perjury　　　　2. clog　　　　　3. epitaph　　　　4. fallacy

(8) He endured the long-term rehabilitation program with (　　　　).
　　1. fluke　　　　　2. fortitude　　　　3. disdain　　　　4. effigy

(9) The commentators unleashed a(n) (　　　　) against the ruling party.
　　1. pitfall　　　　2. propensity　　　3. vestige　　　　4. diatribe

(10) There is no (　　　　) for the problem. We need to find a compromise.
　　1. wrath　　　　　2. panacea　　　　3. innuendo　　　4. dichotomy

(1) 解答 2. allegiance 訳 全党員は党首に**忠誠**を誓った。
  1. 新米　　　　　　　2. 忠誠　　　　　　　3. 親近感　　　　　　4. 正面・外見

(2) 解答 4. rapport 訳 人類学者は現地住民と良好な**信頼関係**を築くべきだ。
  1. 強烈な悪臭　　　　2. 気まぐれ　　　　　3. 異端者　　　　　　4. 信頼関係

(3) 解答 1. paragon 訳 その美人コンテストの勝者は美の**典型**だと祝われた。
  1. 模範　　　　　　　2. 卓越した技量　　　3. 近接　　　　　　　4. 嗜好・傾向

(4) 解答 2. stint 訳 ハイチでの 3 年の**任期**を終えた今はイラクで働いている。
  1. 風味　　　　　　　2. 任務　　　　　　　3. 特異性　　　　　　4. 敬意

(5) 解答 3. gist 訳 チームリーダーは CEO との会議の**要点**を伝えた。
  1. 後知恵　　　　　　2. 反乱　　　　　　　3. 骨子　　　　　　　4. 免責

(6) 解答 3. snags 訳 彼は車の故障、財布の紛失など**思わぬ**大**障害**にぶつかった。
  1. 憎しみ　　　　　　2. 基準　　　　　　　3. 思わぬ障害　　　　4. 原則

(7) 解答 4. fallacy 訳 エリートが常に正しい決断をするという考えは**間違い**だ。
  1. 偽証罪　　　　　　2. 障害物　　　　　　3. 碑文　　　　　　　4. 間違った考え

(8) 解答 2. fortitude 訳 彼は長期に渡るリハビリプログラムを**我慢強く**耐えた。
  1. まぐれ当たり　　　2. 我慢強さ　　　　　3. 軽蔑　　　　　　　4.（有名人など）像

(9) 解答 4. diatribe 訳 評論家らは与党を**酷評**した。
  1. 隠れた危険　　　　2. 傾向　　　　　　　3. 痕跡　　　　　　　4. 酷評

(10) 解答 2. panacea 訳 その問題への**万能薬**はない。妥協案を見出す必要がある。
  1. 激怒　　　　　　　2. 万能薬　　　　　　3. ほのめかし　　　　4. 大きな相違

1級最重要語をコロケーションで一気にマスター！

英検1級必須名詞コロケーション

☐ (business, political, financial) acumen　　（ビジネスの，政治の，財政の）**洞察力**

☐ abstinence from (food, alcohol, sex)　　（食べ物，飲酒，セックス）の**節制**

☐ win (international, worldwide) acclaim　　（国際的，世界的）**賞賛を得る**

☐ an adherent of a (religion, party)　　（宗教，党）の**支持者 [信奉者]**

☐ the advent of (the Internet, spring)　　（インターネット，春）の**到来**

☐ (sexual, feminine, exotic) allure　　（性的，女性の，エキゾチックな）**魅力**

☐ (political, voter, public) apathy　　（政治的，投票者の，国民の）**無関心**

☐ a (n) (international, political, public) backlash　　（国際的，政治的，国民の）**反発**

☐ (political, diplomatic, economic) blunders　　（政治的，外交的，経済的）**大失敗**

☐ a boon to (business, the economy)　　（ビジネス，経済）への**恩恵 [利益]**

☐ a (climate, natural, global) calamity　　（天候の，自然の，世界的）**災難**

☐ (political, economic, financial) clout　　（政治的，経済的，財政的）**影響力**

☐ a dearth of (resources, talent)　　（資源，人材）の**不足**

☐ show deference to the (leader, elderly)　　（指導者，年配者）への**敬意**を示す

☐ a deluge of (letters, questions)　　（手紙，質問）の**殺到**

☐ act as a (nuclear, crime) deterrent　　（核，犯罪）の**抑止力**として働く

☐ a discrepancy between the two (methods, results)　　2つの（方法，結果）の**相違**

☐ disintegration of the (country, society, empire)　　その（国，社会，帝国）の**崩壊**

☐ (economic, educational, racial) disparity　　（経済，教育，民族）**格差**

☐ the efficacy of the (drug, treatment)　　（薬，治療）の**有効性**

☐ the epitome of (success, virtue, power)　　（成功，美徳，権力）の**典型**

☐ the equilibrium of (trade, force)　　（貿易，力）の**均衡**

☐ an exodus of (refugees, workers)　　（難民，労働者）の**流出**

☐ a (n) (complete[total], economic) fiasco　　（完全な，経済的）**大失敗**

☐ a (media, buying, killing) frenzy　　（マスコミの，買物，殺人）**騒ぎ [狂乱]**

☐ the gist of a (statement, speech, story)　　（発言，スピーチ，話）の**要点**

☐ a (computer, technical) glitch	（コンピュータの，技術的）**故障 [不調]**
☐ in the heyday of his (career, life, power)	彼の（キャリア，人生，権力）の**絶頂**
☐ pay homage to the (king, saint, war dead)	（王様，聖者，戦死者）に**敬意**を表す
☐ the incidence of the (disease, death)	（病気，死亡）の**発生率**
☐ his lust for (power, fame, money)	彼の（権力，名声，お金）への**強い欲望**
☐ the luster of (gold, pearl, furniture)	（金，真珠，家具）の**輝き**
☐ have misgivings about the (future, security)	（将来，安全性）に**不安**を抱く
☐ a myriad of (problems, factors, opportunities)	**無数**の（問題，要素，機会）
☐ the nadir of his (career, life, popularity)	彼の（キャリア，人生，評判）の**どん底**
☐ a paragon of (beauty, virtue, courage)	（美，美徳，勇気）の**典型**
☐ a paucity of (information, evidence, resources)	（情報，証拠，資源）の**不足**
☐ the pinnacle of his (power, success, career)	彼の（権力，成功，キャリア）の**絶頂**
☐ the plight of the (refugees, victims)	（難民，被害者）の**苦境**
☐ (nuclear, cell) proliferation	（核の）**拡散**，（細胞の）**増殖**
☐ a (n) (military, political, economic) quagmire	（軍事的，政治的，経済的）**窮地**
☐ (nuclear, military) retaliation	（核の，軍事的）**報復**
☐ the resurgence of (militarism, nationalism)	（軍国主義，国家主義）の**復活**
☐ a [the] rustle of (leaves, clothing, papers)	（葉，衣服，紙）の**すれる音**
☐ the scourge of (war, terrorism, drugs)	（戦争，テロ，麻薬）の**災禍**
☐ a swarm of (ants, bees, tourists, refugees)	（アリ，ハチ，観光客，難民）の**群れ**
☐ a throng of (shoppers, onlookers, spectators)	（買物客，やじ馬，観客）の**群れ**
☐ a travesty of (justice, truth, the law)	（正義，真実，法律）の**曲解**
☐ (political, economic, social) turmoil	（政治的，経済的，社会的）**混乱**
☐ the vicissitudes of (his life[career], the market)	彼の（人生 [キャリア]，市場）の**浮き沈み**

　さていかがでしたか。これで語い力 UP トレーニングはすべて終了です。覚えにくいグループは Google の画像検索をしてどんどん見て行き、同時にそのフレーズも何度も音読しながら、記憶を「右脳に焼き付ける」ようにしましょう。それでは明日に向かって語い補強の道を

　Let's enjoy the process!（日は必ず昇る）

句動詞

一 気 に ス コ ア UP ！
短 期 集 中 ト レ ー ニ ン グ

３日目の動画をチェック！

QR コードをスキャンしよう！

句動詞問題スコア UP！
短期集中トレーニング

　英検 1 級の語彙問題では 25 問出題されますが、そのうち「句動詞」に関する問題は毎回 4 問出題されています。出題数としてはそれほど多くはないものの、合格基準点の前後数点に多くの受験者が固まることを考えると、4 問全て正解することができれば、合格に大きく近づけると言えます。

　しかし英語学習者の中には、語いはまだ何とかなるが、句動詞は苦手という人がかなり多く見られ、中には問題数が少ないので捨ててしまう人もいます。しかし、句動詞は英字誌を読んだり、英語放送を聞いたりする上で欠かせないものです。かつて英検協会の人と句動詞の意義について話し合ったことがありますが、同じことを述べながらたとえ 4 問でも重要であると力説していました。

　それでは、過去 15 年間の句動詞の問題の選択肢の出題回数を見てみましょう。
　※赤字は英検 1 級合格のために覚えておきたい必須句動詞です。

５〜７回選択肢に出題された句動詞 ＆ そのうち正答となった回数

2 回正解 : own up (to), pan out, rattle off, rub off (on)
1 回正解 : clam up, lash out
正解ナシ : flare up, gloss over, stake out

４回選択肢に出題された句動詞 ＆ そのうち正答となった回数

2 回正解 : boil down (to)
1 回正解 : chime in, harp on, iron out, nod off, pore over, rifle through, write off
正解ナシ : fork over, hem in, palm off, smooth over, square off (against), tack on

３回選択肢に出題された句動詞 ＆ そのうち正答となった回数

3 回正解 : crack down
2 回正解 : act up, buckle down, crop up, mull over, scrape by, tap into
1 回正解 : barge in (into), blot out, bow out, churn out, drift off, fan out, patch up,
　　　　　 pine for, run up, shake off, shell out, tip off, whip up
正解ナシ : bail out, eke out, hinge on, hole up, knuckle down, leaf through, nail
　　　　　 down, peter out, reel off, shrug off, trump up, weigh in (on)

2 回選択肢に出題された句動詞 & そのうち正答となった回数

2 回正解 : bank on, butt in, butter up, dawn on, do up, jockey for, live down, rope in [into], tamper with, taper off, toy with, zero in on

1 回正解 : barge through, bawl out, bear down on, beef up, blow away, bottle up, carve up, chew out, (be) decked out, descend on, dispense with, dole out, drown out, egg on, fall through, fend off, fizzle out, fork out, gang up on, head off, horse around, hunker down, kick up, level with, louse up, make off with, nose around, pitch in, poke around, put in for, rack up, scoot over, simmer down, sink in, snap up, stumble on [upon], swear by, vouch for, weed out, wind down, wolf down, wriggle out of

正解ナシ : belt out, black out, blurt out, branch out, bubble over, bunch up, burn out, cast off, cave in, chip away at, choke up, crack up, creep in, drag on, drag out, drum up, ease off, fend for, fire away, foul up, gloat over, go through with, jot down, keel over, lap up, load up on, mark up, mete out, pick off, play down, play off, polish off, rein in, roll back, roll over, rope in, rub up against, scrimp on, shy away from, side with, skim off, spout off, spruce up, square up, stand in for, stand out (from), strike off, strike up, tear into, thumb through, tower over, trail off, trip up, waste away, while away, whisk away, worm out of, wrap up

1 回選択肢に出題された句動詞 & そのうち正答となった回数

1 回正解のみ : bargain on, bear out, bog down, bowl over, breeze in, buy off, cash in on, choke off, coast along, come around, come down on, cop out, crank out, dip into, (be) dragged into, (be) drawn into, dwell on, ease up, factor in, fall in with, farm out, fix on, flesh out, fly at, fritter away, frown on, get back at, go at, goof off, grow on, hail from, hang back, haul off, hold down, hunger for, identify with, (be) keyed up, kick around, lay out, lean on, leap out at, let on, let up, limber up, mill about, muscle in on, pass off, phase out, piece together, pile in, pin down, play along, play up, pluck up, put across, put upon, rail against, rally around, ride out, rip off, rip through, roll in, roll out, root out, rustle up, sail through, seal off, settle up, snap out of, sound off, sound out, squeak by, stamp out, strike on, take off, throw out, tide over, wash over

こういった句動詞の知識は、「リーディング問題」で問われるだけでなく「リスニング問題」や「エッセイライティング」で高得点を取ったり、洋画を字幕なしで理解したりする際の重要な要素となります。ネイティブは難しい単語を知らない子供でも基本動詞と前置詞の組み合わせで色々と表現することができるため、洋画では基本動詞・句動詞の表現が数多く登場します。

　一方、リーディングを重視して単語帳を暗記する日本の英語教育を受けた人の多くは、この基本動詞・句動詞の知識が欠けている傾向があります。そこで英語力を一段とUPさせるためにもぜひ、次の5回からなる「最短距離大特訓」によって句動詞を強化していただきたいと思います。

　制限時間は語いセクションと同じく3分です。それでは、句動詞問題①にチャレンジしてみましょう！

制限時間 3 分

(1) The company has been (　　　　) its sales force to get new customers.
　　1. clamming up　　2. riding out　　　3. beefing up　　　4. whipping up

(2) The UK Prime Minister is struggling to (　　　　) support for "Brexit".
　　1. poke around　　2. flesh out　　　3. draw up　　　4. drum up

(3) The opposition parties (　　　　) at the minister's inappropriate remarks.
　　1. drowned out　　2. petered out　　3. farmed out　　4. lashed out

3日目

句動詞

(4) At first I didn't understand, but it finally (　　　) me what he wanted to say.
　　1. dawned on　　2. fished for　　　3. bore out　　　4. banked on

(5) Chinese companies continue to (　　　　) cheap electronic devices.
　　1. crack up　　　2. churn out　　　3. cash in　　　4. bow out

(6) The employee took advantage of every opportunity to (　　　) the boss.
　　1. harp on　　　2. butter up　　　3. zero in on　　4. tide over

(7) The residents (　　　) $10 per household for construction of the road.
　　1. mulled over　　2. shelled out　　3. winded down　　4. tampered with

(8) The government has been making great efforts to (　　　) the Ebola virus.
　　1. pan out　　　2. kick around　　3. stamp out　　　4. fire away

(9) She barely (　　　) on a student loan during her college days.
　　1. smoothed over　2. phased out　　3. scraped by　　　4. vouched for

(10) My explanation has not (　　　) yet. More elaboration is needed.
　　1. sunk in　　　2. goofed off　　　3. chimed in　　　4. owned up

(1) **解答** 3. beefing up 【訳】その会社は新規顧客を獲得するため販売力を**強化している**。
　　1. 黙り込む　　　　2. (困難等を)乗り切る　3. 強化する　　　　4. かき立てる

(2) **解答** 4. drum up 【訳】英国首相は EU 離脱に関する支持**獲得**に奮闘している。
　　1. 探し回る　　　　2. 具体化する　　　3. 作成する　　　　4. (支持などを)獲得する

(3) **解答** 4. lashed out 【訳】野党は大臣の不適切な発言を**痛烈に非難した**。
　　1. かき消した　　　2. 次第に減少した　3. 外注した　　　　4. 痛烈に非難した

(4) **解答** 1. dawned on 【訳】最初わからなかったが、最終的に彼の言いたいことがようやく**わかり始めた**。
　　1. わかり始めた　　2. 探り出した　　　3. 裏付けた　　　　4. 頼った

(5) **解答** 2. churn out 【訳】中国企業は安価な電子機器を**次々と作り出し**ている。
　　1. 大笑いする・参る 2. 次々と作り出す　3. 付け込む　　　　4. 身を引く

(6) **解答** 2. butter up 【訳】従業員は上司に**ゴマをする**ためあらゆる機会を利用した。
　　1. 繰り返し言う　　2. 機嫌を取る　　　3. 専念する　　　　4. (困難等を)乗り切る

(7) **解答** 2. shelled out 【訳】住民は道路建設に世帯当たり 10 ドルを**しぶしぶ支払った**。
　　1. 熟慮した　　　　2. しぶしぶ支払った 3. 縮小した　　　　4. 改ざんした

(8) **解答** 3. stamp out 【訳】政府はエボラウイルス**根絶**に向けて尽力している。
　　1. 成果が出る　　　2. 怠惰に過ごす　　3. 根絶する　　　　4. どんどん質問する

(9) **解答** 3. scraped by 【訳】彼女は大学生時代学生ローンで**かろうじて暮らした**。
　　1. 解決した　　　　2. 段階的に縮小した 3. かろうじて暮らした 4. 保証した

(10) **解答** 1. sunk in 【訳】私の説明はまだ**理解されて**いない。詳しい説明が必要である。
　　1. 理解された　　　2. サボった　　　　3. (会話に)割り込む　4. 白状した

.■ Up の必須句動詞マスター！

「完・満」から「完了する・仕上げる・高める・強調する」の意味が生まれる

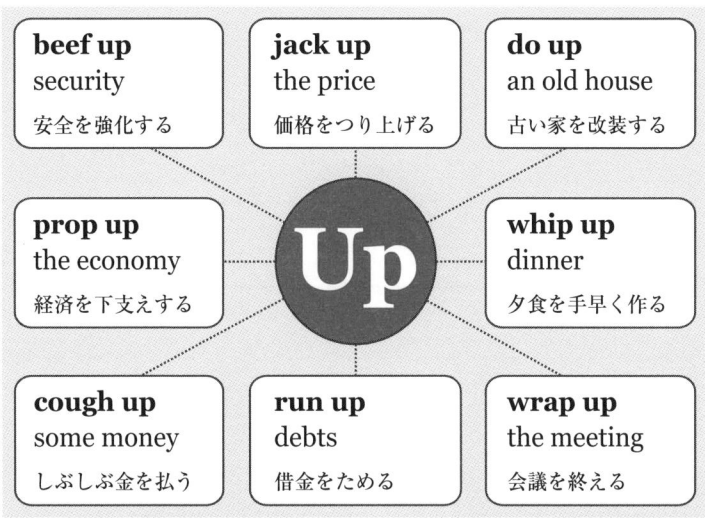

beef up
security
安全を強化する

jack up
the price
価格をつり上げる

do up
an old house
古い家を改装する

prop up
the economy
経済を下支えする

Up

whip up
dinner
夕食を手早く作る

cough up
some money
しぶしぶ金を払う

run up
debts
借金をためる

wrap up
the meeting
会議を終える

3日目

句動詞

最重要★★★	
☐ My laptop is acting up.	ノートパソコンの**調子が悪い**。
☐ bottle up my anger	怒りを**抑える**
☐ The suspect clammed up on the question.	容疑者は尋問に**口を閉ざした**。
☐ The problem suddenly cropped up.	その問題が急に**発生した**。
☐ Public protests have flared up again.	国民の抗議が**再燃した**。
☐ own up to breaking the window	窓を壊したことを**認める**
☐ pass up his promotion	彼の昇進を**見送る**

重要★★	
☐ butter up the boss	上司に**ゴマをする**
☐ chalk [rack, notch] up a win	勝利を**得る**
☐ Mt. Fuji conjures up images of Japan.	富士山は日本のイメージを**湧かせる**。
☐ patch up mutual differences	お互いの相違点を**解消する**
☐ muster [pluck, summon] up my courage	勇気を**出す**
☐ trump [cook] up charges against a politician	ある政治家への容疑を**でっち上げる**
☐ wind up the meeting	会議を**終了させる**

Down の必須句動詞マスター！

「下」から「弱める・固定する・減る・押さえつける・完全に」の意味を持つ

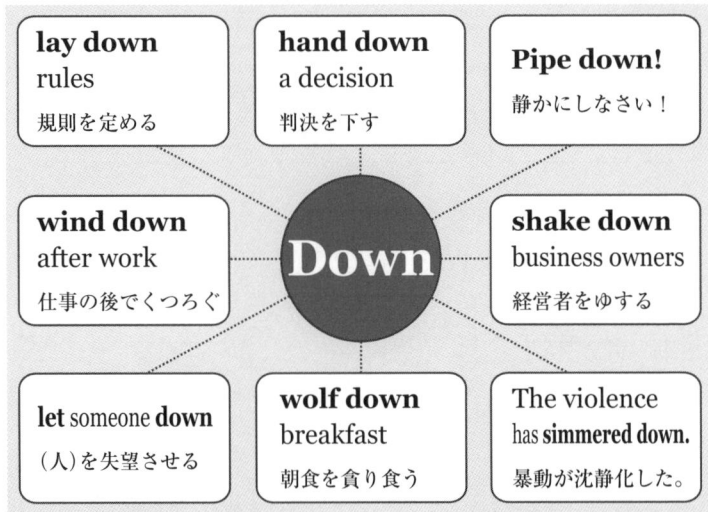

lay down
rules
規則を定める

hand down
a decision
判決を下す

Pipe down!
静かにしなさい！

wind down
after work
仕事の後でくつろぐ

Down

shake down
business owners
経営者をゆする

let someone down
（人）を失望させる

wolf down
breakfast
朝食を貪り食う

The violence
has simmered down.
暴動が沈静化した。

最重要★★★

☐ The problem boils down to a lack of money.	問題は資金不足に**帰する**。
☐ buckle [knuckle] down to work	仕事に**本腰を入れる**
☐ crack [clamp] down on crime	犯罪を**取り締まる**
☐ live down the scandal	（世間が）スキャンダルを**忘れ去る**
☐ pay $1000 down on the house	家に 1000 ドルの**頭金を支払う**
☐ play down the importance of the issue	問題の重要性を**軽視する**
☐ dress him down for his mistake	彼の失敗を**叱り付ける**
☐ run him down in public	人前で彼を**中傷する**
☐ nail down a deal	契約を**確定させる**

重要★★

☐ The talks have bogged down.	会談は**行き詰まった**。
☐ jot down a telephone number	電話番号をさっと**書き留める**
☐ mark [knock, bring] down the price	**値下げする**
☐ pare [whittle] down expenses	経費を**削減する**
☐ pin [nail] down the cause	その原因を**突き止める**
☐ settle down in the town	その町に**住み着く**

(1)　The manager (　　　　) his subordinates for being late to the meeting.
　　　1. doled out　　　2. headed off　　　3. lived down　　　4. chewed out

(2)　The novice actor got (　　　　) at the sight of a large audience.
　　　1. keyed up　　　2. dipped into　　　3. choked off　　　4. flared up

(3)　The politician was criticized for (　　　) the topic of his bribery scandal.
　　　1. tapping into　　　2. hanging back　　　3. skirting around　4. egging on

(4)　The two countries failed to (　　　　) an agreement over export controls.
　　　1. gloss over　　　2. hammer out　　　3. chalk up　　　4. fizzle out

(5)　The company has been (　　　) auto parts for the emerging market.
　　　1. wading through　2. wrapping up　　3. fending off　　　4. cranking out

(6)　Many protesters were (　　　　) in the street demanding independence.
　　　1. racking up　　　2. milling about　　3. jockeying for　　4. rooting out

(7)　My iPhone has been (　　　　) since last night. I need to buy a new one.
　　　1. acting up　　　2. cracking down　3. ironing out　　　4. bowled over

(8)　Some people (　　　　) a living by shining shoes on the street.
　　　1. fan out　　　2. eke out　　　3. map out　　　4. spell out

(9)　The player's future (　　　　) how quickly he recovers from his injuries.
　　　1. pines for　　　2. hinges on　　　3. weeds out　　　4. waters down

(10) Long-term hospitalization can (　　　　) at patients' savings.
　　　1. nose around　　2. crop up　　　3. nibble away　　　4. dish out

(1) 　解答 4. chewed out 　訳 部長は部下達を会議に遅れた理由で**ガミガミ叱った**。
　　　1. 分け与えた　　　2. 防止した　　　3. 忘れ去った　　　4. ガミガミと叱った

(2) 　解答 1. keyed up 　訳 新米の俳優は大観衆を見て**緊張した**。
　　　1. 緊張した　　　2. 拾い読みした　　　3. 抑制した　　　4. 急に起こった

(3) 　解答 3. skirting around 　訳 政治家は贈収賄事件の話題を**避けた**ことで批判された。
　　　1. 活用する　　　2. 尻込みする　　　3. 回避する　　　4. 煽り立てる

(4) 　解答 2. hammer out 　訳 2 カ国は輸出規制を巡る合意を**打ち出せなかった**。
　　　1. ごまかす　　　2. 合意を打ち出す　　　3. 達成する　　　4. 失敗に終わる

(5) 　解答 4. cranking out 　訳 その会社は新興市場向けに自動車部品を**量産している**。
　　　1. (苦労して) 処理する　　　2. 終える　　　3. かわす　　　4. 量産する

(6) 　解答 2. milling about 　訳 多くの抗議者が独立を要求して通りに**ひしめき合った**。
　　　1. 積み重ねる　　　2. ひしめき合う　　　3. 争う　　　4. 解決する

(7) 　解答 1. acting up 　訳 昨夜から iPhone の**調子が悪い**。新しいものを買う必要がある。
　　　1. 不調である　　　2. 厳しく取り締まる　　3. 解決する　　　4. 仰天した

(8) 　解答 2. eke out 　訳 一部の人々は路上で靴磨きをして生活を**やりくりしている**。
　　　1. 散開する　　　2. やりくりする　　　3. 綿密に計画する　　4. 詳細に説明する

(9) 　解答 2. hinges on 　訳 選手の将来はどれだけ早く怪我から回復するか**次第だ**。
　　　1. 思いこがれる　　　2. 次第である　　　3. 取り除く　　　4. 論調を和らげる

(10) 　解答 3. nibble away 　訳 長期入院は患者の貯蓄を**少しずつ減らす**可能性がある。
　　　1. 調べまわる　　　2. 不意に起こる　　　3. 少しずつ減らす　4. (気前よく) 与える

◢ In の必須句動詞マスター！

「入る」から「中に取り込む・中に入っていく」の意味が生まれる

The rainy season has **set in**.
梅雨が始まった。

Count me **in**!
私を仲間に入れてくれ！

be **taken in** by a fraud
詐欺にひっかかる

Don't **rub** it **in**!
同じことばかり
くどくど言うな！

In

barge in [into] the room
部屋に押しかける

confide in a friend
友人に打ち明ける

break in new shoes
新しい靴を履き慣らす

chime in the conversation
会話に加わる

3日目

句動詞

最重要★★★

☐ bask in the sun	日光**浴をする**
☐ cash in on the trend	流行を**うまく利用する**
☐ chip [kick, pitch] in 10 dollars	10ドル**カンパする**
☐ dabble in [at] painting	絵を**かじる**
☐ The medicine kicked in instantly.	その薬はすぐに効果が**表れた。**
☐ rake in money	**荒稼ぎする**
☐ usher in a new era	新時代**の到来を告げる**
☐ zero [home]in on the problem	その問題**に的をしぼる**

重要★★

☐ butt in on the conversation	その会話に**口を挟む**
☐ cave in to the demand	その要求**に屈する**
☐ factor in the decision	その決定を**考慮に入れる**
☐ be hemmed in by the forest	周りを森に**取り囲まれる**
☐ muscle in on the territory	領域**に押し入る**
☐ The truth finally sank in.	真相をやっと**理解した。**
☐ be steeped in tradition	伝統が**しみついている**

✒️ Out の必須句動詞マスター！

「出」から「出る・追い出す・出す・消える」の意味が生まれる

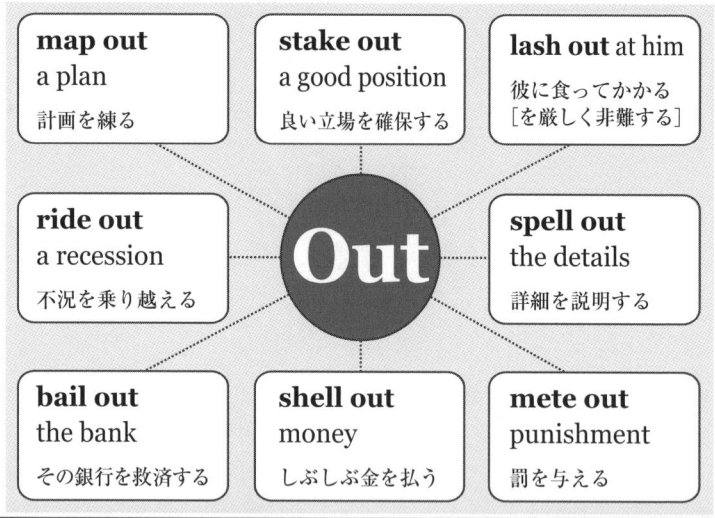

map out
a plan
計画を練る

stake out
a good position
良い立場を確保する

lash out at him
彼に食ってかかる
[を厳しく非難する]

ride out
a recession
不況を乗り越える

Out

spell out
the details
詳細を説明する

bail out
the bank
その銀行を救済する

shell out
money
しぶしぶ金を払う

mete out
punishment
罰を与える

最重要★★★

☐ carve out a career	キャリアを**開拓する**
☐ churn [turn, crank, pump] out new products	新製品を**どんどん生産する**
☐ dole [dish] out money	お金を**分け与える**
☐ ferret [smoke, sniff] out the truth	その事実を**明るみに出す**
☐ hammer [hash, thrash] out an agreement	合意に**達する**
☐ root [weed, wipe, stamp, snuff] out terrorism	テロを**廃絶する**
☐ sound out public opinion	世論に**探りを入れる**

重要★★

☐ The market has bottomed out.	市場は**底打ちした**。
☐ eke out a living	何とか生活を**やりくりする**
☐ iron [even, smooth] out differences	相違点を**なくす**
☐ farm out the work	その仕事を**外注する**
☐ My interest in promotion fizzled [petered] out.	昇進への興味は**消え失せた**。
☐ The plan has panned out (well).	計画は**うまくいった**。
☐ phase out production	生産を**段階的に減らす**
☐ sort [straighten] out problems	問題を**解決する**

(1)　The medicine has (　　　　). The patient feels no pain whatsoever now.
　　　1. kicked in　　　2. singled out　　　3. frittered away　　4. reeled off

(2)　The scorching weather is expected to (　　　　) by the end of this month.
　　　1. taper off　　　2. tease out　　　3. ward off　　　4. spruce up

(3)　*Toy Story 4* was a really touching movie. Tears (　　　　) in my eyes.
　　　1. wrote off　　　2. welled up　　　3. perked up　　　4. leaned on

(4)　The board of directors (　　　　) a merger with the startup company.
　　　1. pored over　　　2. chewed over　　　3. tipped off　　　4. came down on

(5)　The government decided to (　　　　) several ailing financial institutions.
　　　1. drift off　　　2. jazz up　　　3. thrash out　　　4. bail out

(6)　Japan (　　　　) diplomatic relations with South Korea.
　　　1. tacked on　　　2. weighed in　　　3. jacked up　　　4. patched up

(7)　The company has yet to (　　　　) the root cause of the problem.
　　　1. pin down　　　2. rake in　　　3. rip off　　　4. shrug off

(8)　The government shouldn't (　　　　) public spending during a recession.
　　　1. rope in　　　2. roll back　　　3. mete out　　　4. rein in

(9)　He had a car accident and (　　　　) 300,000 yen for repairs to his car.
　　　1. hit it off　　　2. factored in　　　3. forked out　　　4. hailed from

(10)　The police managed to (　　　　) information about the missing child.
　　　1. stake out　　　2. ferret out　　　3. deck out　　　4. sort out

(1)　解答 1. kicked in 訳 薬が**効き始めた**。患者は今全く痛みを感じていない。
1. 効き始めた　　　　2. 選び抜いた　　　　3. 浪費した　　　　4. すらすらと話した

(2)　解答 1. taper off 訳 焼けつけるようなこの天候も今月末で**おさまる**はずだ。
1. 次第に減る　　　　2. 聞き出す　　　　3. 避ける　　　　4. 身なりを整える

(3)　解答 2. welled up 訳 トイストーリー 4 は本当に感動する映画だった。私の目に涙が**あふれた**。
1. 帳消しにした　　　　2. あふれた　　　　3. 元気づけた　　　　4. 寄りかかった

(4)　解答 2. chewed over 訳 取締役会はそのベンチャー企業との合併を**熟考した**。
1. 注意深く読んだ　　　2. 熟考した　　　　3. 内報した　　　　4. 非難した

(5)　解答 4. bail out 訳 政府は不振の続くいくつかの金融機関を**救済する**ことに決めた。
1. 居眠りする　　　　2. 華やかにする　　　　3. 議論する　　　　4. 救済・保釈する

(6)　解答 4. patched up 訳 日本は韓国との外交関係を**改善した**。
1. 付け加えた　　　　2. 論争に加わった　　　3. つり上げた　　　　4. (関係等を)改善した

(7)　解答 1. pin down 訳 その会社をまだ問題の根本的原因を**突き止めて**いない。
1. 突き止める　　　　2. ぼろ儲けする　　　　3. ボッタくる　　　　4. 無視する

(8)　解答 4. rein in 訳 政府は不況中には公共支出を**抑制す**べきではない。
1. 誘い込む　　　　2. 後退する　　　　3. (罪などを)与える　　4. 規制・抑制する

(9)　解答 3. forked out 訳 彼は自動車事故に遭い、車の修理費用 30 万円を渋々**支払った**。
1. すぐに仲良くなった　　　2. 考慮に入れた 3. 渋々支払った　　　　4. 〜出身であった

(10)　解答 2. ferret out 訳 警察は行方不明の子どもの情報を**探し出そ**うとした。
1. 張り込む・くいで囲う　2. 探し出す　　　　3. 着飾る　　　　4. 手配・整理する

⚡ On の必須句動詞マスター！

「加わる」で「頼る・影響を与える・迫る・繰り返す・関連する」の意味を持つ

Rock music **turns** me **on**. ロックはしびれる。	**pick on** a schoolmate 学友をいじめる	**bear on** the problem その問題に関係する
scrimp on my spending 支出を切り詰める	**On**	**touch on** the issue 問題に触れる
Let me **sleep on** it. 一晩考えさせて。	**gain on** the runner in front 前の走者にせまる	**play on** his weakness 彼の弱みにつけ込む

3日目

句動詞

最重要★★

☐ bank [count] on their support　　　　　　　　彼らの援助に**頼る**

☐ The truth finally dawned on me.　　　　　真実が**ようやくわかり始めた。**

☐ draw on my experience　　　　　　　　　　　経験を**活かす**

☐ embark on the project　　　　　　　　そのプロジェクトに**乗り出す**

☐ hinge on the result　　　　　　　　　　　　その結果**次第である**

☐ The town grows on me.　　　　　　　その町が**だんだんと好きになる。**

☐ take on additional responsibilities　　　　　更なる責任を**引き受ける**

重要★★

☐ dote on my children　　　　　　　　　　　子どもたちを**溺愛する**

☐ Tourists descend on the festival each year.　観光客が毎年祭りに**押し寄せる。**

☐ dwell on the past　　　　　　　　　　　過去を**くよくよ考える**

☐ egg him on to fight　　　　　　　　彼にケンカを**けしかける**

☐ frown on the behavior　　　　　　　その振る舞いに**難色を示す**

☐ harp on about the same thing　　　　　同じことを**くどくど話す**

☐ The smell is still lingering on.　　　　臭いがいまだに**残っている。**

☐ rat [tell, squeal] on his friend　　　友人を**裏切る・告げ口する**

75

◢◤ Off の必須句動詞マスター！

「離」から「離れる・発する・放つ・減る・済ませる」の意味が生まれる

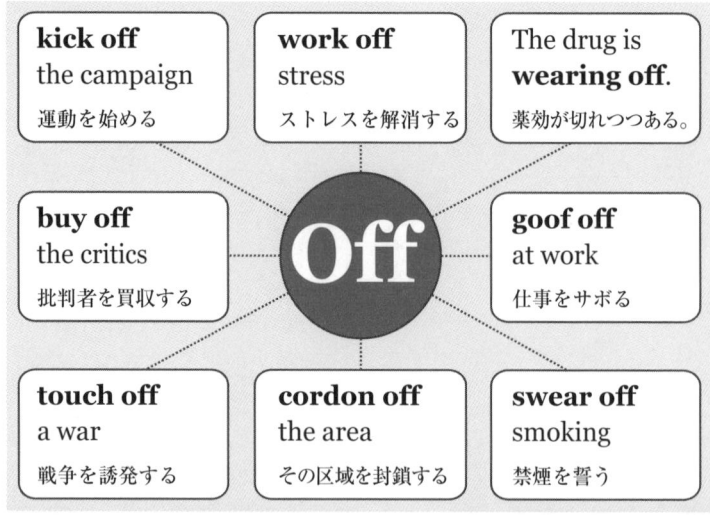

kick off
the campaign
運動を始める

work off
stress
ストレスを解消する

The drug is
wearing off.
薬効が切れつつある。

buy off
the critics
批判者を買収する

Off

goof off
at work
仕事をサボる

touch off
a war
戦争を誘発する

cordon off
the area
その区域を封鎖する

swear off
smoking
禁煙を誓う

最重要★★

☐ nod [drift, doze] off in the class　　　　　　授業で**居眠りする**

☐ live [sponge] off my parents　　　　　　親の**スネをかじる**

☐ rattle [reel] off the names　　　　　　名前を**すらすら言う**

☐ rub off on children　　　　　　子どもたちに**影響が及ぶ [うつる]**

☐ shake off a cold　　　　　　風邪を**治す [振り切る]**

☐ shrug off a problem　　　　　　問題を**無視する [軽く流す]**

☐ write off his debt　　　　　　彼の借金を**帳消しにする**

重要★★

☐ brush off criticism　　　　　　批判を**はねのける**

☐ fend [ward, stave, head] off the crisis　　　　　　危機を**食い止める**

☐ Population growth is leveling off.　　　　　　人口増加は**横ばい状態である。**

☐ palm consumers off with fake products　　　消費者をだまして偽物を**つかませる**

☐ Inflation will taper off gradually.　　　　インフレは徐々に**収まる**見込みだ。

☐ tip off the police about the scheme　　　　　　企みについて警察に**内報する**

☐ Her voice trailed off in confusion.　　　　　　困惑で彼女の声は**小さくなった。**

☐ pull off a trick　　　　　　いたずらを**やってのける**

(1) The con artist (　　　　) a story to evade arrest for insurance fraud.
1. palmed off　　　2. cooked up　　　3. propped up　　　4. coughed up

(2) To avoid stress, it is better to cry than to (　　　　) your feelings.
1. beg off　　　2. act out　　　3. chip in　　　4. bottle up

(3) They (　　　　) enough money to support some malnourished children.
1. scraped up　　　2. smacked of　　　3. boiled over　　　4. hunkered down

(4) The unemployed 50-year-old man (　　) his elderly parents.
1.rustled up　　　2. rubbed off　　　3. sponged off　　　4. staved off

(5) The economists had a meeting to discuss how to (　　　　) the economy.
1. pep up　　　2. thin out　　　3. simmer down　　　4. rally around

(6) The cab driver started to (　　　　) and ended up slamming into a wall.
1. nod off　　　2. make off with　　3. opt for　　　4. wolf down

(7) A shortage of funds will (　　　　) the development of new drugs.
1. tail off　　　2. rail against　　　3. set back　　　4. step up

(8) The Diet approved a 10 billion yen plan to (　　) the struggling industry.
1. wink at　　　2. toy with　　　3. shore up　　　4. rifle through

(9) He has been (　　　　) the boxing title for the past five years.
1. hemming in　　　2. groping for　　　3. dozing off　　　4. gunning for

(10) She shouldn't depend on others. She's old enough to (　　　　) herself.
1. fend for　　　2. dote on　　　3. butt in　　　4. blot out

3日目

句動詞

(1) 解答 2. cooked up 訳 詐欺師は保険詐欺の逮捕を逃れるために話を**でっち上げた。**
　　1. つかませた　　　2. でっち上げた　　　3. 支えた　　　4. 渋々払った

(2) 解答 4. bottle up 訳 ストレスを避けるには、感情を**抑える**より泣くほうが良い。
　　1. 断る　　　2. 行動で表す　　　3. 寄付する　　　4. 抑える

(3) 解答 1. scraped up 訳 彼らは栄養失調の子供を支援する十分な資金を**かき集めた。**
　　1. かき集めた　　　2. 感じられた　　　3. 悪化した　　　4. しゃがみ込んだ

(4) 解答 3. sponged off 訳 その無職の 50 歳の男は年老いた親の**スネをかじっていた。**
　　1. かき集めた　　　2. 感染った　　　3. スネをかじった　　　4. 防止した

(5) 解答 1. pep up 訳 経済学者たちは経済を**活気づける**方法を議論する会議を開いた。
　　1. 活気づける　　　2. 薄くなる　　　3. 落ち着く　　　4. 支援に集まる

(6) 解答 1. nod off 訳 タクシー運転手は**居眠りし**始め、壁に激突する羽目になった。
　　1. 居眠りする　　　2. 持ち去る　　　3. 選ぶ　　　4. ガツガツ食べる

(7) 解答 3. set back 訳 資金不足は新薬の開発を**妨げる**だろう。
　　1. 次第に減少する　　　2. 罵る　　　3. 妨げる　　　4. 強化する

(8) 解答 3. shore up 訳 国会は苦戦する産業を**支える** 100 億円の計画を承認した。
　　1. 見逃す　　　2. もてあそぶ　　　3. 支える　　　4. くまなく探る

(9) 解答 4. gunning for 訳 彼はボクシングタイトルを過去 5 年間**狙っている。**
　　1. 閉じ込める　　　2. 手探りで捜す　　　3. うたた寝する　　　4. 狙う

(10) 解答 1. fend for 訳 彼女は他人に頼るべきではない。**自活する**年齢だ。
　　1. 養う　　　2. 溺愛する　　　3. 干渉する　　　4. 消し去る

✈ Over の必須句動詞マスター！

「越えて・覆って」から「移動・譲渡・優先・繰り返し」の意味が生まれる

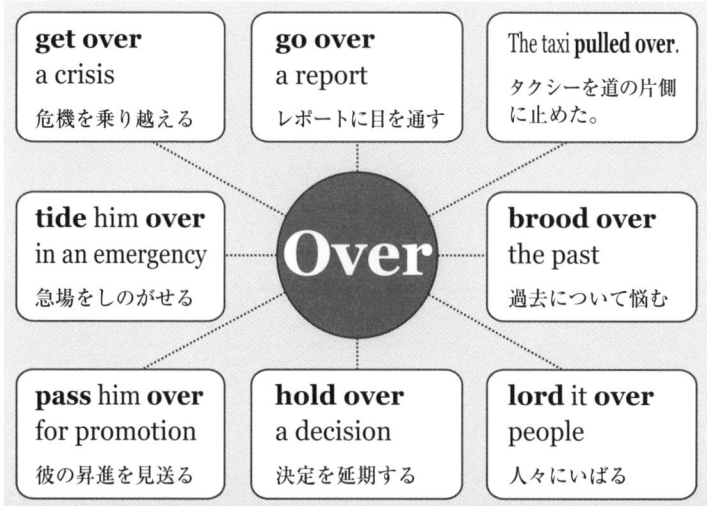

get over
a crisis
危機を乗り越える

go over
a report
レポートに目を通す

The taxi **pulled over**.
タクシーを道の片側
に止めた。

tide him **over**
in an emergency
急場をしのがせる

Over

brood over
the past
過去について悩む

pass him **over**
for promotion
彼の昇進を見送る

hold over
a decision
決定を延期する

lord it **over**
people
人々にいばる

最重要★★

☐ The scandal will blow over soon. | スキャンダルはすぐに**収まる**だろう。

☐ carry money over to the next year | お金を次の年に**持ち越す**

☐ fork over [out] money | いやいやお金を**払う**

☐ gloss [paper] over the failure | 失敗を**隠す[ごまかす]**

☐ hand [make, sign] over the property to his son | 息子にその不動産を**譲渡する**

☐ mull [chew] over the offer | オファーについて**よく考える**

☐ smooth over the problem | 問題を**まるく収める**

重要★★

☐ be bowled over by a performance | 演技に**仰天する**

☐ fall over himself to pass the test | テスト合格に**全力を尽くす**

☐ gloat over his failure | 彼の失敗を**ほくそ笑む**

☐ jump all over him for making a mistake | 失敗したことで彼を**叱責する**

☐ pore over a book | 本を**熟読する**

☐ Can you scoot over? | （座れるよう）**少し詰めて**いただけますか？

☐ triumph over the enemy | 敵に**打ち勝つ**

☐ A feeling of despair washed over him. | 絶望感が彼の心に**よぎった。**

79

✒️ For の必須句動詞マスター！

「片方」「双方向」に向かうの語感が生まれる

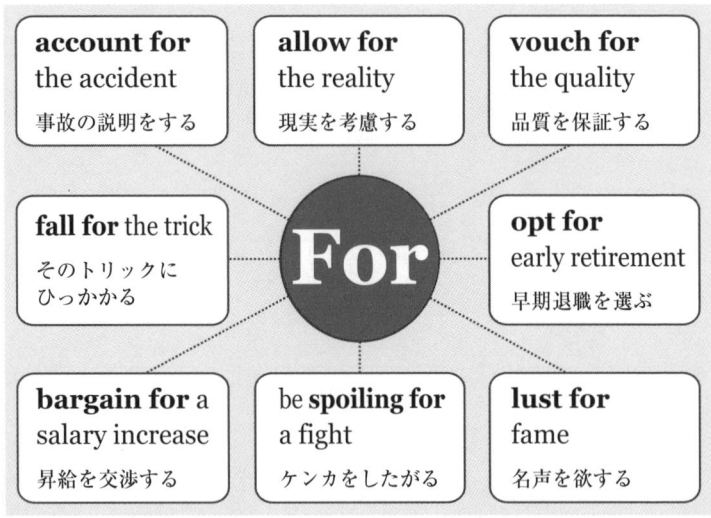

account for
the accident
事故の説明をする

allow for
the reality
現実を考慮する

vouch for
the quality
品質を保証する

fall for the trick
そのトリックに
ひっかかる

opt for
early retirement
早期退職を選ぶ

bargain for a
salary increase
昇給を交渉する

be spoiling for
a fight
ケンカをしたがる

lust for
fame
名声を欲する

For

最重要★★

- [ ] aim [angle] for the championship　　　　　　　　　　　優勝を**狙う**
- [ ] cover for her during her vacation　　　　　彼女の休暇中に仕事の**代理をする**
- [ ] He could pass for a Japanese.（本当は違うが）　彼は日本人と言っても**通用する**。
- [ ] fish for compliments　　　　　　　　　　　　　　賛辞を**引き出そうとする**
- [ ] jockey[scramble] for position　　　　　　　　　　　　　地位**争いをする**
- [ ] pine for my homeland　　　　　　　　　　　　　　　　祖国が**恋しい**
- [ ] JPN stands for Japan.　　　　　　　　　　　　　JPN は日本を**表す**。

重要★★

- [ ] atone for his mistake　　　　　　　　　　　　　　　彼の失敗を**償う**
- [ ] The firm fronts for organized crime.　　　その会社は組織犯罪の**隠れ蓑になる**。
- [ ] hunger for freedom　　　　　　　　　　　　　　　　自由を**切望する**
- [ ] root [pull] for a local team　　　　　　　　　　　地元チームを**応援する**
- [ ] settle for second best　　　　　　　　　　　　　　　２位に**甘んじる**
- [ ] Robots make for better productivity.　　ロボットは生産性の向上を**生む**。

制限時間 3 分

(1) After a short break, the representatives (　　　) to the final negotiations.
　　1. buckled down　2. bawled out　　3. blew over　　4. blurted out

(2) She added her personal experiences in Africa to (　　　) the story.
　　1. wring out　　2. barge into　　3. spice up　　4. sift through

(3) The pupils were reprimanded by the teacher for (　　　) in class.
　　1. horsing around　2. gaining on　　3. bogging down　4. racking up

(4) He (　　　) his best friend that he and Mia were going to get married.
　　1. caved in　　2. hemmed in　　3. confided in　　4. dabbled in

(5) As the economy got better, the central bank (　　　) interest rates.
　　1. ratcheted up　　2. piped down　　3. whisked away　4. fired up

(6) At least 10 people tried to (　　　) on a fishing vessel bound for Japan.
　　1. leaf through　　2. pull together　3. pit against　　4. stow away

(7) The company tried to (　　) the fact that it's on the verge of bankruptcy.
　　1. home in on　　2. hanker after　　3. flirt with　　4. paper over

(8) You should not (　　) expressing how you feel about this thorny problem.
　　1. tag along with　2. round off　　3. sew up　　4. shy away from

(9) The boss gave him some advice so that he could (　　　) the report.
　　1. thumb through　2. strike up　　3. touch up　　4. trump up

(10) I've kept my divorce secret. It's time to (　　　) my friends about it.
　　1. limber up　　2. level with　　3. latch onto　　4. trail off

3日目

句動詞

(1)　解答 1. buckled down　訳 短い休憩の後、代表者は最終交渉に**取り組んだ**。
1. 本気で取り組んだ　2. 怒鳴った　　　　3. 収まった　　　　4. うっかり口走った

(2)　解答 3. spice up　訳 彼女は話を**面白くする**ためにアフリカでの経験を付け加えた。
1. しぼり取る　　　2. 押しかける　　　3. ひと味添える　　4. 精査する

(3)　解答 1. horsing around　訳 生徒たちは授業中に**ふざけ回った**ので先生に叱られた。
1. ふざけ回る　　　2. 追いつく　　　　3. 行き詰まる　　　4. 獲得する

(4)　解答 3. confided in　訳 彼はミアと結婚するつもりであることを親友に**打ち明けた**。
1. 陥没させた　　　2. 囲まれた　　　　3. 打ち明けた　　　4. 気軽に手を出した

(5)　解答 1. ratcheted up　訳 景気の好転で、中央銀行は金利を**徐々に上げた**。
1. 徐々に上げた　　2. 静かにした　　　3. 持ち去った　　　4. 駆り立てた

(6)　解答 4. stow away　訳 少なくとも 10 人が日本行きの漁船で**密航**を試みた。
1. ぱらぱらとめくる　2. 一致協力する　　3. ～と戦わせる　　4. 密航する

(7)　解答 4. paper over　訳 その会社は破産寸前であるという事実を**隠そ**うとした。
1. 正確に狙う　　　2. 切望する　　　　3. いちゃつく　　　4. 覆い隠す

(8)　解答 4. shy away from　訳 この厄介な問題への感想を**敬遠せずに**述べるべきだ。
1. つきまとう　　　2. 締めくくる　　　3. 成功させる　　　4. 敬遠する

(9)　解答 3. touch up　訳 上司は彼がレポートを**修正**できるように助言した。
1. ざっと読む　　　2. 開始する　　　　3. 修正する　　　　4. でっち上げる

(10)　解答 2. level with　訳 離婚を秘密にしてきた。友人に**打ち明け**ても良い頃だ。
1. 柔軟にする　　　2. 打ち明ける　　　3. 手に入れる　　　4. 衰えていく

.✦ With の必須句動詞マスター！

「関・結」から「関わり合う・結ぶ」の意味が生まれる

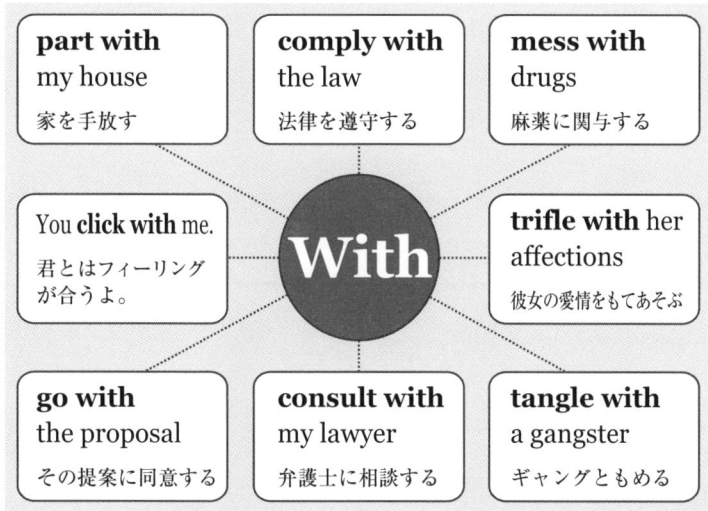

part with
my house
家を手放す

comply with
the law
法律を遵守する

mess with
drugs
麻薬に関与する

You **click with** me.
君とはフィーリング
が合うよ。

With

trifle with her
affections
彼女の愛情をもてあそぶ

go with
the proposal
その提案に同意する

consult with
my lawyer
弁護士に相談する

tangle with
a gangster
ギャングともめる

最重要★★	
☐ flirt [toy] with the idea of leaving home	親元を離れることを**検討する**
☐ level with my boss	上司に**正直に話す**
☐ live with the bitter memory	その苦い記憶を**受け入れる**
☐ monkey [fiddle, tamper, tinker] with the machine	機械を**いじくる**

重要★★	
☐ This food doesn't agree with me.	この食べ物は私の体に**合わ**ない。
☐ dispense with formalities	堅苦しいことを**抜きにする**
☐ I could do with a little snack.	スナックなどが**欲しい**ですね。
☐ grapple [wrestle] with the problem	問題に**取り組む**
☐ identify with a main character	（自らを）主人公と**重ねる**
☐ The blame rests with him.	非は彼の方**にある。**
☐ stick with the original plan	最初の計画を**貫く**
☐ side with the ruling party	（議論などで）与党を**支持する**
☐ The responsibility lies with me.	責任は私に**ある。**
☐ play with her feelings	彼女の気持ちを**もてあそぶ**

✦ その他の必須句動詞マスター！

	最重要★★★
□ bring [get] him around to my opinion	彼を**説得して**私の意見に**同調させる**
□ carry [follow] through (with) the plan	計画を**やり遂げる**
□ comb through the area	その地域を**くまなく捜す**
□ delve into the matter	問題を**深く掘り下げる**
□ get across an idea	あるアイデアを**理解させる**
□ jump at the chance	そのチャンス**に飛びつく**
□ kick [toss] around the idea	（複数の人間で）その考えを**検討する**
□ leaf [thumb] through a book	本のページを**パラパラめくる**
□ pull through a crisis	危機を**乗り越える**
□ push [boss, order] him around	彼を**こき使う**
□ rifle through a wardrobe	タンスを**くまなく探す**
□ I get roped into helping him.	彼を手伝う**羽目になった。**
□ see through his lie	彼の嘘を**見抜く**
□ skirt around the problem	その問題の話題を**回避する**
□ turn the economy around	経済を**好転させる**
□ wade through stacks of papers	書類の山を**苦労して読む**

	重要★★
□ balk at the decision	その決定に**たじろぐ**
□ bow to pressure	プレッシャー**に負ける**
□ cater to customers' needs	客の要望**に応じる**
□ eat into my savings	蓄えを**徐々に減らす**
□ dig into his past	彼の過去を**調べる**
□ hang [stick] around here	辺りを**うろうろする**
□ horse [monkey, clown] around at night	夜中に**バカ騒ぎする**
□ poke around the room	部屋を**探し回る**
□ rail against corruption	政治腐敗を**激しく非難する**
□ reek of alcohol	酒の匂いが**ぷんぷんする**
□ shy away from a risk	リスクを**避ける**
□ tap into new resources	新しい資源を**活用する**
□ pit your wits against me	君と知恵**比べをする**
□ get sucked into a war	戦争**に巻き込まれる**
□ weigh the costs against the benefits	コスト**と**利益を**天秤にかける**

「句動詞大特訓」はいかがでしたか？問題トレーニングの他に「コンセプト説明」や「図式」や「必須句動詞グループ」によってかなり覚えやすくなったと思います。それでは頑張って一気にマスターしましょう！　Good luck!

長文読解
①空所補充

一 気 に ス コ ア UP！
短 期 集 中 ト レ ー ニ ン グ

４日目の動画をチェック！

QRコードをスキャンしよう！

読解問題の攻略法をマスター！

　英検1級の読解問題は、準1級と比べて、読解英文量が数段多く、難易度も格段に高いので、すばやく読んて多項式問題の答えをすばやく発見する読解力、agility（頭の回転の速さ）が必要です。でなければ、残りの大問1題が手つかずの状態になってしまいます。概論で、英検1級に合格するには「高度な語彙力」、「速読速解力」、「ロジカルシンキング力」、「一般教養と社会問題の知識」が重要であると述べましたが、これと関連して、読解問題でハイスコアをゲットするには、「英文献速解力」「背景知識」「問題攻略力」を鍛える必要があります。

　まず1つ目の**「英文献速解力」**に関してですが、英検1級の読解問題では論文調のアカデミックジャーナルや情報誌から書き換えなして出題されますので、それらを読みこなすには10,000語水準、すなわち語彙問題で20問以上をコンスタントに正解できる語彙力と、本文の内容を正しく理解できる高度な読解力が必要となります。後者については、まずポイントを提示してからそれを例証して結論をまとめる、といった英文フォーマットや、順接や逆接の論理展開パターンを素早く把握する能力が必要です。

　2つ目の**「背景知識」**に関しては、英語のパッセージを読んだときに何の話かすぐにピンと来るように、さまざまな分野やトピックに興味と関心を持ち、広範囲にわたる背景知識（一般教養）を身につけることが必要です。英検1級の場合、近代政治史や社会学、生物学、法学などの記事が多いので、日頃から『タイム』『エコノミスト』『サイエンティフィックアメリカン』『ナショナルジオグラフィック』や『ヒストリージャーナル』などを多読したり、『ヒストリーチャンネル』『ディスカバリー・チャンネル』などを見たりして広範囲な知識を身につけることが重要です。

　3つ目の**「問題攻略力」**とは、ポイントをすばやくつかみ、選択肢のトリック（ディストラクター）にはまらずに正解できる解答力のことです。このためには問題や解答や誤答のパターンを知ると同時に、速読や問題練習を通して解答をすばやく発見できる能力を高めなくてはなりません。

　こういった英検1級の読解問題対策の勉強は、実学的観点からも学術的観点からも重要です。ビジネスピープルにとっては、交渉やプレゼンのために情報を素早く厳選する鑑識眼と論理的分析力や行間を読み取る力を養い、研究者にとっては、優れた論文を書くために高度な英文献を速く読める速読力を養うので、非常に重要です。

✍ 読解問題を難しくする7つのファクター

英検1級の読解問題の難易度と言っても、読む側の英語力、背景知識、話題に対する興味の度合いなどによって取り組みやすさも違ってきますが、一般に英検1級の読解問題が難しい理由は、次の7つの要因によります。

まず1つ目は**「専門性」**で、背景知識や情報量が足りなければ読みにくい文章があります。少なくとも高校の「世界史」「地学」「生物学」などの一般知識を身につけたり、前述の『ヒストリーチャンネル』『ディスカバリー・チャンネル』、サイエンス系の洋画などの映像番組を活用して背景知識を増やしておきましょう。

2つ目は**「時間対分量」**で、空所補充問題が約350 〜 400語×2題あり、内容一致問題に至っては500 〜 550語×2題プラス800 〜 850語が1題に、選択肢が20 〜 30語×40個あることも含めて、読解問題の全体語数が約3,500 〜4,000語あるという計算になります。これを1分当たり200 語のスピードで読むと約20分、問題解決の時間が1問につき2分とすると約30分で、全問解くのに50分かかります。すると語彙に10分、エッセイに30分かかる人の場合、90分ぐらいで解いて10分弱余るということになり、この1分当たり200語が英検1級問題を解くための標準的読解スピードということになります。

3つ目は**「語彙表現」**で、1万語水準のハイレベルな語彙のほかに、修辞技法(rhetoric)や慣用表現などがあり、英字紙に見られるような皮肉やウィットを含んだ表現が、筆者の意見の引用に使われることがあります。そこで対策としては、比喩表現の宝庫である『タイム』『エコノミスト』などを通して、それらを読み取る力を身につけていきましょう。

4つ目は**「英語の文章展開」**で、英語独特の文章展開の典型である**「トップダウン**(最初にポイントを述べてそれをサポートする)」の他にも、**「対極にある概念の比較」**や**「視点の切り替え」**をするなど様々なパターンがあります。これらは分析的リーディングをして、論理の一貫性や段落同士のつながりをつかむ練習をしたり、英検の読解問題に頻出の文章展開パターンをいくつか知っておくと、本文を素早く読んで問題を解くことができるようになります。

5つ目は**「ハイコンテクスト(文脈依存度の高さ)」**で、英検1級の難しい問題になると、本文の論理的な流れを示すキーワードが、問題解答に直結した場所から故意

に省かれたり言い換えられたりして、順接なのか逆接なのかわかりにくい場合があります。そして行間を読む力と前後関係を論理的に判断する思考力がなければ、論理の一本の線を見失う可能性があります。そこで、いかなる筆者の論脈 (train of thought) にもフレキシブルに対処できる高度な言語適応能力を習得しましょう。

6つ目は**「選択肢」**で、約7〜8割の問題は2択までふるい分けがしやすく、本文との照合で容易に正解を導くことが可能ですが、残りの2〜3割は正解に見せたかなり紛らわしいディストラクターになっています。これらに対処するには典型的な問題パターンを知り、巧妙に作られた選択肢に翻弄されないようにトレーニングをしなければなりません。

7つ目は**「着眼点」**で、正解の該当箇所が本文の中で発見しやすい場合とそうでない場合とがあります。後者は、特に難易度の高い穴埋め問題に多く、段落全体や複数の段落にまたがっている情報をもとに解答しなければならないか、高度にパラフレーズされて発見が困難になる場合です。

以上7つのファクターの点から自分の弱点を発見し、読解問題をできるだけ速く正確に解けるようにトレーニングを行いましょう。例えば、英文献は比較的読めると思っているのに、英検1級の読解問題がなかなか解けないのは、「問題攻略力」に問題があり、答えに確信が持てず本文と選択肢の間を何度も行き来して時間が過ぎ、結局どれを選べばよいのかわからなくなってしまうケースが多いようです。そこで重要なのは、視点を変えて<u>解かさせられている</u>という受動的感覚から脱却し、攻略法を学んで自ら解くという「攻めの姿勢」にシフトする必要があります。

空所補充問題攻略法

かつては、空所補充問題は自然科学やビジネスの分野も多かったのですが、ここ数年の傾向では、歴史、社会学、法学などの分野が多くなっています。そして話の内容も高度なものが多く、日本語で読んでも難しそうなアカデミックな内容のものも多く、日本語での読書経験も関係してきます。つまり、知識力、国語力の乏しい人は、英語力はあっても難しい問題が多くなります。そこで、今度は空所補充問題のパターンを見ていくことにしましょう。

✒ 空所補充問題のパターンはこれだ！

空所補充問題は以下の3つのパターンで構成されます。

---

① ［ポジ・ネガ型］（最も一般的で解きやすい）全体の約5割
② ［接続型］（逆接型以外は難問タイプ）全体の約3割
③ ［degree 型］（2択で迷い込み解きにくい）全体の約2割

---

①の**「ポジ・ネガ型」**は、空所の前後の文脈から、ポジティブかネガティブかを見抜ければ答えが比較的簡単にわかるタイプで、特にネガが解答とわかる場合に、選択肢の3つがポジで、1つがネガの場合は簡単に正解を選ぶことができます。

②の **［接続型］** は、**「因果型」「強調・例証・追加型」「逆接型」**の3つに分類され、空所の前後関係を決定させる問題です。この種の問題を解くには前後関係を広い範囲にまたがって読み比べをしなければならず、中には2つの段落を読ませる**「段落交差型」**の難問も見られます。

③の **［degree 型］** とは、同じポジティブ・ネガティブでもその意味合いが多少異なるような選択肢が並んでいるタイプの問題です。例えば環境の記事に関する問題で、「公共の清潔度をさらに引き上げることはどう思われているか」という視点に対して、選択肢の1つが、have increased pathogen levels（菌の増殖）、もう1つが have made matters worse（事態の悪化）となっており、両者ともネガで選択肢の識別が難しく、微妙な差異を問う問題です。正解は、空所の内容を具体的に説明している illness will be much more severe や、excessive attention to cleanliness could eventually weaken our natural immune systems から、「過度の衛生は人間本来の免疫力を低下させ、逆に病気にかかりやすくしてしまう」を一般化した後者で、「菌の強まり」については一言も述べられていない前者は不正解となっています。

以上のように、英検1級の空所補充問題は、空所の前後の文を読んだぐらいでは解けないものが多く、正解の根拠となる範囲が広いという特徴があり、論理の構築や文の論理的関係がうまくつかめず、選択肢で迷い、誤答を選んでしまうケースが多いようです。そこで、段落全体を速読して流れをつかんで解くという読解法を習得することが必要となってきます。

ところで前後関係には大きく「順接型」と「逆接型」の2つのタイプがあり、「順接型」は、さらに「例証型」(for example など)、「因果型」(therefore, consequently など)、「強調型」(indeed, in fact, actually など)、「追加型」(furthermore, moreover, similarly など)の4パターンがあります。これらの関係は、こういった文脈の流れを示す「論理接続語」でわかりますが、ハイレベルな問題ではそれらが省略されたり間接的な表現に置き換えられたりしますので要注意です。以上の点を踏まえてぜひ覚えていただきたいパターンとテクニックを披露いたしましょう。

　「順接型」は A → B のパターンで、B よりも A の方が空所になっていることが多く、また「例証型」と「因果型」が多く出題されており、「強調型」と「追加型」の出題比率は低めとなっています。そして「ポイントを述べてから具体例を述べる」場合が最も多く、主張の後に根拠、原因や仮定の後にその結果、実験の後に発見事項を述べるパターンなどが重要です。

　これに対して「逆接型」は、支持の後に反論、一般論の後に独自の見解、過去の事の後に現在や未来の事、原則の後に例外、予測された事の後に意外な状況を述べるパターンなどがよく出題されます。

　高度な問題では、空所の前後に but や however などのようなすぐにわかる逆接語が全く見当たらなかったり、in fact（ところが実際には）、unfortunately（だが不幸なことに）、even so（だがそうだとしても）、ironically（だが皮肉なことに）、unexpectedly（ところが意外なことに）、instead（だがその代わりに）などのような「準逆接表現」に置き換えられる場合が多いので、それらを見落とさないように注意しましょう。

　さて皆さんいかがでしたか。だんだんとコツはつかめてきましたか。「英語の基礎体力」を上げつつ、問題練習を 20 回ぐらいやれば成果は出てくるはずです。以上で読解問題攻略の理論編は終わり、今度は「空所補充読解難問攻略法」に参りましょう。

空所補充読解難問攻略法はこれだ！①

Censuses and Random Sampling

[1] Censuses are complex, costly, and laborious. It is mandated by the U.S. constitution that a census be conducted every decade, but by the late nineteenth century, this was becoming arduous as the amount of data from the rapidly growing nation surpassed the Census Bureau's ability to collate data. So overwhelming became the task that the 1880 census took a mind-boggling eight years to complete. By the time it was completed, the information (**1**), and preparations for the next census of 1890 had started, which, officials extrapolated, would require a full 13 years to tabulate. The constitutional mandate could not be met. But then, if a correct count could not be achieved, how would taxes and congressional representation be apportioned when these were based on population?

[2] The solution that the Bureau adopted for the 1890 census was an invention of Herman Hollerith, a famous figure in the field of data processing. Hollerith's idea was to use punch cards and tabulation machines. Combined with the strenuous efforts of the Bureau, this resulted in contracting the tabulation time to less than one year. Outstanding as this achievement was, acquiring and analyzing big data (**2**).

[3] Thus the question; was it essential to collect all the data to conduct an analysis? This is simply not realistic when the scale is so vast. Some argued that constructing a sample that was representative of the whole and then extracting data from that sample would suffice. However, statisticians showed that such approaches (**3**) data collated from the whole.

[4] Statisticians indicated instead that the key to sampling precision was randomness, not increased sample size. They indicated that a randomly chosen sample of individuals could accurately represent a whole population that could be hundreds or even hundreds of thousands of times the size of the sample group. Therefore, for example, a randomly chosen sample comprising 1,000 individuals could, in many cases, accurately represent

a total population of a hundred thousand or even a hundred million.

⑤ This insight (**4**) the information gathering. Data needed only to be amassed from a small randomly chosen sample set, while the data could be extrapolated to the whole group with no significant loss in accuracy. The Census Bureau could then regularly conduct random sample censuses every year, rather than just one laborious census of the entire population every decade. Random sampling was the solution to the problem of collecting and tabulating overwhelming amounts of data. (405 words)

Q1.
1. was way beyond reason
2. manifested itself in many different ways
3. had lost its relevance
4. had epitomized the status quo

Q2.
1. was instrumental in cost reduction
2. might lead to information disclosure
3. expedited the bureaucratic processes
4. entailed astronomical costs

Q3.
1. was a representative example of
2. made significant deviations from
3. represented a moderate departure from
4. showed a marked contrast to

Q4.
1. accelerated the speed of
2. gave a new dimension to
3. served as a catalyst for
4. put a crimp in

空所補充問題解答

問題文の訳 国勢調査と無作為サンプリング

❶国勢調査は、複雑で金がかかり多くの時間と労力を要する。それは 10 年毎の実施が米国憲法で義務付けられている。しかしながら、19 世紀末になると急速に成長する国のデータ量が国勢調査局のデータを照合する能力を上回ったので、国勢調査はその達成が困難になってきた。非常に圧倒されるほどの業務なので、1880 年の国勢調査が完了するには気が遠くなるような 8 年もの年月がかかった。完了するまでにその情報は 意味をなくしてしまい 、次の 1890 年の国勢調査の準備が始まったが、集計するためには丸々 13 年はかかるであろうと役人たちは見積もった。憲法上の義務は達成されるはずもない。そうは言っても、もし正確な集計が達成できないならば、人口に基づいて税金や代議制度はどのようにして配分されるのだろうか？

❷1890 年の国勢調査に対して国勢調査局が採用した解決策は、データ処理の分野で高名な人物、ハーマン・ホレリス氏の発明であった。ホレリス氏のアイデアとは、パンチカードと集計機を使うことであった。国勢調査局のたゆまざる取組みと相まって、これは集計時間を 1 年以内に縮める結果となった。その成果は極めて優れていたけれども、莫大なデータの取得や分析には 天文学的なコストを伴った 。

❸それ故に提起された問題は、分析を行うためにありとあらゆるデータを集めることが必要不可欠だったのか？ということであった。規模が膨大であるとき、これはただただ現実的で

ない。すべての代表となるサンプルを構築し、そのサンプルからデータを抽出することで充分だろうと主張する者たちもいる。しかしながら、統計学者たちは、そのような手法は全体から集計されたデータとは 著しく逸脱する ことを示した。

4 統計学者たちはその代わりとして、サンプリングの精度の鍵はサンプルの規模を増やすことではなく、無作為性であることを示唆した。彼らは、無作為に選ばれた個々のサンプルが、その規模の数百倍あるいは数十万倍にもなりうる全人口を正確に表すことができることを示した。それゆえ例に挙げれば、千の個体を構成する無作為に選ばれたサンプルは、多くの事例において10万あるいは1億でさえもの全人口を正確に表すことができるのである。

5 この事実の判明は、情報収集への取組みに 新たな局面を加えた 。データは小さく無作為に選んだサンプル集合から収集される必要があるが、データは精度において大幅な低下を伴わず、グループ全体にまで推測できるのである。国勢調査局はそれから10年毎に骨の折れるような全人口の国勢調査をするよりは、むしろ毎年定期的に無作為のサンプルの国勢調査を実施することができるようになった。無作為のサンプリングは圧倒されるような膨大な量のデータを集めたり集計したりする問題の解決策となった。

Q1 解答 **3. had lost its relevance**

選択肢の訳 1. 全く理由が通じなかった

2. さまざまな形で現れた

3. 意味をなくしてしまった

4. 現状の典型となった

☞第1段落は、「19世紀末になると国の急成長に伴い、そのデータ量が国勢調査局の集計能力を超えた。」という流れである。空所の前後を見てみると、1880年の国勢調査の完了には気が遠くなるような8年を要し、1890年の国勢調査では13年かかる見込みとある。さらに5文目で「これらの国勢調査は憲法上の義務を果していない。」、6文目で「正しいカウントがされていない。」という、ネガティブな内容が続く。つまり、空所には、国勢調査が完了しても情報が現在との関連性を失い意味をなくしているということがわかる。よって3が正解。他の選択肢は文脈との関連性がないので不可。 （★）

```
ポジ・ネガ型に要注意！
空所に入る内容は段落の最後まで読んで、判断せよ！
```

Q2 解答 4. entailed astronomical costs

選択肢の訳 1. コスト削減に役立った

2. 情報開示につながったかもしれない

3. お役所的なプロセスを円滑にした

4. 天文学的なコストを伴った

☞第2段落は、時間のかかる国勢調査に対する対策の内容である。1890年の国勢調査ではハーマン・ホレリス氏の発明である集計機を用いて1年内に終わらせることができたという内容である。しかし、空所部分では「この国勢調査の成果は非常に優れていたけれども」と『譲歩』の意味の呼び出しがあるので、ネガティブな選択肢で関連する情報の4が正解。他の選択肢はポジなため不可。　　　　　　　　　（★）

> ### 譲歩表現に要注意！
>
> 形容詞＋as＋S＋Vの「S＋Vは〜だけれども」という
> 譲歩構文から、答えは逆接の内容の呼び出しとなる！

Q3 解答 2. made significant deviations from

選択肢の訳 1. 〜の代表例となった

2. 〜から著しく逸脱した

3. 〜からのわずかな逸脱を示した

4. 〜に対して正反対を示した

☞第3段落では、「国勢調査をするのに全データを収集する必要があるのか？」がテーマとなる。空所の直前では「すべての代表となるサンプルを構築し、そのサンプルからデータを抽出することで充分。」と主張する者に対して、逆接の内容を呼び出す接続詞のhoweverが空所の文頭にきているので、これの逆の意味のネガティブな選択肢である2〜4に絞られる。3のmoderate departure（わずかな逸脱）はネガティブ度が弱く、4のmarked contrast（正反対）はポイントがずれた選択肢である。2のsignificant deviations（著しい逸脱）が的を得て正解。　　　　（★★）

> ### degree型の問題に要注意！
>
> ポジ・ネガの意味合いが多少異なる選択肢は段落全体を
> すばやく読んで判断しよう！

Q4 **解答** 2. gave a new dimension to

選択肢の訳 1. ～の速度を加速した

2. ～に新たな局面を加えた

3. ～の触媒として役立った

4. ～を妨害する

☞第4段落の内容を受けた第5段落での空所問題である。2文目で、「データは小さく無作為に選んだサンプル集合から、精度の大幅な低下を伴わず、グループ全体にまで推測できる」ということから、3文目で、10年毎の国勢調査が定期的に毎年行われるように変更され、4文目で、今までの膨大なデータ処理の解決策となったことが述べられている。よって、統計処理の新たな方法が国勢調査のやり方を変えたという2が正解。さらに、1の選択肢は受験者を惑わし誤って選んでしまうような distractor（不正解の選択肢）であり、「情報収集の速さが加速した」という内容は言及されていないので誤りの選択肢である。段落をサマリーして、主旨を読み取る問題。

（★★★）

サマリー型の問題と distractor（不正解の選択肢）に要注意！

パラグラフをすばやくサマリーして理解し、distractor に惑わされるな！

空所補充読解難問攻略法はこれだ！②

Cloning and Extinction Reversal

[1] Advances in cloning technology, in particular, nuclear transfer cloning, have raised the intriguing possibility of resurrecting extinct species, such as the mammoth or Neanderthal men. But why should we resurrect Neanderthals or animals that vanished from the face of the Earth eons ago? There are several arguments against extinction reversal, but most of them (**1**).

[2] One counterargument against such regeneration is that organisms that have been extinct for tens of thousands of years may be vulnerable to diseases that have evolved since the time of their extinction with little resistance to them. The resuscitated species would soon succumb to these diseases and would not be viable. However, even though the human immune system provides little or no resistance to a majority of the diseases that we have coevolved with, it can adapt and protect us from such ailments, and we can presume that a resurrected species (**2**).

[3] Another counterargument is that the process of cloning would inflict severe suffering on its subjects to achieve success, requiring a long series of painful failures, involving stillbirths of abnormal offspring. There are at least two rebuttals to this argument. Firstly, as regeneration matures into a more sophisticated technology, it will reach the point where successes far outnumber failures. Suffering will become rare. The second rebuttal is that even though cloning involves a certain degree of suffering of the species, so does the natural process of birth.

[4] Another often-heard argument against de-extinction is that the selection of which species to resuscitate (**3**), resulting in an artificial, anthropomorphized environment that is a reflection of our values and would thus endanger our natural environment. The counterargument against this is that human beings embarked on this process in ancient times and have been doing it ever since the beginning of agriculture. We already live in an anthropomorphized environment.

⑤ By contrast there are immense benefits to be gained from extinction reversal, which outweighs any shortcomings of this technology The technology (**4**) the so-called Anthropocene extinction that is currently taking place. Extinction reversal technology will give us the means to reverse the tragedy of mass extinction that we ourselves have triggered. Its potential benefits clearly overshadow any potential disadvantages.

(359 words)

Q1.
1. are open-and-shut cases
2. are subject to refutation
3. are far from invalid
4. would defy the dichotomy

Q2.
1. wouldn't be at a comparative disadvantage
2. could never evolve through several development stages
3. should survive with human protection
4. would adapt to the new immune system

Q3.
1. could be justified in a certain situation
2. should be open and aboveboard
3. should be ruled out by the theory of evolution
4. would be guided by our prejudices

Q4.
1. will not serve as a catalyst for
2. will likely set off the timebomb of
3. provides a means to alleviate
4. makes no virtually contribution to

空所補充問題解答

4日目

長文読解①空所補充

> **語注**
>
> □ **extinction reversal**　絶滅反転
> □ **nuclear transfer cloning**　核移植のクローン作成
> □ **raise the intriguing possibility**　興味深い可能性を高める
> □ **resurrect extinct species**　絶滅種を復活させる
> □ **mammoth**　マンモス…約 400 万年前から 1 万年前頃までの期間に生息
> □ **Neanderthal man**　ネアンデルタール人…約 40 万年前に出現し 4 万〜 2 万年前に絶滅
> 　したとされる
> □ **eons ago**　ずっと大昔に
> □ **counterargument**　反論
> □ **be vulnerable to diseases**　病気にかかりやすい
> □ **resuscitated species**　蘇生した種
> □ **succumb to diseases**　病気に屈する
> □ **viable**　存続可能な、実行可能な
> □ **immune system**　免疫システム
> □ **coevolve**　共に進化する
> □ **ailment**　病気
> □ **inflict suffering on subjects**　被験者に苦痛を強いる
> □ **stillbirth of abnormal offspring**　異常な子供の死産
> □ **rebut / rebuttal**　反論する／反論
> □ **mature into a more sophisticated technology**　より洗練された技術に成熟する
> □ **outnumber**　〜の数を上回る
> □ **de-extinction**　種の復活
> □ **artificial, anthropomorphized environment**　人工的で人為的な環境
> □ **endanger**　危険にさらす
> □ **embark on 〜**　〜を始める
> □ **shortcoming**　欠点
> □ **the Anthropocene extinction**　人新世の絶滅 ···「人新世」は 18 世紀後半の産業革
> 　命以降の時期を指す
> □ **take place**　起こる
> □ **trigger**　引き起こす
> □ **overshadow**　見劣りさせる

クローニングと絶滅反転

①クローン技術の進歩、特に核移植クローニング（クローン作成）は、マンモスあるいはネアンデルタール人のような絶滅種を生き返らせるという興味深い可能性を高めている。しかし、なぜ大昔に地球上から姿を消したネアンデルタール人あるいは動物たちを生き返らせなければならないのか？絶滅反転に反対するいくつかの論拠があるが、そのほとんどが 反論 を受ける可能性がある 。

②再生に対する反論の1つは、何万年もの間絶滅していた生命体が、絶滅時以来進化してきた病気に弱く、そのような病気に対してほぼ抵抗力を持っていないことである。蘇生した種がすぐにこれらの病気に屈して、生存不可能になるであろう。しかしながら、ヒトの免疫システムが共に進化してきた大部分の病気に対して、ほとんどか全くの抵抗力を持っていなくても、そのヒトの免疫システムは、そのような病気からヒトを守ることに適応させることが可能である。それゆえ、蘇生された種が 比較的不利な状況には置かれないだろう と推測できる。

③他の反論は、クローン作成のプロセスが成功達成のために、対象者にひどい苦しみを与え、異常な子孫の死産を含み、長期にわたる苦痛を伴う失敗を要することである。この論拠に対して少なくとも二つの反論がある。まず最初に、再生がより洗練された技術にまで成熟するにつれて、その技術の成功事例が失敗事例の数をはるかに上回るであろう段階に達することである。苦痛はまれな出来事になるのである。第2の反論は、クローン作成が種に対してある程度の苦痛を伴ったとしても、自然なプロセスである誕生も同じことが起こる、という点である。

④絶滅種復活に対するよく聞かれるもうひとつの反論は、どの種を蘇生させるかという選択は ヒトの偏見によって導かれる ことである。その結果、ヒトの価値観の反映となり、それゆえ自然環境を危険にさらす人工的で人為的な環境につながることである。これに対する反論は、ヒトは農耕の始まり以降ずっと、古代においてこのプロセスを始めていることである。ヒトはもう既に人為的な環境で暮らしているのである。

⑤その一方で、絶滅反転の技術が持つ弱点を上回る、その技術から得られる計り知れない恩恵がある。その技術とは、今日起こっている、いわゆる人新世の絶滅を 緩和する手段を提供している のである。絶滅反転の技術は、ヒトが引き起こしている大量絶滅の悲劇を逆転する手段を与えてくれている。その潜在的な恩恵が潜在的な不利益を見劣りさせているのである。

Q1 [解答] 2. are subject to refutation

[選択肢の訳] 1. 単純明快な事例である

2. 反論を受ける可能性がある

3. 無効にはほど遠い

4. 意見の相違に従わないだろう

☞第 1 段落の空所では、「絶滅反転に対するいくつかの反論があるが、その反論の論拠のほとんどが・・・」という問題である。この第 1 段落だけでは答えはわからないので段落にまたがって読む必要があり、さらに選択肢の表現も難しい難問である。第 2, 3, 4 段落でそれぞれ、まず最初に絶滅反転への「反論」が述べられ、その次にその「反論」に対する『反論』が展開されていることから 2 が正解となる。他の選択肢は文脈に合わず不可。　　　　　　　　　　　　　　　　　　　　　　　　　　　（★★★）

> ### 答えが段落にまたがる難問に要注意！
> 1 段落では答えが判断できない問題は、複数の段落を読んで解答を探しに行け！

Q2 [解答] 1. wouldn't be at a comparative disadvantage

[選択肢の訳] 1. 比較的不利な立場に置かれないだろう

2. いくつかの発展段階を経て進化することは決してない

3. 人間の保護で生き残るべきである

4. 新しい免疫システムに適応するだろう

☞第 2 段落では、段落の後半部分の絶滅反転の「反論」に対する『反論』の内容が問題で、ヒトの免疫システムは生まれながらに抵抗力がなくても病気に適応できていることから、蘇生された動物も同様に対応できると類推ができる順接型でポジティブな内容の選択肢を選ばせる問題である。2 はネガな内容、3 と 4 は的外れなため不可。　　　　　　　　　　　　　　　　　　　　　　　　　　　　　　　　（★★）

> ### 類推できる順接型問題に要注意！
> 文脈が順接か逆接なのかを常に考えながら解答しよう！

Q3 解答 **4. would be guided by our prejudices**

選択肢の訳 1. ある状況で正当化できるだろう

2. 公明正大であるべきだ

3. 進化論によって排除されるべきだ

4. われわれの偏見によって導かれるだろう

☞第4段落では、段落前半部分の絶滅反転に対する「反論」内容の「どの種を蘇生させるかという選択は・・・」という問題である。その選択は、「ヒトの価値観の反映となり、自然環境を危険にさらす人工的で人為的な環境につながる」との主張から、この内容に最も合うのが4である。2はポジティブな内容なのですぐに選択肢から省かなければならない。 (★)

> **選択肢がポジかネガかを常に判断して問題を解こう！**
>
> ポジかネガかを判断することで解答を絞り込むことが可能！

Q4 解答 **3. provides a means to alleviate**

選択肢の訳 1. ～の触媒として役に立たないだろう

2. ～の時限爆弾をおそらく作動させるだろう

3. ～を緩和する手段を与えている

4. ～に事実上貢献しない

☞第5段落の空所では絶滅反転のメリット、つまり人新世の絶滅、現在起こっている大量の絶滅を反転させることができるというメリットが述べられている。選択肢がdegree question となっているが1, 2, 4はメリットの選択肢ではないことから省くことができ、ポジティブな3が正解である。 (★★)

> **degree question 型の問題に要注意！**
>
> ポジ・ネガの意味合いが多少異なる選択肢は段落全体を
> すばやく読んで判断する！

Innate and Dynamic Attributes in Quantum and Classical Physics

[1] The world seen through the eyes of quantum theory differs considerably from the world seen through classical physics. In classical physics, the world is made up of ordinary objects that are characterized by their positions and momenta. These characteristics are those that objects innately possess. The values of these attributes (**1**) measurement conditions. Quantum theory, however, teaches that the position of an electron is not possessed innately. It differs, depending on how the position is measured. Such attributes are called "dynamic" and do not belong to the electron itself but are dependent in part on the measurement context. Thus, if the measuring device is removed, the electron's attributes are eliminated.

[2] Color is an example of a contextual attribute that is easy for us to understand. The color of an object will differ according to the color of the light in which the object is viewed. Manipulating tinted light to make the color of food more appealing is a technique deployed in many a grocery. However, even though color (**2**), it is dependent on an innate attribute of the object, such as its absorption spectrum. So could it be that the dynamic attributes of an electron are depended on some innate attribute of the electron?

[3] Quantum physicists say that there are no innate attributes on which the electron's measurement-dependent position and momentum are based. There is no doubt that the electron still exists even in the absence of the measuring device, but it does not possess any dynamic attributes. This (**3**), but quantum theory teaches us that our world is made of objects with such qualities, contrary to the teachings of classical physics.

[4] Then, how has classical physics been so successful in describing our world? The analogy to color (**4**). Color may be contextual, but under most circumstances it will be constant. As long as we are aware that color is a contextual quality, we can say, for example, that apples are red. Equally, an electron can be viewed as having a definite

position and momentum independent of context, as long as we keep in mind that there are limitations to the truth of this statement. Classical physics owes its success to the fact that almost all the objects that constitute the world are ordinary objects at the human-size scale. At the quantum level, they are not. (382 words)

Q1.
1. are related to
2. are independent of
3. are influenced by
4. are different from

Q2.
1. becomes less appealing
2. becomes more visible
3. is a static attribute
4. is a dynamic attribute

Q3.
1. is beyond the grasp of our imagination
2. is actually based on our common sense
3. is learned from the school curriculum
4. still hasn't been concluded by scientists

Q4.
1. can't enlighten the public
2. meets public expectations
3. yields an explanation
4. creates a false impression

空所補充問題解答

古典物理学	量子物理学
普段認識できるマクロな世界で ボールや太陽系の惑星などを対象	目に見えないミクロの世界で 素粒子・原子・分子・電子などを対象
・観測が対象に影響を与えない	・観測が対象に影響を与える
・物体が「重なり合う状態」はなく、 　存在確率は 100% か 0% のみになる 　（※高校物理で比較的理解が容易）	・粒子が「重ね合わせの状態」で存在し、 　存在確率は 50% になる 　（※常識を覆す内容で理解が困難）

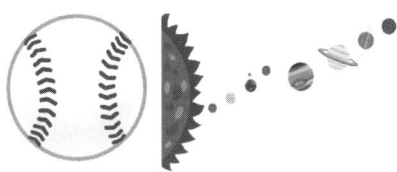

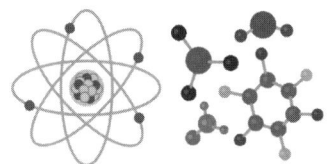

問題文の訳　　量子物理学と古典物理学における、固有と動的な属性

①量子論の目を通じて見る世界は、古典物理学を通じて見る世界とはかなり異なっている。古典物理学では、世界は普通の物体から成り立ち、位置や運動量に特徴付けられる。これらの特徴は物体が固有に持つものである。これらの属性の価値は測定状態 から独立している 。量子論は、しかしながら一個の電子の位置という属性は、その電子が生来保有しているものではないことを説く。電子の位置は、その位置がどのように測定されるかによって異なる。そのような属性は「動的（ダイナミック）」と呼ばれ、電子そのものに属するものではないが、部分的には電子の測定状況に依存している。したがって、測定装置を取り去れば電子の属性も取り除かれることになるのだ。

②色彩はわれわれが理解しやすい、状況による属性の一例である。物体の色彩は、物体が見られる光の色彩によって異なるものである。食べ物の色彩をより魅力的にするために着色灯（光）を操作することは、多くの食料雑貨商が用いる技術である。色彩が 動的（ダイナミック）な属性である としても、それは吸収スペクトルのような物体の固有の属性に依存している。それゆえ、電子の動的（ダイナミック）な属性は電子の固有の属性に依存しているのだろうか？

③量子物理学者たちは、測定に依存する電子の位置と運動量が基にする固有の属性はないと言う。電子は測定装置がなくても疑いなくまだ存在するが、電子はもはや動的（ダイナミック）な属性は持たない。このことは われわれの想像の理解を超えている が、量子論はわれわれの世界が古典物理学の教えに反して、そのような性質を持つ物体で成り立っていると説く。

④それでは、いかにして古典物理学は、私たちの世界を描写することに成功し続けてしてきたのか？色彩の例えから 説明が得られる 。色彩は状況的になるかもしれないが、ほとんどの状況下において、常に一定である。われわれが色彩が状況的な性質であるとわかっている限り、たとえばリンゴは赤いと言うことができる。同様に、われわれがこの発言の真実性に制限があると心に留めておく限り、電子はいつも明確な位置と状況から独立した運動量を持っていると見ることができる。古典物理学の成功は、世界を構成するほぼ全ての物体がヒトのサイズのスケールにおいて普通の物体であるという現実による。量子論のレベルではそうではないのである。

Q1 解答 2. are independent of

選択肢の訳 1. に関連している

2. から独立している

3. に影響される

4. とは異なる

☞第1段落は「古典物理学」と「量子論」の2つの対照的な性格を持つ内容で構成する段落である。空所は「古典物理学では、固有に位置や運動量を持つ普通の物体から成り立ち、これらの属性の価値は測定状態から…」という問題となる。一方の「量子論」では、逆接の内容を呼び込む接続詞の however が使われていることから対照的な内容となり、「電子の位置は固有の属性を持たず、測定状況に依存する」ということから裏返した2が正解となる。空所で求められる内容の前後関係を読み取る必要がある。　　　　　　　　　　　　　　　　　　　　　　　　　　　　　　　　（★★★）

> **接続型に要注意！**
> 空所に入る内容は前後関係を読んで、判断せよ！

Q2 解答 4. is a dynamic attribute

選択肢の訳 1. あまり魅力的でなくなる

2. より見えるようになる

3. 静的な属性である

4. 動的（ダイナミック）な属性である

☞第2段落は、「色彩は状況に依存する属性の一例であり、物体の色彩は、物体が見られる光の色彩によって異なる」ということから、状況依存により **differ**（異なる）が答えの呼び出しで、その対照となる **dependent on an innate attribute of the object, such as its absorption spectrum**（（色彩は）吸収スペクトルのような物体の固有の属性に依存している）のヒントから、**dynamic**（動的な）という言葉を用いた4が正解。　　　　　　　　　　　　　　　　　　　　　　　　　　（★★）

> **類語言い換え型に要注意！**
> 文章の肝となるポイントをつかんで、解答の言い換えに対応せよ！

Q3 解答 1. is beyond the grasp of our imagination

選択肢の訳 1. われわれの想像の理解を超える

2. 実際にわれわれの常識に基づいている

3. 学校のカリキュラムから学べる

4. いまだ科学者によって結論づけられていなかった

☞第3段落は、量子論の具体例として「電子は測定装置がなくても存在し、動的（ダイナミック）な特性を持たないが、世界はそのような性質の物質で成り立つ」という説明を挙げている。この説明は古典物理学の教え（第1段落参照）である「世界は固有に位置や運動量を持つ物体から成り立つ」とは対照を成すものであり、（新しい）量子論の考えは、（古い既存の）古典物理学の教えでは到底理解できないと結びつけることができるので1が正解。空所直後のbutから、解答は逆接の内容になることがわかる。　　　　　　　　　　　　　　　　　　　　　　　　　　　　　　　　（★）

逆接の内容を呼び込む接続語（but, however）に要注意！

逆接の内容を呼び込む接続語（but, however）は段落や解答のポイントになる！

Q4 解答 3. yields an explanation

選択肢の訳 1. 人々を啓発できない

2. 人々の期待に応えている

3. 説明が得られる

4. 誤った印象を与える

☞第4段落は、「いかにして古典物理学は、世界を描写することに成功し続けてきたのか？」という問いに対し、「色彩の例えが…」という空所問題である。この問いかけに対する応答は5文目の「古典物理学の成功は、世界を構成するほぼ全ての物体がヒトサイズのスケールである事実による」ということから、3が正解。裏を返せば、古典物理学は、量子論の扱うミクロの世界ではうまく説明できない。2は色彩の例えを人々が期待しているわけではないので間違い。　　　　　　　　　　　　（★★★）

情報の森の中で迷わず、段落のポイントをつかめ！

段落をすばやく読んで、細かい点には気を取られず、段落のポイントをつかもう！

長文読解
② 内容一致

一 気 に ス コ ア UP ！
短 期 集 中 ト レ ー ニ ン グ

5 日目の動画をチェック！

QR コードをスキャンしよう！

内容一致問題攻略法

　内容一致問題のトピックは、「歴史・文化」が圧倒的に多く、ついて政治・法律やビジネス、そして生物学やサイエンスに関する記事が出題されます。歴史・社会・文化では、近現代史の頻度が高く、「様々な学説の対比」という論旨展開がされ、その理解が解答につながります。そして、社会問題的要素の大きい課題や、紛争や国家形成における組織の対立関係などに関するパッセージが多く、その力関係を把握する必要があります。これらには難問もあり、基本的な世界史の知識があれば有利なので、素養がない人は、最低でも私の前著『英語で説明する人文科学』（語研）を読んで基礎知識を身につけましょう。

　「自然科学」では、遺伝子工学、AI、宇宙工学、地球科学、人類進化、絶滅種保護と多岐に渡っており、そういった分野が苦手な人は、前著『英語で説明する科学技術』（語研）を読んで基礎知識を身につけたり、科学雑誌『ニュートン』や『サイエンティフィックアメリカン』（「日経サイエンス」はその翻訳版）や『ナショナルジオグラフィック』などの記事を読んだり、『ディスカバリー・チャンネル』や『アニマルプラネット』などでそういった分野の素養を養うようにしましょう。それから最近は歴史・社会・文化分野と自然科学分野の複合問題形式も見られ、近年進化する遺伝子解析によって明らかにされる人類進化など、従来の定説を覆す新事実とそれを巡る論争などが重要です。「ビジネス・経済」も、歴史・社会・文化分野との複合問題形式で出題されることがあり、この分野は、『タイム』や『エコノミスト』などで背景知識を増やすことが大切です。

　また、読解問題で何が問われ何に重点を置いて読めばよいのかを知っておくことは問題を速く解くことにつながります。それゆえ、読解問題対策トレーニングは、英語文献を読むときの視点を与えてくれるので非常に有益です。そこで、よく出題される3つの質問文パターンを見ておきましょう。

内容一致読解問題３つの頻出質問パターン

①原因［理由］・結果（普段から因果関係を意識した読解を訓練しよう）

　事柄の**「因果関係」**を問う質問パターンが多く、まず**「原因」**については、理由を表す接続詞（since, as, because）が見当たらないケースが多いので、前後関係を意識して読み取る必要があります。傾向としては、concern[interest, attention]**「懸念・関心・注目」**、controversy[contention]**「議論・話題」**などの発生原因を問う問題が

多く、また、「結果」よりもむしろ**「影響」**がよく問われており、その該当部分が長い傾向があるので、全体を通して一連の流れをつかむ必要があります。

　「因果関係を問う主な質問文パターン」には、What has been suggested[mentioned] as one cause of ～ ？ / What is one factor that influences ～ ？（要因を問う問題）、What is the most likely explanation for ～ ？（理由説明を問う問題）、What impact[effect] does A have on B?（影響を問う問題）、What has been the consequence[result, outcome] of ～ ？（結果を問う問題）、What is one purpose[objective] of ～ ？（目的を問う問題）などがあります。こういった事柄の因果関係は、英文献を読解する上で重要な視点であることは言うまでもありません。

②主張・見解（筆者の主張は文章の末尾にあることが多い）

　人物の**「主張・見解」**を問うタイプも頻度が高く、筆者や引用された権威者の考え方に関する問題で、人名などから検索読みできるので解答部分は発見しやすいのですが、複数の文にわたって速読しなければ全体の思想を読み取ることができないことが多い難問タイプです。また、このタイプには実験や調査による発見なども含まれます。**筆者の意見と他の権威者の意見は必ずしもイコールではないことに注意**し、前者は、「私の考えでは」のような導入表現（tag）がなく、最終段落において述べられる傾向が強いことも知っておきましょう。

　「主張・見解を問う主な質問文パターン」には、According to[Based on] ~, he[she] argues that ~ / Which of the following best summarizes [represents] his/her opinion?（意見を問う問題）、How can the overall attitude of ～ best be described?（態度を問う問題）などがあります。この主張・見解も英文献を読解する上で重要な視点であることは言うまでもありません。

③例証（具体例を含めた筆者の意図を問う問題が出題！）

　「例証」は具体例とそこから導き出される理論との関連性を問う難問パターンです。単に具体例を理解するだけではなく、「例を通して言いたいことは何か？」をつかむことが重要です。「例証を問う主な質問文パターン」には、What does he attempt to show by introducing the example[case, experiment, observation] of ～ ？、It is demonstrated [illustrated, characterized] by ～、The statistics[report, research] found that ～、The case seems to support the view that ～、What is used as a(n) example[proof, evidence] of ～ ？などがあります。これと関連して、例証の具体例や事実関係の細部を読み取る次のような３つのタイプの問題があります。

（a）手段・方法を問う主な質問文パターン

How does A deal with[handle] B?（対処方法を問う問題）

What is one solution[approach] to ～?（対策を問う問題）

（b）一長・一短を問う主な質問文パターン

What is one challenge[problem, issue] of[facing] ～?（課題を問う問題）

What is one advantage of ～?（利点を問う問題）

What is one drawback of[to] ～?（欠点を問う問題）

What is one concern about[over, with] ～?（懸念を問う問題）

What is one aspect[feature, characteristic] of ～?（特徴を問う問題）

（c）状況・事実を問う主な質問文パターン

Which of the following describes the situation prior to[following, immediately after] ～?（特定の時期における状況を問う問題）

　さていかがでしたか。内容一致問題でどこに着眼点を置くかわかっていただけたところで、次は選択肢の正答・誤答パターンについて述べたいと思います。それらを知っておくと問題作成者の意図が瞬時にわかり、選択肢の罠にはまりにくくなるのでぜひマスターしておきましょう！

内容一致問題の正解パターンを知る！

内容一致問題は、正解には本文の語句がそのまま使用されることはほとんどなく、正解だと気づかせないために非常に巧妙に作られています。ですから解答がわからないときはこれを逆手に取って、正解に見えないような選択肢を選ぶと正解しやすくなります。正解は次の3つのタイプに分かれ、その複合型も出題されます。

---

① 行間・裏返し型（類推を含めた行間把握型、視点切り返し型）約4割出題
② サマリー・一般化型（具体例のKey Idea化型、複数文の要約型）約3割出題
③ 類語言い換え型（語句レベルの簡単なパラフレーズ型）約3割出題

---

①の**「行間型」**は、本文に直接書かれていない内容を推論して解かなければならない難問パターンです。このタイプは infer、suggest、imply のような「示唆する」系の語が使われており、論理の飛躍にならないように推論しなければなりません。また、**「裏返し型」**とは、「当時までその考えは主流ではなかった」を「当時からやっとその考えが受け入れられた」としたりするように裏返して解釈するパターンです。

① 「行間・裏返し型」パターンをマスター！

初級レベルの問題

☐ Science without religion is weak, and religion without science is blind.
（宗教なき科学は欠陥であり、科学なき宗教は盲目である。）を読んで、

正解は
こうなる →**Both science and religion have a role to play in explaining the world around us.**（科学と宗教の両方が、われわれの周りの世界を説明する上で果たす役割がある。）

☞「科学と宗教は補完関係にある」という主旨を読み取る問題。

中級レベルの問題

☐ Large-scale cross-cultural exchange between the world's major civilizations is a recent phenomenon in world history.
（世界の主要な文明間の大規模な異文化交流は、世界の歴史において近代的な現象である。）を読んで、

正解は
こうなる → **It was only after European industrialization that international trade became a major economic activity.**

（国際貿易が主要な経済活動になったのは、ヨーロッパの産業化の後になって初めてである。）

☞国際交流は「産業化以前はない」と読み取って「産業化の後になって初めて」という解答を導き出す裏返し問題。

☐ Students who try to acquire traditional taxonomic skills are becoming an endangered species.

（伝統的な分類技術を学ぼうとする学生は、絶滅危惧種になる。）を読んで、

正解は
こうなる → **Classification skills based on conventional methods may be lost.**
（従来の方法に基づく分類技術は失われる可能性がある。）

☞「スキルが失われる」という状況を推論させる問題で、さらに traditional から conventional への類語言い換えを組み合わせた複合型問題。

上級レベルの問題

☐ Trade between countries continues to make sense even if one of the countries has an absolute advantage in every industry. 「一国がすべての産業で絶対的な優位性を持っていても、国家間の貿易は成立し続ける。」を読んで、

正解は
こうなる → **Nations that do not have an advantage in any market may actually still have opportunities to produce and sell.**
（いかなる市場において優位性を持たない国々にも、実際に製造と販売の機会がいまだにある。）

☞「絶対的な優位性を持つ一国」から「優位性を持たない国々」を読み取る難しめの裏返し問題。

☐ Many may scoff at the idea that we are still driven by our animal instincts, but we cannot ignore the fact that many genetic propensities influence our behavior.
（われわれがいまだ動物の本能によってつき動かされているという考えを嘲笑する多くの者もいるが、多くの遺伝的性向がわれわれの行動に影響するという事実を無視することはできない。）の行間を読んで、

正解は
こうなる → **Many qualities considered to differentiate between humans and animals reflect a common genetic inheritance.**
（人間と動物を区別するとみなされる多くの性質は、共通の遺伝形質を反映する。）

②「サマリー・一般化型」パターンをマスター！

②の**「サマリー・一般化型」**は具体例を「抽象化」するタイプで、deforestation and shrinking natural habitats「森林破壊や減少しつつある自然生息地」という具体的事例を ecological destruction「生態系破壊」という表現に一般化（抽象化）するもので、実際には③の「類語の言い換え型」との複合型で出題されることが多い最も標準的なパターンです。

初級レベルの問題

□ membranes that normally protect human organs, tissues, and cells
「通常、人間の臓器、組織、細胞を守る膜」を、

正解は
こうなる → **the human body's natural lines of defense**
（人体に本来備わった免疫機構）

〔☞具体的事例から解答を一般化させた問題パターン。

中級レベルの問題

□ As there is a growing tendency toward turning every square inch of this country into billboards, consumers are starting to tune out messages sent by advertisers.
（この国のあらゆる場所に宣伝広告の掲示をしようとする傾向が強くなればなるほど、消費者たちは広告主から送られるメッセージを無視し始める。）の内容を、

正解は
こうなる → **Excessive exposure to advertising is gradually decreasing its impact on consumers.**
（過度に広告にさらすことで、徐々に消費者への影響を弱めている。）

〔☞「過度な宣伝広告の掲示の影響」を一般化サマリー＆行間・裏返した難問パターン。

□ The current control of most media outlets in the world by very few corporations may undermine the democratic process.
（今日のごくわずかな企業による世界のほとんどのメディア配給会社の支配は、民主的プロセスを損なう可能性がある。）の内容を、

→ **Restricting the delivery of information to the public to a few media giants will pose a threat to democracy.**

（一般大衆への情報配信を少数のメディア大手に制限することは、民主主義への脅威となる。）

☞「限られた企業によるメディア配給会社の独占」と「それが民主的プロセスを衰退させる」をそれぞれ概念化したもの。

上級レベルの問題

☐ had a major hand in the founding of the United States「合衆国建国に大きく関わった」、continued to pull the strings of government「影で政府を操り続けた」、did help shape the values incorporated in the Declaration of Independence and the American idea of democracy「独立宣言とアメリカの民主主義思想に組み込まれた価値観を形成する手助けをした」の内容を読んで、

→ **influenced the political climate**
（政治情勢に影響した）

☞各内容を総合して「政治情勢への影響」とサマリー・一般化したパターン。

☐ an inner core of solid iron surrounded by an outer core of molten iron「溶鉄の外核に取り囲まれた固体鉄の内核」、the intricate and constant movements of the outer core「外核が複雑に絶えず運動すること」、generates an electric current and creates the magnetosphere「（それによって）電流と磁気圏を生成する」の内容を、

→ **The liquid iron that makes up part of the Earth's core creates electromagnetic forces as a result of its complex movement.**
（地核部分を構成する液体鉄が、複雑な運動することで電磁力を生み出す。）

☞an inner core of iron surrounded by an outer core of molten iron は the liquid iron that make up part of the Earth's core と言い換えられ（liquid は molten の類語）、また generates an electric current and creates the magnetosphere は、creates electromagnetic forces の言い換えとなる（2つの動詞は1語の create に、また2つの名詞は2語の electromagnetic forces の言い換え）。類語言い換え & 一般化の複合型の難問。

③「類語言い換え型」をマスター！

③の**「類語言い換えパターン」**は読解やリスニングではどの問題においてもまんべんなく出題されているものです。本文の語句が正解の選択肢にそのまま使われることはほとんどないので、別の表現での言い換えを見抜くには、普段から英英辞典を活用したり、類語をグループ分けしたり、ボキャビルのときにはパラフレーズして覚えるようにしましょう。

□ thumb your nose at the authorities（当局を非難する）
正解は
こうなる → **express criticism of the government**（政府批判を述べる）

:☞thumb one's nose at は「非難する」という意味のイディオム。

□ stumbled onto the existence of mirror neurons by accident（ミラーニューロンの存在を偶然見つけた）
正解は
こうなる → **uncovered the existence unintentionally**（その《＝ミラーニューロンの》）存在を偶然発見した）

:☞stumbled onto が uncovered、by accident が unintentionally の言い換え。

□ offering a broader array of investment options and opening overseas branches（広い投資オプションを提供し、海外支店を開設して）
正解は
こうなる → **broadening investment choices and launching foreign operations**（投資の選択肢を広げ、海外事業を開始して）

:☞それぞれ and の前後同士が言い換えの関係になる。

□ Their employees' motivation is low.（彼らの従業員のモチベーションが低い。）
正解は
こうなる → **their inability to effectively motivate their subordinates**（彼らが部下を効果的にやる気にさせることができないこと）

:☞「従業員のモチベーションが低い」を「部下をやる気にさせることができない」と言い換えたもの。

ディストラクターにはまらないための
トレーニング

　選択肢の中でも特にトリッキーなものをディストラクターと言いますが、英検1級ではこれがとても巧妙に作成されており、本文を丁寧に読んだはずなのに誤答を選んでしまうケースが多く、まさに受験生泣かせの要素だと言えます。よく「本文とよく照らし合わせよう」「ケアレスミスに気をつけよう」と言われますが、これでは単に落ち着きなさいと言われているだけで、本当の意味でディストラクターから身を守ることはできません。そこでぜひ知っておいてほしいディストラクターのパターンについて述べたいと思います。

---

① **すり替えパターン**　　約5割出題
② **言い過ぎパターン**　　約3割出題
③ **無言及パターン**　　　約2割出題

---

①の「**すり替えパターン**」は全体の約半分を占め、さらに「**語句すり替え型**」、「**論点すり替え型**」、「**構文すり替え型**」に分かれます。

　「**語句すり替え型**」は、選択肢が本文に書かれている内容と異なるように、一部だけ変えたトリックのことで、It's difficult to predict the effect.「その効果を予測するのは難しい」を its proven effect「その立証済みの効果」とするように「**形容詞をすり替え**」たり、また「**主語をすり替え**」たりするパターンもあります。この他、本文の内容に合うように錯覚させる「**述部すり替え**」トリックもあり、例えば、We cannot assess the validity of net information as evidence.「ネット情報は証拠として有効性を確認できない」を Net information contradicts the evidence.「ネット情報は証拠と矛盾する」として混乱させます。さらに「**他の権威者の意見**」を「**筆者の意見にすり替える**」パターンなどがあり、巧妙なので要注意です。

　「**論点すり替え型**」は、問題のポイントをずらすトリックで、本文に書かれてあったことがほとんどそのまま述べられている誤答の選択肢や、「この研究から何が言えるか」を問う質問に対して、例の説明ばかりしている誤答の選択肢が典型的な例です。

　「**構文すり替え型**」は、1番要注意の巧妙なトリックです。「因果関係」や「比較」が用いられた選択肢に多く、**因果関係がないのにあると思わせるトリック**があります。例えば It was invented before the Industrial Revolution.「それは産業革命以前に発明

された」を It triggered the Industrial Revolution.「それは産業革命の引き金となった」のように、**「時間構文」を「因果構文」にすり替えた誤答パターン**もあります。

　また、実際には比較されていないのに**「虚偽の比較」**がされているトリックもあります。例えば、「科学的研究資金を誰が提供すべきか？」という本文中の問いかけに関して、候補となる政府資金と民間資金の各問題点を述べてから、この問いかけの結論［解答］として a multiplicity of funding resources「多様な資金源」を述べているのに対して、選択肢では research should be funded by universities rather than by government or private sources「研究は政府や民間資金よりも大学から提供されるべき」や private funding is the safest alternative「民間資金が最善の手段」などと書かれて、文章では言及されていない比較や優劣の要素を含ませるトリックになります。逆に、本文では比較されているのに、both、each、not more than などを用いて「違いがなく同じ」として同一線上に並べた選択肢も誤りです。両者の考えが異なる場合に、They both feel などから始まる選択肢はまず正解にならないわけです。このように**因果と比較のトリックには特に注意**しておく必要があります。

②の**「言い過ぎパターン」**は、本文の意味をこじつけることで書かれていないことまで大げさに述べるトリックです。例えば He participated in volunteer activities.「彼はボランティア活動に参加した」を His volunteering spirit changed his life.「ボランティア精神が彼の人生を変えた」のように拡大解釈した選択肢がそうです。人間の誤読や勘違いの多くは「誇大化」によるものだという本質的な弱点につけ込んだトリックです。また、**all、never、only などの categorical な表現を用いたトリック**もこれに属します。逆に**部分否定や語気緩和などで大局的に述べられている選択肢は正解になりやすい**と言えます。
③の**「無言及パターン」**は本文に記述が全く見当たらないような内容を含ませるトリックで、本文を一通り速読した人なら違和感にすぐ気づけるでしょう。

　以上が英検 1 級の読解問題で要注意の典型的な誤答パターンです。英語の運用力というよりむしろ選択肢を細かくチェックする注意力を試すものが多いので、それらにひっかからないようにトレーニングしましょう。それでは今度は問題練習を通して攻略法を述べていくことにしましょう。

内容一致読解難問攻略法はこれだ！①

Biofuels

① Biofuels are fuels that are produced from biomass, in contrast to fuels produced by the geological processes involved in the formation of fossil fuels, such as oil. The vision of having microbes "grow" petroleum from crops is enticing. Biofuels are renewable and can also be carbon-neutral, as the plants from which biofuels are produced will to a certain extent sequester the greenhouse gas carbon dioxide by their biological processes. Some biofuel crops are even said to be carbon-negative. Such crops would not only provide biofuels, but would, as a side benefit, clean up the atmosphere, too. Who could resist the opportunity of realizing the dream of producing such fuels?

② Thus, as the 21st century began, airlines, automakers, national governments, and even oil companies themselves were all jumping on the biofuel bandwagon, and looking to replace fossil fuels with fuels that are grown. Soon there were more than two hundred companies in the United States competing for the potential fortunes to be made from microbes that produce fuels from crops.

③ The attempts to substantiate this vision, however, have faced numerous impediments. One typical example of an endeavor that ended in disappointment was GreenFuel Technologies Corporation. This company was one of the earliest start-ups to enter the game and it planned to produce vast quantities of algae using CO_2 smokestack emissions from power plants, and then use the resulting masses of algae to make biodiesel. The company successfully established a functional bioreactor pilot plant but the plant ended up producing more algae than it could convert into fuel. The company discovered that growing the algae was the easy part. The insurmountable technical challenge was to genetically engineer microorganisms to convert algae to petroleum in a cost-effective manner. The company was blindsided by the fine print of microbiology and eventually had to file for bankruptcy.

④ California-based Solazyme provides another cautionary tale. Although this company achieved a commercial success by delivering diesel and jet fuels to the U.S.

Navy, the price per gallon of this new substance was an exorbitant $424, far exceeding the price of conventional fossil fuels.

⑤ Attempts to utilize biofuels to power commercial airliners have met with equally daunting challenges. One airline company tested a commercial airliner powered in part by coconut oil. Although the fuels derived from coconut oil were successfully utilized to fly the plane, critics were quick to point out that if the flight had been made entirely on fuels of coconut oil origin, it would have consumed 3 million coconuts. That is a huge amount of coconuts by any standard. Another crop-derived fuel that has been tested to fly airplanes is one derived from jatropha oil. However, this shared the same problem as coconut oil in that producing massive quantities of jatropha to meet the fuel requirements of the aviation industry would need arable land twice the size of France.

⑥ These cases illustrate the dilemmas inherent in biofuels. Regardless of their initial promise, the path to realization remains treacherous. Although governments continue to heavily fund biofuel research, there is a growing awareness of the shortcomings of this dream energy source. There is still a long way to go before biofuels will make business sense. (528 words)

Q1. Which of the following is mentioned in the passage about the attractiveness of biofuel production?

1. As the short-term production of biofuels has advantages over the time-consuming geological formation of fossil fuels, many companies are shifting from fossil fuels to carbon-neutral or carbon-negative biofuels.

2. As it is technically feasible to reduce greenhouse gas emissions through biofuel production, hundreds of companies have been jointly conducting research and development of the dream energy.

3. Since biofuel production can even contribute to the protection of the global environment, many businesspeople see growth potential in biofuels as one of the future energy sources.

4. Since governments and transportation companies were climbing on the biofuel band-wagon, other companies came to believe that they should also jump at every chance to produce biofuels.

長文読解②内容一致

Q2. Which of the following best describes the disappointing case of GreenFuel Technologies Corporation?

1. Although the company succeeded in converting large amounts of industrial CO_2 into biological materials, it failed to commercially produce biofuels at affordable prices.

2. The company encountered the daunting task of changing a huge mass of plant organisms into biological-based oil when attempting to make its business operation financially viable and sustainable.

3. Due to a lack of financial support from major banks, the company dismissed the possibility of mass-producing economically viable biofuels.

4. After making repeated unsuccessful attempt to create a functional bioreactor pilot plant, the company finally gave up the idea of changing large stacks of algae into affordably priced biofuels.

Q3. What are the daunting challenges for the airline companies?

1. In order to reduce the fuel costs, the airline industry has given up commercial airline services based on the use of biofuels derived from coconut and jatropha oils.

2. Airline companies have no intention of covering the higher costs of biofuels made from a massive amount of coconuts and jatropha, as their use would pose a great threat to the global environment.

3. Even if biofuel companies could technically convert large amounts of coconut and jatropha into biofuels, airline companies would have the dilemma of choosing between airfare increases and profit reduction.

4. Even though there are no technical problems with the use of biologically derived fuels for airline flights, today's biofuel-producing capacity falls far short of the fuel consumption needs of the aviation industry.

内容一致型問題解答

語注

- □ **biofuel** バイオ燃料、生物燃料
- □ **biomass** バイオマス…動植物由来の代替エネルギー
- □ **geological process** 地質学的プロセス □ **fossil fuel** 化石燃料…石炭、石油など
- □ **microbe** 微生物　　□ **enticing** 魅力的な、心を引き付けられる
- □ **carbon-neutral** カーボンニュートラルな…CO_2 の発生吸収量の収支がゼロ
- □ **sequester** 隔離する、防ぐ
- □ **carbon-negative** カーボンネガティブの…CO_2 の収支がマイナスの
- □ **jump on the bandwagon** 時流に乗る　□ **substantiate** 立証する
- □ **impediment** 障害　　□ **start-up** スタートアップ［新興］企業
- □ **enter the game** 競争に参入する　□ **algae** 藻類
- □ **smokestack** 煙突　　□ **emission** 排出
- □ **biodiesel** バイオディーゼル　□ **functional** 実用的な
- □ **bioreactor** バイオリアクター…酵素や微生物を利用し物質を生成
- □ **pilot plant** 試験工場
- □ **insurmountable** 打ち勝ち難い、克服できない
- □ **engineer** 操作する　　□ **microorganism** 微生物、微小動植物
- □ **cost-effective** 費用効率の高い　□ **be blindsided** 不意［弱点］を突く
- □ **fine print** 但し書き、細目　□ **microbiology** 微生物学、細菌学
- □ **file for bankruptcy** 破産申請する　□ **cautionary tale** 警告
- □ **exorbitant** 法外に高い、途方もなく高い □ **gallon** ガロン…米で約 3.8 リットル
- □ **daunting** 厄介な　　□ **coconut** ココナツの実
- □ **by any standard** どこから見ても
- □ **jatropha** ジャトロファ…南洋油桐（ナンヨウアブラギリ）
- □ **exemplify** 例示する、実証する　□ **inherent in 〜** 〜に固有の［内在する］
- □ **treacherous** あてにならない　□ **fund** 〜に資金を供給する
- □ **shortcoming** 欠点、短所

　　　　バイオ燃料（生物燃料）

① バイオ燃料は、石油のような化石燃料形成に関連する地質学的プロセスによって生み出される燃料とは違って、バイオマス（生物資源）から生産される燃料である。農作物から微生物が石油を育てるというビジョンは非常に魅力的である。バイオ燃料は再生可能でまたカーボンニュートラルなのは、バイオ燃料を生産する植物が生物学的プロセスによってある程度温室ガス二酸化炭素を隔離するからである。いくつかのバイオ燃料の農作物はカーボンネガティブであるとさえ言われている。そのような農作物はバイオ燃料を供給するだけではなく、副次的な利益として大気をきれいにもする。そのような燃料を生産する夢を実現する機会に誰が抵抗することができるのだろうか？

② このようにして、21 世紀が始まると航空会社、自動車業界、国の政府、さらに石油会社でさえも、誰もがバイオ燃料の時流に飛び乗り、化石燃料から育てられる燃料への交替を目指した。すぐに米国の 200 社以上の会社が、農産物から燃料を生産する微生物から得られる潜在的な富を求める競争を繰り広げることになった。

③ しかしながら、このビジョンを実現する試みは非常に多くの障害に直面した。失望に終わった取組みの典型例は GreenFuel Technologies Corporation 社であった。この会社はこの競争に参入するのが最も早かった新興企業の一つであった。発電所から排出される二酸化炭素を用いて大量の藻類を生産し、結果として生じる大量の藻類を利用してバイオディーゼル（ディーゼル油の代用となるバイオ燃料）を作る計画を立てた。その会社は実用的なバイオリアクター試験工場の設立に成功したが、その工場は燃料に転換できる以上の藻類を生産する結果となった。その会社は藻類を育てることが簡単な部分だとわかった。　乗り越えられない技術的課題は、コスト効率よく藻類を燃料に変換する微生物を遺伝子操作することであった。その会社は微生物学の細かな細目の弱点を突かれ、結局破産せざるを得なくなった。

④ カリフォルニア州を拠点とする Solazyme 社はもう一つの警告を提供している。この会社はディーゼル燃料とジェット燃料を米海軍に供給することで商業的成功を成し遂げたが、この新しい物質のガロン（約 3.8 リットル）当たりの価格は法外な $424 であり、従来の化石燃料の価格をはるかに超えている。

⑤ バイオ燃料を商業用旅客機の動力源に利用する試みは、同等に困難な課題に直面している。ある航空会社が商業用旅客機の動力源の一部をココナツ油にするテストを行った。ココナツ油由来の燃料は飛行機を飛ばすのに首尾よく活用されたが、評論家たちはすぐに、もしその飛行が完全にココナツ油由来の燃料でなされるならば、3 百万ものココナツを消費することになるだろうと指摘した。これはどこから見ても大量のココナツである。飛行機を飛ばすためにテストされたもう一つの農産物由来の燃料は、ジャトロファ（南洋油桐）由来の燃料だ。しかしながら、これもココナツ油と同じ問題を共有し、航空業界の燃料要求を満たす大規模

な量のジャトロファの生産には、フランス国土の２倍の広さの耕作地を必要とするのである。
⑥これらのケースはバイオ燃料固有のジレンマを示している。初期の有望さにもかかわらず、実現への道はあてにならないままである。各国政府はバイオ燃料の研究に多大な援助をし続けているが、この夢のエネルギー源の欠点に関する意識が増大しつつある。いまだバイオ燃料がビジネスとしてうまく成り立つには長い道のりがある。

Q1 解答 **3**. Since biofuel production can even contribute to the protection of the global environment, many businesspeople see growth potential in biofuels as one of the future energy sources.

設問の訳 バイオ燃料の生産の魅力について、文章で言及しているのはどれか？

選択肢の訳 1. 短期的なバイオ燃料の生産は、長期間を要する化石燃料の地質学的形成よりも利点があるので、多くの会社が化石燃料からカーボンニュートラルまたはネガティブのバイオ燃料に移行している。

2. バイオ燃料の生産を通じて温室効果ガスの排出を削減することは技術的に実現可能なので、数百もの企業が理想的なエネルギーの研究開発を共同で行っている。

3. バイオ燃料の生産は地球の環境保護に貢献さえできるので、多くのビジネス関係者は夢のエネルギー源の１つとしてバイオ燃料の成長の可能性を見ている。

4. 政府と輸送会社がバイオ燃料の時流に加わっているので、他の会社もバイオ燃料を生産するあらゆる機会に跳びつくべきだと信じるようになった。

☞第１〜２段落を読んで解く問題。第１段落では「バイオ燃料の生成により二酸化炭素の大気中への収支をゼロやマイナスにする環境面の貢献」、第２段落では「様々な産業や政府がバイオ燃料のビジネスに関わろうとしていること」をまとめた３が正解。

　１は「短期的なバイオ燃料の生産」と「長期間の化石燃料の地質学的形成」の比較については述べられていないので不可。２も「何百もの会社によるバイオ燃料の共同開発」とは本文中に書かれていないので不可。４も "other companies" の行動については言及されていないので不可。（★★）

> **複数の段落や文をまとめた選択肢に要注意！**
>
> 正解となる選択肢は、複数の段落や文でまとめられている！バイオ燃料に対する本文の書き方が「ポジ」か「ネガ」なのかを常に考えながら読むようにしよう！

Q2 解答 2. The company encountered the daunting task of changing a huge mass of plant organisms into biological-based oil when attempting to make its business operation financially viable and sustainable.

設問の訳 GreenFuel Technologies Corporation 社を失望させる事例を最もよく説明しているのは次のうちのどれか？

選択肢の訳 1. その会社は大量の工業用二酸化炭素を生体材料に転換することに成功したけれども、商業的に現実的な価格でバイオ燃料を生産することに失敗した。

2. その会社は事業運営を財政的に実行可能かつ持続可能なものに試みようとした際に、膨大な量の植物生物を生物由来の油に転換する困難な課題に直面した。

3. 大手銀行からの財政的支援がないため、その会社は商業的に実行可能なバイオ燃料の大量生産という可能性を却下した。

4. その会社は機能的なバイオリアクターの試験工場を創設する試みに繰り返し失敗した後、最終的に大量の藻類を手頃な価格のバイオ燃料に転換するという考えをあきらめた。

☞第 3 段落を読んで解く問題。GreenFuel Technologies Corporation 社はバイオ燃料を作るための素材である大量の藻類の生産を行ったが、その藻類をコスト効率よくバイオ燃料に転換する微生物の遺伝子操作に失敗し、破産申請をするに至った、という内容。このことから 2 が正解。"the insurmountable technical challenge" が "the daunting task"、それから "in a cost-effective manner" が "financially viable and sustainable" とそれぞれ対応する言い換え型の問題である。

1 は「industrial CO_2（工業用二酸化炭素）の生体材料への転換や手頃な価値の提供」が本文中には記載されていないので不可。3 も「大手銀行からの財政的支援がないため」が本文中には言及されておらず不可。4 は「バイオリアクターの試験工場の創設の度重なる失敗」は本文の事実とは異なる内容なので不可。（★★）

> ## 類語言い換え型の問題に要注意！
>
> 解答は本文で使われる英語表現ではなく、必ず別の表現に言い換えられている。バイオ燃料の生産に関連する「一連の出来事の流れ」をすばやく読み取り、distractor［誤答］に迷わないように注意しよう！

Q3 解答 4. Even though there are no technical problems with the use of biologically derived fuels for airline flights, today's biofuel-producing capacity falls far short of the fuel consumption needs of the aviation industry.

設問の訳 航空会社にとって困難な課題とは何か？

選択肢の訳
1. 航空業界は燃料コストを削減するために、ココナツ油やジャトロファ油から得られるバイオ燃料の使用に基づく商業的な航空サービスをあきらめた。

2. 航空会社が大量のココナツとジャトロファから作られたバイオ燃料のコストを賄うつもりがないのは、その使用が地球環境に多大な脅威をもたらすからである。

3. バイオ燃料会社が技術的に大量のココナツとジャトロファをバイオ燃料に転換できたとしても、航空会社は航空運賃の値上げと利益の削減を選択するジレンマに陥るだろう。

4. 生物由来の燃料を使用しても航空飛行に技術的な問題はないけれども、今日のバイオ燃料の生産能力は航空業界の燃料消費のニーズをはるかに下回っている。

☞第 5 段落を読んで解く問題。ココナツ油のバイオ燃料を商業用旅客機の動力にする実験には成功したが、飛行機を飛ばすには 300 万個のココナツが必要となる。さらに同様に、ジャトロファ由来のバイオ燃料もその航空会社の需要に応えるためにはフランス国土の 2 倍の耕作地が必要になるということから、バイオ燃料の生産は航空会社の需要に未対応ということがわかる。以上の具体的な内容を一般化してサマリーした 4 が正解。

　1 は航空会社のバイオ燃料の使用は試験段階にあり、その燃料を用いた商業サービスを give up（あきらめる）したかどうかまではわからないので不可。2 も「航空会社がバイオ燃料の高コストを負担するつもりがないのは、その利用が環境の脅威になるから」とは本文中の言及がないので不可。3 も「バイオ燃料会社が大量のココナツやジャトロファをバイオ燃料に転換できたとしても、航空会社が航空運賃の値上げか利益の削減の選択のジレンマに陥るだろう」とは本文中に述べられていないので不可。（★）

サマリー・一般化型の問題に要注意！

解答は本文の具体的な内容からより一般的な表現に言い換えられることに気をつけよう！
バイオ燃料の困難な課題についての「ポイント」を必ずおさえるようにしよう！

Constructivism

[1] Constructivism is a term coined by the Austrian economist Friedrich A. Hayek for the idea that institutions in society are, or should be, deliberately constructed by some single person, or group of people. Hayek elaborated a theory of the origins of law, which, to this day, provides a valid framework for people to think about law. In his theory, Hayek lambasted what he labeled as the constructivist, or rationalist's understanding of the origins of law, in which it is proposed that laws should be established by the will of a person, or a group of people, a legislator or a legislative body, who has a deep understanding of the problems of society and thus is able to set up appropriate legislation to better the social order. According to Hayek, this was sheer arrogance promoted by a series of Western thinkers, such as Descartes and Voltaire, who believed the human mind was up to the task of understanding the workings of society.

[2] The fallacy of constructivism lies, according to Hayek, in failing to recognize the fact that a knowledge of the workings of society which was sufficient to reorganize it would be beyond the grasp of any single planner. The planner would need to collate an overwhelming body of knowledge that was dispersed throughout the whole society; no individual could possibly accomplish such a task and accurately predict the social impact of any changes in the law.

[3] The establishment of laws should not be left to a process of top-down planning; instead, it should be a spontaneous process, comprising the interaction of a large number of individuals dispersed throughout society; a process that allows experimentation; a trial and error process in which the laws that work are kept, and those that don't are discarded. In other words, the process should be spontaneous, incremental, and evolutionary and not be determined by some central authority.

[4] Hayek states that this is indeed the way that laws have been established historically. To quote Hayek, "there can be no doubt that law existed for ages before it occurred to man that he could make or alter it." Deliberately setting laws and rules in

society is a relatively new concept in human history. According to Hayek, the dogma of constructivism that laws should be constructed by a legislator is contrary to how laws have been created in earlier times and it is a fallacy to think otherwise.

⑤ Hayek's theory of the origins of law contains both an empirical and normative assertion. His argument is that in most societies the process of setting up the law has historically been a spontaneous, unplanned one, which is superior to generating laws through a centralized process controlled by one or a limited number of individuals. Thus, Hayek was a severe critic of communist dictatorships and European social democracies, which he viewed as adopting a constructivist approach to legislation.

(476 words)

Q1. Which of the following best describes Friedrich A. Hayek's view of constructivism?

1. Pointing out the fact that many social institutions of today are intentionally formed by limited numbers of people, Hayek believed that laws made under constructivist principles are different from original and widely accepted laws.

2. By explaining in detail a theory of the origins of law, Hayek indicated that constructivists should make their best efforts to provide some reasonable justification for introducing new laws into society.

3. Hayek argued that those who follow constructionist and rationalist approaches have illusions about law-making and political governance.

4. Citing Western philosophers such as Descartes and Voltaire, Hayek believed that establishing an effective and law-abiding country should depend on constructionist or rationalist thinking.

Q2. According to the passage, what factors should be included in the law-making process?

1. Since no single administrator alone can comprehend social dynamics, the law-making process should be left to naturally occurring modifications.

2. As a single planner cannot obtain cooperation from people dispersed through society, he or she should promote the decentralization of administrative power to deal with local problems.

3. A law-making process should be based on experimentation and trial and error, which is a time-consuming and cost-ineffective way of enacting legislation in

a democratic society.

4. Even if people want to make the law-making process more spontaneous and autonomous, constructivists believe that the top-down central government's approach is desirable.

Q3. Why did Friedrich A. Hayek criticize communist dictatorships and European social democracies?

1. Hayek argued that it is ill-advised for such governments to modify long-standing laws arbitrarily, with the hope that their legislation may lead to social Darwinism.

2. Hayek believed that, in view of the history of the law-making process, such political regimes controlled by a select few are an aberration from the historical norm.

3. Hayek agreed that all the legislation constructed by autocratic governments is not necessarily subject to trial-and-error processes, which precludes the chances of making effective legislation.

4. Hayek claimed that political principles which are based on empirical and normative assertion have tendencies to undermine public interests and disregard civil liberties.

語注

- [ ] **constructivism** 構成主義 … 現実は人間関係で生成、変形されると考える主義
- [ ] **a term coined by ～** ～によって作られた言葉
- [ ] **Friedrich A. Hayek** フリードリヒ A. ハイエク（1899-1992 オーストリア・ウィーン生まれの経済学者、哲学者。20世紀を代表する自由主義の思想家。ノーベル経済学賞の受賞者）
- [ ] **elaborate** 詳述する
- [ ] **provide a valid framework** 有効な枠組みを与える
- [ ] **lambaste** 酷評する
- [ ] **sheer arrogance** 全くの傲慢
- [ ] **be up to ～** ～に任せる
- [ ] **fallacy** 誤った考え
- [ ] **collate** 照合する
- [ ] **disperse** 分散する
- [ ] **top-down** トップダウンの
- [ ] **spontaneous** 自発的な
- [ ] **trial and error** 試行錯誤
- [ ] **discard** 破棄する
- [ ] **incremental** 漸進的な
- [ ] **dogma** 教義、ドグマ
- [ ] **empirical** 経験主義的な
- [ ] **normative** 規範的な
- [ ] **centralized process** 中央集権化された
- [ ] **communist dictatorship** 共産主義の独裁政治

5日目 長文読解②内容一致

① 構成主義はオーストリアの経済学者であるフリードリヒ・A・ハイエク氏によって作られた造語で、社会制度はある単一の人物や集団によって意図的に構築されたり、構築されるべきものであるという考えを意味する。ハイエク氏が詳しく説明した法律の起源の理論は、今日まで人々が法律について考えるための有効な枠組みを提供している。自らの理論において、ハイエク氏が構成主義者あるいは合理主義者の法の起源の理解としてレッテルを張ったものを厳しく非難したのは、法律というものが社会の問題を深く理解し、それゆえ社会秩序を改善するための適切な法律を制定することができる一人の人物・一集団・一人の政治家の意思によって設定されるべきだと提起されるからである。ハイエク氏によると、これはデカルトやヴォルテールなど一連の西洋思想家たちが奨励する全くの傲慢であるとしたのは、彼らが人間の知性が社会の働きを理解する仕事を任せられると信じたからである。

② ハイエク氏によると、構成主義の誤った考えは、社会を再編成するのに十分となる社会の働きの知識が単一の立案者の理解を超えているという事実を認識していないことにあるとしている。　立案者は、社会全体に分散する圧倒的な知識体系を照合する必要がある。つまりどの個人もおそらくそのような仕事を達成し、法律のいかなる変化の社会の影響を正確に予測することはできないのである。

③ 法律の設定はトップダウン方式の計画のプロセスに任せるべきではない。それよりむしろ、法律の設定は、社会全体に散らばっている多数の個人の相互作用から成り立つ自発的なプロセス、つまり、実験可能なプロセス、有効な法律が維持され、そうでない法律は破棄される試行錯誤のプロセスとなるべきである。言い換えれば、このプロセスは自発的、漸進的、進化的であるべきであり、ある中央当局によって決定されるべきではない。

④ ハイエク氏は、これが実際に法律が歴史的に設定された方法であると述べている。ハイエク氏の言葉を引用すれば、「法律は人が作ったり、変更できると思う前に、長年存在していたことは疑うべくもない。」意図的に社会に法律と規則を設定することは、人類の歴史の中では比較的新しい概念である。ハイエク氏によると、法律がある立法者によって構築されるべきであるという構成主義の教義は、法律がもっと前の時代に作られたプロセスに反しており、そうではないと考えるのは誤りなのである。

⑤ ハイエク氏の法の起源の理論には、経験的および規範的な主張の両方が含まれている。彼の主張によれば、ほとんどの社会において法律を制定するプロセスは、歴史的に自発的で計画されたものではなく、それは一人または限られた数の個人によって管理される中央集権的なプロセスで法律を作成することよりも優れているのである。したがって、ハイエク氏が共産主義の独裁政治とヨーロッパの社会民主主義の厳しい批判家であるのは、それらが構成主義的な法律制定へのアプローチを採用していると彼がみなすからである。

Q1 **解答** **3.** Hayek argued that those who follow constructionist and rationalist approaches have illusions about law-making and political governance.

設問の訳 フリードリヒ・A・ハイエク氏の構成主義の見解を最もよく表しているものは次のうちどれか？

選択肢の訳 1. ハイエク氏は今日の多くの社会制度は一部の限られた数の人々に意図的に作られているという事実を指摘しながら、構成主義者の指針の下で作られた法律は元の広く受け入れられている法律とは異なると考えた。

2. ハイエク氏は法の起源の理論を詳細に説明することによって、構成主義者たちが新しい法律を社会に導入するための、合理的な正当化をする最善の努力をするべきだと示唆した。

3. ハイエク氏は、構成主義者や合理主義者のアプローチに従う人々は、法律作成と政治統治について思い違いをしていると主張した。

4. ハイエク氏は、デカルトやヴォルテールのような西洋の哲学者を引用しながら、効果的で法を遵守する国の設立には構成主義者または合理主義者の考えに頼るべきであると考えた。

5日目 長文読解②内容一致

☞第1段落を読んで解く問題。ハイエク氏が「constructivist（構成主義者）またはrationalist（合理主義者）の法の起源の理解が、個人や一集団の意思決定に基づくもので、デカルトやヴォルテールのような西洋の哲学者の主張による構成主義は全くの傲慢である」と非難していることから、以上のことをサマリーし概念化した3が正解。

1は、「多くの社会制度がごく一部の限られた人間によって意図的に構成されている」とは本文に書かれていないので不可。2は「構成主義者たちが新法律導入の正当性を示すべき」とは本文では言及されていないので不可。4はハイエク氏が構成主義者または合理主義者の考えをポジティブに捉える内容になることから不可。
（★★★）

サマリー・概念化型の問題に要注意！

解答は本文の具体的な内容からより一般的な表現に言い換えられることに気をつけよう！本文中の解答につながる「キーワード」、構成主義に対する lambaste（酷評する）や sheer arrogance（全くの傲慢）などの表現を読み取ることが重要！

Q2 解答 1. Since no single administrator alone can comprehend social dynamics, the law-making process should be left to naturally occurring modifications.

設問の訳 文章によると、法律制定のプロセスにはどのような要素を含めるべきであるか？

選択肢の訳 1. 一人の行政者が単独で社会動学［社会構造］を理解できないので、法律制定のプロセスは自然に発生する修正に任せるべきである。

2. 一人の計画立案者が社会全体に散らばる人々から協力を得ることはできないので、その計画立案者は地方の問題に対処するために行政権の地方分権化を促進すべきである。

3. 法律制定のプロセスは実験や試行錯誤に基づくべきであり、これは民主主義社会において時間がかかり費用効率の悪い法律制定の方法である。

4. 人々が法律制定のプロセスをより自発的で自主的にすることを望んだとしても、構成主義者たちはトップダウン方式の中央政府が望ましいと考えている。

☞第2, 3段落を読んで解く問題。第1段落でも言及されたように、第2段落での「constructivism（構成主義）の誤りは、単一の立案者では社会の働きについて理解できない」という指摘、第3段落での「法の成立はトップダウン方式ではなく、自発的で実験的な試行錯誤のプロセスを踏むべき」との主張から、この2点をまとめた1が正解。

2は、「一人の立案者が人々の協力を得られない」や「地方分権の促進」などは本文中に言及されていないので不可。3も「法律制定は試行錯誤すべきで、時間やコストがかかる」とは本文には書かれていないので不可。4も因果関係と逆接のすり替えて、本文中のパラフレーズのコンビネーションによるディストラクター［誤答］の選択肢である。内容的には「法律制定のプロセスはより自発的で自主的であるべきで、トップダウン方式の中央政府に任せるべきではない。」とすると正しくなる。（★★）

類語言い換え型の問題に要注意！

解答は本文で使われる英語表現ではなく、必ず別の表現に言い換えられている。Hayek 氏の構成主義に対する考えは第2段落、第3段落の前半部分と後半部分［最終文］でそれぞれ2回ずつ述べられているので、これらの段落の「ポイント」を確実におさえるようにしよう！

Q3 解答 **2.** Hayek believed that, in view of the history of the law-making process, such political regimes controlled by a select few are an aberration from the historical norm.

設問の訳 なぜフリードリヒ・A・ハイエク氏は共産主義の独裁政治とヨーロッパの社会民主主義を批判したのか？

選択肢の訳 1. ハイエク氏が、そのような政府が長年の法律を思うがままに修正することは賢明ではないと主張するのは、それらの法律が社会ダーウィニズムに至ることを願うからである。

2. ハイエク氏は、法律制定のプロセスの歴史を考慮して、選ばれた少数派によって支配されているそのような政治体制は歴史的基準から逸脱していると考えた。

3. ハイエク氏が、独裁政権によって制定されたすべての法律が必ずしも試行錯誤の対象にならないことに賛成したのは、その試行錯誤が効果的な法律を制定する機会を妨げるからである。

4. ハイエク氏は、経験主義的で規範的な主張に基づく政治方針は、公共の利益を損ない、市民の自由を無視する傾向があると主張した。

☞第4, 5段落を読んで解く問題。第4段落では「法律は人が介在する前から長年存在するものであって、社会に法律を設けるのは歴史的に新しい概念である」、第5段落では「法律制定のプロセスは歴史的に自発的で計画されたものではない。それは少数の人数による中央集権的なプロセスの法律作成より優れている」という内容である。ハイエク氏が共産主義の独裁政治とヨーロッパの社会民主主義を批判するのは、「中央集権的な法律作成」とみなすからで2が正解。

1はこれらの政府が "social Darwinism"（社会ダーウィニズム … 社会的な生存競争と自然淘汰が人間社会の進化をもたらすという理論）を目指す言及は本文中にはないので不可。3は autocratic governments（独裁政権）の法律作成は試行錯誤を踏むプロセスを "is not necessarily subject to" とするのは間違いで、正しくは "is not subject to" としなければならない。4は「経験主義的で規範的な主張に基づく政治方針が、公共の利益を損ない市民の自由を無視する」とは本文中には記載がないので不可。(★★)

サマリー・一般化型の問題に要注意！

解答は本文の具体的な内容からより一般的な表現に言い換えられることに気をつけよう！
Hayek 氏の構成主義的な法律の作成に対する考えは、a new concept, a fallacy, is superior to の「キーワード」から推測できる！

The Teleological Argument

① A standard argument for the existence of the deity is the teleological argument. This argument is based on the belief that all natural objects, including living organisms, have a designed purpose. In this way, the proponents of the teleological argument deduce the existence of the deity from the appearance of design in nature. The most famous statement of this argument was given by William Paley. In his *Natural Theology* (1802) he guides readers to imagine finding a watch on the ground and concluding from an analysis of its construction and materials that the watch had been created by an intelligent agent. This is known as the "watchmaker analogy" or the "watchmaker argument".

② This argument had, however, already been refuted by David Hume, a philosopher of the 18th century. Hume's rejection stands on the following points: firstly, the analogy between natural and artificial machines is weak. These are two things that have very little in common and thus should not be used as analogies of each other; secondly, there are alternative explanations of how natural phenomena came to be as they are; and, finally, even if the argument is established that the universe must have been designed, this would merely confirm the existence of a designer and would not necessarily prove the existence of an almighty deity. Despite the phenomenal advances in cosmology and biology since the 18th century, modern arguments against the teleological argument can still be categorized into one of the arguments originally proposed by Hume.

③ The logical argument against the design hypothesis is that it purports to seek an explanation by appealing to something that itself is unexplained. Citing something that is unexplained as an explanation for something else is tantamount to no explanation at all. The empirical argument against the design hypothesis is that it is inconsistent with the imperfections of design that are observed all around us in nature, along with the outright failures of nature. There is a long list of species that have become extinct. If these species had been ideally designed, why were they displaced? The appearance of multiple evolutionary attempts leading to similar structures, such as the eye, also suggest a trial-and-error process, which is far from a design process led by an all-seeing deity.

④ Defenders of the teleological argument may say in response that the deity works indirectly by setting natural laws that will in turn create his design, and thereby achieve his purpose. This, however, goes straight against the principle of Ockham's Razor, also known as the law of parsimony, which states that "one should employ the minimal assumptions to explain something". The "deity works indirectly" argument only creates an additional stage of natural laws between the deity and its creation, that is to say, the natural laws create the universe by themselves, and an additional entity is postulated to be the creator of the laws. This is clearly not a valid explanation.

⑤ A contemporary twist to the teleological argument is the concept of "cosmic fine-tuning". The premise of this argument is that the universe's initial conditions were "fine-tuned" in such a way as to allow life to appear on this planet. Proponents point out that certain forces in physics must be perfectly fine-tuned for life to exist. Even a slight difference in gravitational force, or the mass of electrons or protons would have resulted in a universe devoid of life. In other words, the universe is very uniquely suited for life to emerge and so many factors have converged to provide this unique set of conditions conducive to life.

⑥ The following analogy provides a counterargument. I would not exist if my parents had not met each other. My parents would not have existed if my grandparents had not crossed paths. An infinite number of random events have led to my birth. If any one of these events had not happened, I would not exist. However, this is a typical retrospective observation. It is a cyclic argument in the sense that it can only be made because I do exist. Exactly the same argument is applicable to the universe and the fact that its parameters are "fine-tuned" to fit our existence. Life is a product of nature's parameters. If the parameters had been different, we would not exist. We exist because nature's laws are as they are, and thus there is no mystery in the fact that they are fine-tuned to suit our existence. (733 words)

Q1. Which of the following best describes the two conflicting arguments over the existence of the deity?

1. The teleological argument for the existence of the deity was flimsy, and therefore Hume's argument has remained a valid counterargument against the teleological argument.

2. Although the existence of the deity was born out by the validity of the teleological argument, it was subject to Hume's criticism of the argument.

3. In order to prove the existence of the deity, the supporters of the teleological argument should strengthen their argument by countering the argument based on the "watchmaker analogy".

4. William Paley regarded as unfounded the assumption that the almighty deity could be compared to a watchmaker.

Q2. What is mentioned about the design hypothesis?

1. Although people find it difficult to unravel the logic of the arcane design hypothesis, they can easily figure out why a large number of designed species have ceased to exist from the face of the planet.

2. Since logical and empirical arguments against the design hypothesis have become established in society, its opponents can't even explain the true nature of the hypothesis.

3. The design hypothesis has a paradox of why an innumerable number of perfectly and ideally designed plants and animals have been wiped out.

4. As long as believers in the design hypothesis try to account for its validity, the design hypothesis should not be labeled as inconsistent by its detractors.

Q3. What does the author say about the theory of "the deity's indirect involvement"?

1. As long as the teleological argument is based on the principle of Ockham's Razor, it is theoretically possible for its defenders to prove the deity's use of natural laws and the indirect creation of the universe.

2. Only if the teleological argument can accept the principle of Ockham's Razor, may its defenders appropriately introduce the logic of the deity's indirect creation of the universe and also prove their argument correct.

3. Although defenders of the teleological argument effectively justify god's indirect creation of the universe, the law of parsimony refutes their explanation based on the use of minimum assumptions.

4. Since defenders of the teleological argument don't use the law of parsimony through their explanation, the logic of supporting the theory of god's indirect creation of the universe should be considered ineffective.

Q4. Which of the following best describes recent developments concerning the teleological argument?

1. The theory of the deity's indirect involvement gave way to the assumption that the universe is composed of a multitude of invariables, which preclude the need for minor adjustments.

2. There has developed a new concept that an all-powerful god is responsible for creating a universe conducive to the development of life, which is fine-tuned for the existence of life.

3. The theory of the deity's indirect involvement has been rebutted by the idea that the appearance of life depends on nature's laws, whose small changes render the universe suitable for the existence of life.

4. As a theory developed based on retrospective, haphazard observations, the teleological argument is analogous to the argument for finely-tuned nature's parameters which are essential for human survival.

内容一致型問題解答

□ **proton**　陽子、プロトン

□ **devoid of 〜**　〜を欠いている

□ **converge**　収束する

□ **conducive to 〜**　〜の助けとなる

□ **cross paths**　出会う

□ **retrospective**　遡及的な、過去に遡っての

□ **cyclic argument**　循環的な論法

□ **parameter**　パラメーター、物事の結果や可能性の制限要因

◆問題文の訳◆　　目的論的主張

① 神の存在を示すためのよくある主張は、目的論的主張である。目的論的主張は、生物を含むあらゆる自然物には設計された意図があるという信念に基づいている。このように、目的論的主張の論者は、自然のデザインの外観から神の存在を推測する。この主張の最も有名な発言はウィリアム・ペイリー氏によってなされた。彼の「自然神学」（1802）では、地上の時計を見つけ、その構造と材料の分析からその時計が偉大なる知性によって生み出されたと結論付けることを読者に想像させた。これは「時計職人の類推［アナロジー］」または「時計職人の理論」として知られている。

② しかしながら、この主張は、18世紀の哲学者であるデイヴィッド・ヒューム氏によって既に否定されていた。ヒューム氏の拒絶は、次の点に基づいている。まず、自然と人工の仕組みの類似性が弱いことである。これらは共通点がほとんどない2つのものであるため、相互の類推として使用されるべきではない。第二に、どのように自然現象があるがままに至ったかについての代わりの説明がある。そして最後に、宇宙が設計されているにちがいないという主張が確立されたとしても、これは単に設計者の存在を確認するだけであり、必ずしも全能の神の存在を証明するものではない。18世紀以来の宇宙論と生物学の驚異的な進歩にもかかわらず、目的論に対する現代の主張は、いまだヒューム氏によって提起された主張の一つに分類されている。

③ デザイン仮説に対する論理的主張は、それ自体が説明されていない物事を訴えかけることによって説明を求める主張をなす。他の物事の説明として説明されていないものを引用することは、まったく説明していないことに等しい。デザイン仮説に反論する経験に基づく主張は、デザイン仮説が自然の中での私たちの周りの全てに見られるデザインの完全な失敗や不

完全さと矛盾している。絶滅した種の長いリストがある。これらの種が理想的にデザインされていたならば、どうして追放されたのか？目などの類似の構造につながる度重なる進化の試みの出現は、また試行錯誤のプロセスを示唆し、全てを見通す神によって導かれるデザインのプロセスからは程遠いものである。

4目的論的主張の擁護者はそれに反論して、神は自らのデザインを生み出す自然の法則を設定することによって間接的に働き、それによって自らの目的を達成していると言うかもしれない。しかしながら、これは節約の法則としても知られるオッカムの剃刀の原理、「ある物事を説明するために最小限の仮説を採用するべきである」というその原則に真っ向から反するものである。「神は間接的に働く」という主張は、神とその創造物の間の自然法則の更なるステージを作るだけである。つまり、自然の法則はそれ自体で宇宙を創造し、追加の存在物をその法則の創作物と仮定するのである。これは明らかに有効な説明ではない。

5目的論的主張に対する現代の解釈は、「宇宙の微調整」という概念である。この主張の前提は、宇宙の初期状況がこの地球に生命が現れるように「微調整」されていたということである。その論者は、物理上のある力は生命が存在するために完全に微調整されなければならないと指摘する。重力、あるいは電子または陽子の質量の微妙な違いですら、生命のない宇宙をもたらしたであろう。言い換えれば、宇宙は生命の出現に非常にユニークに適しており、非常に多くの要因が収束して、生命の助けとなるこのユニークな一連の状況を提供しているのである。

6次の類推が反論をなす。私の両親がお互いに会わなければ、私は存在しなかっただろう。私の祖父母が出会わなければ、私の両親は存在しなかっただろう。無限のランダムな出来事が私の誕生につながっている。これらの出来事のいかなる一つでも起こらなかったら、私は存在しないだろう。しかしながら、これは典型的な遡及的な見解である。それは、私が存在するからこそ成り立つという意味で、循環的な論法である。全く同じ主張は、宇宙、そして宇宙のパラメーターが私たちの存在に合うように「微調整」されているという事実に当てはまる。生命は自然のパラメーター（物事の結果や可能性の制限要因）の産物である。そのパラメーターが異なったならば、我々は今存在しないだろう。自然の法則が今のようにあるから我々は存在する。したがって、自然の法則が我々の存在に合わせて微調整されているという事実は当然なのである。

Q1 　解答　 1. The teleological argument for the existence of the deity was flimsy, and therefore Hume's argument has remained a valid counterargument against the teleological argument.

設問の訳　神の存在をめぐる2つの相反する主張を最もよく説明しているのは次のうちどれか？

選択肢の訳
1. 神の存在を支持する目的論的主張は根拠薄弱であり、それゆえヒュームの主張は目的論的主張に対する有効な反論のままとなっている。
2. 神の存在は目的論的主張の有効性によって証明されているが、ヒュームの主張に対する批判の対象となった。
3. 神の存在を証明するために、目的論的主張の支持者は、「時計職人の類推」に基づく主張に対抗することによって、自らの主張を強めるべきである。
4. ウィリアム・ペイリー氏は、全能の神が時計職人に比べられるという仮定を根拠がないとみなした。

☞第1, 2段落を読んで解く問題。第1段落は神の存在を「目的論的主張」を通じて証明する立場である。ウィリアム・ペイリー氏は著作の「自然神学」を通じて読者に「時計職人の類推［アナロジー］」と呼ばれる主張を導くことでその証明を行っている。しかし第2段落では、デイヴィッド・ヒューム氏がその「目的論的主張」に対して3つの反論、つまり「自然物と人工物（時計）の仕組みの関係の類推［アナロジー］の脆弱性」「自然現象の発生について代わりとなる説明方法の示唆」「世界が設計されたとしても、神の存在の証明にはつながらないという主張」の反論で応じている。さらに、現代の批判もこのヒューム氏の反論範囲に納まることから、これらの内容をサマリーし一般化した1が正解。

　2は、目的論的主張の validity［有効性］に支えられていることが書かれていないので間違い。3は目的論的主張の支持者が「時計職人の類推［アナロジー］」に基づく主張に対抗すること」が本文と逆の内容になるので不可。4は主語のすり替えて、William Paley が David Hume なら正解。　　　　　　　　　　　（★★）

> **サマリー・一般化型の問題に要注意！**
>
> 解答は本文の具体的な内容からより一般的な表現に言い換えられることに気をつけよう！
> ヒューム氏が神の存在の目的論的主張を refute（否定）し、そのサポートに用いられた「時計職人の類推」を weak とみなすなどの本文中の「キーワード」を読み取ることも重要！

5日目　長文読解②内容一致

Q2 解答 **3.** The design hypothesis has a paradox of why an innumerable number of perfectly and ideally designed plants and animals have been wiped out.

設問の訳 デザイン仮説について何が言及されているか？

選択肢の訳 1. 人々は難解なデザイン仮説の論理を解明することは難しいと思っているけれども、多くのデザインされた種が地球の表面から存在しなくなった理由は簡単に解明できる。

2. デザイン仮説に対する論理的および経験に基づく主張は社会で確立されるようになったので、その反対者はその仮説の本質すら説明することができない。

3. デザイン仮説は、無数の完璧に理想的に設計された動植物がなぜ絶滅したのかという矛盾を抱えている。

4. デザイン仮説の信奉者がその有効性を説明しようとする限り、そのデザイン仮説はその反対者によって矛盾というレッテルを貼られるべきではない。

☞第 3 段落を読んで解く問題。第 3 段落は「デザイン仮説は説明になっておらず、経験に基づく主張に言わせれば、『種が絶滅すること』や『試行錯誤を繰り返す目の進化』は、神がデザインしたものでは到底ない」とみなす内容から 3 が正解。"the design hypothesis is that it is inconsistent with the imperfections of design"（デザイン仮説は不完全で矛盾している）から解答の "The design hypothesis has a paradox"（デザイン仮説は矛盾を抱えている）を読み取らせる行間型の難問である。

　1 は「デザイン仮説の解明の困難さや絶滅理由の解明の容易さ」が本文中に述べられていないので不可。2 も「デザイン仮説に対する論理的および経験に基づく主張の社会での確立」は本文中に書かれていないので不可。4 は「デザイン仮説の信奉者がその有効性を説明しようとする限り～」とは本文中には言及されていないので不可。

(★★)

行間型の問題に要注意！

解答は本文に直接書かれていない内容を推論して解かなければならない！神の存在の目的論的主張に対する反論が細かく述べられているが、枝葉末節に捉われず［木を見て森を見ず］にならないように段落の「大局［＝ 全体］」をつかむことが大切！

Q3 【解答】 4. Since defenders of the teleological argument don't use the law of parsimony through their explanation, the logic of supporting the theory of the god's indirect creation of the universe should be considered ineffective.

【設問の訳】 著者は「神の間接的な関与」の理論についてどう言及しているか？

【選択肢の訳】 1. 目的論的主張がオッカムの剃刀の原理に基づいている限り、その擁護者は神の自然の法則の利用と間接的な宇宙の創造を証明することが理論的に可能である。

2. 目的論的主張がオッカムの剃刀の原理を受け入れることができる場合に限り、その擁護者は神の間接的な宇宙の創造の論理を適切に導入し、自らの議論が正しいと証明できるかもしれない。

3. 目的論的主張の擁護者は効果的に神の間接的な宇宙の創造を正当化するけれども、節約の法則は最小限の仮定の使用に基づく彼らの説明を否定している。

4. 目的論的主張の擁護者は説明を通じて節約の法則を使っていないので、神の間接的な宇宙の創造の理論を支持する論理は無効とみなすべきである。

☞第4段落を読んで解く問題。第4段落は、目的論的主張の擁護者による「神の自然の法則の設定による、デザインを生み出す間接的な関与」という主張に対して、『オッカムの剃刀の原理（節約の法則)』を引き合いに「神は間接的に働いている」という主張は、「神とその創造の間の自然の法則の更なるステージを作る」ということから説明にならないと指摘する 4 が正解。言い換え型の問題で "This goes straight against the principle of Ockham's Razor," が "defenders of the teleological argument don't use the law of parsimony" に、さらに "This is clearly not a valid explanation." が "the logic of ～ should be considered ineffective." に対応する。

　1 は「目的論的主張がオッカムの剃刀の原理に基づく限り～」と本文の記載とは逆の内容なので不可。2 も同様に目的論的主張の擁護論はオッカムの剃刀の原理に反するので不可。3 は目的論的主張の擁護論は宇宙創造の間接的関与を効果的に正当化できないので不可。　　　　　　　　　　　　　　　　　　　　　　（★）

> ### 類語言い換え型の問題に要注意！
>
> 解答は本文で使われる英語表現ではなく、必ず別の表現に言い換えられている。神の存在の目的論的主張に対する反論が述べられているが、本文の内容を誤解したり自ら勝手に解釈したりして、distractor［誤答］に迷わないように注意しよう！

Q4 解答 3. The theory of the deity's indirect involvement has been rebutted by the idea that the appearance of life depends on nature's laws, whose small changes render the universe suitable for the existence of life.

設問の訳　次のうち、目的論的主張に関する最近の進展を最もよく説明しているのはどれか？

選択肢の訳　1. 神の間接的関与理論が、宇宙が数多くの不変のもので構成されているという仮説に取って代わられているのは、微調整の必要がないからである。

2. 全能の神が生命の発展につながる宇宙創造に関与し、宇宙は生命の存在のために微調整されているという新概念が発展した。

3. 神の間接的関与理論は、生命の出現が自然の法則に依存し、その微調整によって宇宙を生命の存在を適したものにするという考えによって反論された。

4. 遡及的で場当たり的な所見に基づいて構築された理論として、目的論的主張は人間の生存に不可欠で微調整された自然のパラメーターを支持する主張と類似している。

☞第5, 6段落を読んで解く問題。第5段落は「現代の目的論的主張の解釈は、宇宙の初期状況が地球に生命が現れるように、宇宙がうまく『微調整』されている」という考え方である。これに対して第6段落では反論がなされ、「生命は宇宙の法則のパラメーター［制限要因］内のみで成立するものであり、その微調整の中で人が存在する」と述べられている。これらをまとめた3が正解。サマリー・一般化型の問題で "the teleological argument" が "the theory of the deity's indirect involvement ～ "、"provides a counterargument" が "has been rebutted by ～ "、"they(= nature's law) are fine-tuned to suit our existence" が "whose small changes render the universe suitable for the existence of life" へと本文からうまく一般化しサマリーされた解答となる。

　1 は「神の間接的関与理論は宇宙が数多くの不変のもので構成されているという仮説に取って代わられた」と本文中に言及にないので不可。2 は対抗する理論が書かれていないので不可。4 は「遡及的で場当たり的な所見に基づいて構築された理論として」とは本文中には述べられていないので不可。　　　　　　　　　　（★★★）

サマリー・一般化型の問題に要注意！

解答は本文の具体的な内容からより一般的な表現の言い換えになる！神の存在の目的論的主張とその反論も共通の言葉となる "fine-tune(微調整する)"という言葉を使用して説明が展開されているが、それぞれの内容を混同しないように気をつけよう！

6 日目

リスニング① 対話型・パッセージ型

一気にスコアUP！
短期集中トレーニング

6日目の動画をチェック！

QRコードをスキャンしよう！

英検 1 級リスニング問題とは？

　英検 1 級一次試験では、CSE スコアが 2550 点満点中 2028 点が合格基準スコアとなっていますが、そのうちリスニングは 850 点満点で、リーディングとエッセイと全く同じ比重を占めています。つまり、リスニングをおろそかにすると合格が遠のくことになりますし、リスニングを最短距離でトレーニングすることで、ぐっと合格に近づけることも可能なわけです。

どんな形式の問題！？　勉強法は？

　リスニング問題には、**Part 1 の対話型**と **Part 2 のパッセージ型**、**Part 3 のリアルライフ型**、そして 1 級で新たに加わる **Part 4 のインタビュー型**の 4 種類があります。問題数は Part 1 が 10 問、Part 2 が 10 問、Part 3 が 5 問、Part 4 が 2 問の**合計 27 問**です。リスニングの試験時間は約 **35 分間**となります。音声は全て 1 度しか流れない**ため、出だしから集中して聞くことが大切**です。

　次に各パートの特徴を確認してみましょう。**Part 1 の対話型問題**は 150 ページにあるようなさまざまな状況のダイアローグを聞いて、その中の重要なメッセージをキャッチする問題になっています。長さは 2 ～ 4 往復の比較的短いものから 7 往復程度の少し長めのもの、そして最後の 10 問目には登場人物が 3 名の設定のものがあり、準 1 級よりもかなりレベルが上がっています。また、頻度の高い口語表現やイディオムが使われていることがあるので、**過去問を 10 年分**やったり、**英語のドラマを普段から視聴する**などして、対策トレーニングをしておきましょう。

　Part 2 のパッセージ型問題は、アカデミックな内容で、1 パッセージに 2 問ついており、**放送が始まる前に選択肢の先読みをして問題を予測**しておくことが必要です。このパートが苦手な人は、前著『**英語で説明する人文科学**』『**英語で説明する科学技術**』（語研）などを用いて文系・理系のアカデミックな 30 秒程度のパッセージを毎日聞いて、トレーニングしておきましょう。

　Part 3 のリアルライフ型問題は近年難化の傾向にあります。実生活に即必要な駅や空港、不動産屋、保険、投資、修理などシーン別の聞き取りは、海外で生活する際に非常に役立ちますので、気合を入れて取り組みましょう。

　Part 4 のインタビュー型問題は、1 級ではじめて出題される形式ですが、主にビジネス界で活躍しているゲストとインタビュアーの掛け合いによる、3 分程度のインタビューを聞き、質問 2 問に答えます。放送時間が長いので、質問されやすい箇所のキーワードに注目しつつ、アンサーパートを取りに行く練習をしましょう。

このように難易度の高い問題で高得点を取るためには、付け焼き刃なテクニックに頼るのではなく、リスニング力と読解力を同時に鍛える必要があります。というのも情報を聞き取れても、行間を読めなかったり、サマリーができなかったりして、解答の選択肢が見つけられないことが多々あるからです。そこで、以下のような対策が重要です。

---

①**毎日最低 30 分は英語のリスニングを欠かさずに行う。**
　NHK のラジオ放送で**会話形式のリスニング**に慣れ、テレビ放送やスマホのアプリを利用し、**ニュースやドキュメンタリー、インタビュー**の英語放送を集中して聞く。
②リスニング問題を解いた後に、シャドーイングをする。

といった**リスニングの基礎力を伸ばすためのトレーニング**を行うことが非常に重要です。

対話型リスニング問題を大解剖！

対話型リスニング問題の流れはいかに？

　Part 1 の対話型では問題が 1 つしかなく、それは話の流れの中で最も重要なポイントが問題になることがほどんどなので "Get the point quickly" つまり、問題とは関係ない情報を切り捨て、即座に重要な情報をキャッチする能力が必要です。
　Part 1 の対話型問題に関しては 2 〜 4 往復の比較的短いものが大半ですが、最後の方の問題には 4 〜 7 往復くらいの中程度の長さのものが 1，2 問、7 往復程度のものが 1 問、そして最後の 10 問目には必ず登場人物が 3 名のものがあり、せりふの数が 10 〜 13 程度とぐんと長い掛け合いとなり、さらに集中力が必要となります。
　しかし近年難易度は高くなったというものの、続く Part 2 や Part 3 に比べると簡単なので、できればここで高得点をゲットしておきたいものです。そのためにはリスニング力を伸ばすことは当然のことですが、その他にも問題の特徴やパターンを知っておくことが求められます。
　そこで最近の 1 級で出題された問題を、登場人物、頻出トピック、質問パターン、正答パターンの見地から分析してみましょう。

「職場の同僚、上司・部下」の会話が最も多い！

対話の登場人物は以下の3つに大別されます。どれに当てはまるのかをつかむことによって、情景を思い浮かべやすくなります。

1. **職場での会話**—同僚同士、上司と部下などの会話。最多頻出！
2. **ファミリー、友人知人同士の会話**—夫婦、親子、兄弟、学生同士の会話など。
3. **お店とクライアント**—お店の店員や窓口スタッフなど多岐に渡る。

対話型の最多出題シーンは「ビジネスと日常」！

Part1の対話シーンを状況別に見ると、「**ビジネス**」「**家庭・知人関連**」「**医療・健康**」「**教育**」「**社会関連**」「**交通**」「**レジャー・旅行関連**」の7分野から出題されています。その中で最多は、「**ビジネス関連**」で、販売、経営戦略、成績、職場環境、合併、経費・人員削減、資産運用、人間関係、人事（面接、求人、昇進、解雇、転勤、契約、更新など）、就職・転職・辞職などが出題されています。いずれも**話者当事者や第三者の噂**の形式での出題となっています。ビジネスピープルにはお馴染みの初歩的な話題から、込み入った条件や状況まで含まれており、このタイプのダイアローグの対策として最適なのが、**NHKラジオ「実践ビジネス英語」**です。こういった放送を日頃から聞いて、ビジネス関連の話題に慣れておく必要があります。

次に「**家庭・知人関連**」には、**子育て（子供の進路、学校）**、出産、介護、人間関係などから、近年は時勢を反映した夫婦（家族）の**ワークライフバランス**（仕事と家と余暇のバランス、主夫など）の話題が見られるようになりました。この2分野で全体の半分以上がカバーされています。

その他の主要な分野をあげると、「**医療関連**」では、治療、検査、保険や食事などの話題、「**教育関連**」では教師の特徴・評価、講座、試験、論文指導などの話題、「**交通関連**」では、車（修理・レンタル・保険）と飛行機（予約・変更、アップグレード）などの話題が頻出です。「**社会関連**」では選挙など「**政治関係**」の話題がよく出題されています。また「**マネー（銀行、投資、保険）関連**」や「**不動産関連（家の購入など）**」ではアドバイザーが**条件やプランを提示する**複雑なダイアローグもありますので、パターンに慣れておく必要があります。これらの頻出シーンでは、**同じようなパターンのダイアローグが展開**されますので、いったん取り組んだ問題を何回か復習し、慣れておくことも大切です。

対話型リスニング対策の勉強法とは？

　PartI はビジネスの実践型と生活密着型の表現が大切ですので、勉強法としては、**英検や TOEIC の対話式リスニング問題演習**の他に、定期的に **NHK ラジオ「実践ビジネス英語」**や **CNN などの英語放送**を視聴して、話題やパターン形式に慣れるとともに、各分野の素養を身につけましょう。

対話型リスニング問題の質問パターンはこれだ！

　対話型の質問パターンは「意見」「理由」「行動」「提案」「発見内容」の 5 つに大別されます。最もよく出題されるのは「**意見**」、つまり「コメント（say about ～）」「考え（think about ［of］～）（What is ～ 's opinion?）」「暗示（imply about ～）」「感想（feel about ～）」「結論（conclude about ～）」を問う問題です。

　次に頻度が高いのは、「**理由**」に関する問題、つまり Why ～ ? / What is one reason ～ ? を問う問題で、その中でも「心配・懸念の理由（Why is S concerned ［upset, worried］ ?）」を問うものが半数以上を占めているため、放送中に concern, upset, worry といった表現が出てきた場合は、その文の内容に注目しましょう。

　その他の重要な対話式の質問に、「**行動**」を問う問題で、What will the woman probably do about ～ ? / What do these people decide ［agree］ to do? のように「行動予測」や「次に取る行動」を問うものや、「**提案**」に関する問題で、What does X suggest Y do? / What does X recommend? のように「**お勧め**」を問うもの、また、「**発見内容**」を問う問題で、What do we learn from this conversation? や What do we learn about the man? のような質問、さらに「**依頼・要求**」(What does the woman ask the man to do?) や「**問題点**」(What was the problem?) を指摘するものも出題されています。

正答パターンは「行間読み型」が難問！

　対話型問題の正答パターンは、「一般化・サマリー型」「言い換え型」「行間読み型」の3つで、全体の9割をカバーします。なかでも難問といわれるのが**「行間読み型」**で、発言を裏返したり、行間を読むトレーニングをする必要があります。ここでいくつか例をあげてみましょう。

「行間読み型」問題

> **Man:** How are the new staff?
> **Woman:** Well, they just waited to be ordered what to do all the time, ... but now they're relaxed they've been in excellent shape.

☞新入りスタッフの様子を聞かれた女性の「ずっと指示を待っているだけだったが、いったん落ち着くと、すばらしい仕事ぶりを見せてくれている」という発言を裏返した They were shy at first.（彼らは最初は尻込みしていた）が正解。

> **Man:** I'm here until 11 p.m. every night.
> **Woman:** But I'm sure people like you will get promoted.
> **Man:** Well, but at the cost of my health.

☞at the cost of my health（自分の健康を犠牲にして昇進するんだよ）という男性の発言の行間を読んだ He feels he is under too much pressure.（彼は強いプレッシャーを感じている）が正解。

> **Man:** That's what happens when you put it off until the last minute!

☞「最後まで先延ばしにしてたからこんなことになるんだよ」という男性の発言の行間を読んだ The woman should have done it sooner.（もっと早くに女性はそれをすべきだった）が正解。

次に、具体的な内容を概念化したり、要約する**「一般化・サマリー型」**の例をあげましょう。

「一般化・サマリー型」問題

> **Man:** The medicine causes such insomnia that I have to put up with the lower-back pain.

☞「その薬のせいでひどい不眠症になって、腰痛も我慢しないといけない」という男性の発言を一般化した He was worried about side effects. （副作用を心配していた）が正解。

> **Man:** Honey, the kitchen is full of dirty kitchen things and your room has been full of broken computer parts for ages. At this rate they'll be here forever.

☞「台所は汚れたキッチングッズでいっぱいだし、君の部屋にはコンピューターの壊れた部品がずっと転がっているよ」という男性の発言を一般化・サマリーした The woman leaves too many things unfinished. （女性があまりにも多くのものをほったらかしている）が正解。

最後に**「類語・言い換え型」**の例です。

「類語・言い換え型」問題

> **Man:** We could take over some of the work if she'd asked us.

☞同僚の仕事ぶりを聞かれた男性が、「言ってくれれば、こちらで仕事を部分的に引き継げるのに」という発言を言い換えた、She should have shared her work with her staff. （スタッフと仕事をシェアすべきだった）が正解。

> **Man:** Elephants can't thrive in a zoo.

☞動物園の動物の様子を聞かれ、「動物園だとゾウは繁殖できない」という男性の発言を類語で言い換えた Some animals should not be kept in captivity. （人間の飼育下に置かれるべきてない動物もいる）が正解。

6日目

リスニング①対話型・パッセージ型

この他、対話式リスニング問題では、**男と女のどちらの発言かを把握しておかないと、正答を導けない**場合が 2 ～ 3 割あります。これは、TOEIC のリスニング問題を解く場合も同じく重要で、これが苦手な人は、英検のリスニング問題だけでなく、TOEIC の難しめのリスニング問題を通じて、speaker の性別と発言内容を "retain" するトレーニングを徹底的に行う必要があります。

アンサーパートは対話のどこに現れるか？

1 つの対話の長さは 25 秒前後のもので、話すスピードは 180 wpm、つまりナチュラルスピードで話されています（ただし、9 番と 10 番は 1 分以上あり、長い分、難易度も高くなっています）。

答えが対話のどの部分に出てくるかを見てみると、対話全体を「前部」「中間部」「後部」と 3 つのパートに分けた場合、掛け合いが平均 3 ～ 4 回程度の 1 番から 8 番の問題は、**答えが「中間部」にくる比率が約 5 割**と最も高く、次に**「後部」**、最も少ないのが「前部」となっています。

この TOEIC でよく見かける「前部」にくるタイプはアンサー部をうっかり聞き飛ばしてしまうことになりかねず、要注意です。これに対して、平均的な掛け合いが 5~6 回と**比較的長い対話を展開する 9 番と 10 番の問題は、答えが「中間部」にくる比率が約 5 割、「後部」にくる比率が約 5 割**で、「前部」に答えがくることはめったにありません。こういったことを知っておくと、リスニング問題を解く体勢ができるので有利です。

選択肢パターンから「問題・答え」を予測！

　選択肢には次のように大きく3つのパターンがあります。選択肢は問題文に印刷されているので、先読みすることができます。前もって選択肢を先読みすることによって何が聞かれるのかをある程度把握できる場合もあり、解答がグーンと楽になります。

行動パターン
・選択肢が**動詞の原形**で始まっているパターン。**話者の行動**が問われる。

問題パターン
・選択肢が too~, un~, cannot, must not など**否定的要素**の場合、会話中に登場する**問題点、トラブル**が問われる。

人物特定パターン
・**選択肢の主語**が全て He, She など同じ場合、男女のどちらの言動を答えるべきか特定できる。ただし、選択肢の主語が He だとしても、**女性の発言が解答の根拠になる場合がある**ので、注意が必要！

それでは、次に実践問題を通して実際の試験でどのくらい点数が取れるのかを確認してみましょう。まずは、英検1級で頻出の「ビジネス関係」のリスニング問題からチャレンジしていただきましょう。

対話型リスニング模擬問題にチャレンジ！

No.1

1. Bruce hopes Meg will keep working.
2. Bruce is pessimistic about his job prospects.
3. Meg wants to remain on the company's payroll.
4. Meg looks forward to a life after retirement.

No.2

1. Promote Mary.
2. Reserve judgment.
3. Check Charles' working hours.
4. Promote Jennifer.

No.3

1. He will not retire soon.
2. He stopped short of investment.
3. He will take a risk-free approach.
4. He will spread the investments to reduce risk.

No.4

1. Because the boss recommended the book.
2. Because he wants to meet his boss's expectations.
3. Because the book makes him rethink its value.
4. Because the book shows teamwork in a different light.

No.5
1. Put trust in her subordinates' character.
2. Learn about how to relieve the tension.
3. Assign tasks to her team.
4. Develop a sense of responsibility for her work.

No.6

1. She went on a business trip to Osaka.
2. She used her old password.
3. She didn't access her email from the office.
4. She changed her access code last week.

No.7

1. Prepare for the final presentation by Thursday.
2. Compile all the data from the team.
3. Get the financial results from finance.
4. Enumerate the latest figures.

No.8

1. He will contact Dr Roberts.
2. He will extract samples from the dog.
3. He will run a test for the cat.
4. He will inspect the pup in two days.

No.9

1. He wants to follow his uncle's example.
2. He's dreaming of striking it rich by becoming an actor.
3. He is dreaming of becoming a movie director.
4. He has a talent for film directing.

No.10

1. Production at the current site cannot be increased.
2. They won't get permission from the local government.
3. The cost is too high.
4. It may not address customers' needs.

対話型リスニング模試　解答・解説

No.1 　解答　3　Meg wants to remain on the company's payroll.

🔊 スクリプト

（track 1）

★: <u>Meg, you've got three more months till retirement, right?</u>

☆: <u>I don't want to think about it, Bruce. Retirement is the last thing I want, you know.</u>

★: <u>I thought you were looking forward to an easy life after retirement.</u>

☆: <u>Far from it! I feel up to working another ten years.</u>

★: Have you thought about pounding the pavement?

☆: Yes, but actually it's a buyer's market out there. Most companies are resorting to downsizing to cut labor costs. So there are very few openings for middle managers like me.

★: Come on, cheer up! Why don't you look on the bright side of it? You know, every cloud has a silver lining.

☆: Thanks. I hope you're right.

Question: What do we learn from this conversation?

....

訳　★メグ、退職まであと3か月だね。

　　☆それについては考えたくないわ、ブルース。退職は私には最も望んでいないことなのよ。

　　★楽しい退職後の人生を楽しみにしているのかと思っていたよ。

　　☆とんでもない！あと10年は働くつもりよ。

　　★仕事を探すことは考えているのかい？

　　☆ええ、でも買い手市場でね。人件費を減らすためにたいていの企業は人員を削減しているのよ。だから私のような中間管理職の空きはほとんどないの。

　　★元気を出して！悲観しないで明るく考えようよ！どんな悪い状況でも、どこかに希望はあるものだよ。

　　☆ありがとう！そうなるといいんだけど。

質問）この会話から何がわかるか。

選択肢の訳　1. ブルースはメグが仕事を続けることを期待している。

　　　　　　2. ブルースは仕事の展望について悲観的である。

　　　　　　3. メグは会社に残りたいと思っている。

　　　　　　4. メグは退職後の人生を楽しみにしている。

☞「退職後の人生を楽しみにしているのかと思っていたよ」というブルースの発言を否定し、「あと十年は働く気合でいる」というメグの発言を Meg wants to remain on the company's payroll. とイディオムで言い換えた 3 が正解。1 と 2 は主語が Bruce ではなく Meg が正しい（「主語のすり替え」によるディストラクター（誤答））。4. は Bruce が誤解していた内容で不可。リスニング問題必須のイディオム（pound the pavement）、ことわざ（every cloud has a silver lining）などは繰り返し出題されるので、身につけておこう！

| 言い換え型 | （★） |

※★の数が多いほど難問になります。

> ◎対話式では主語のすり替えに注意！
> ◎発言内容が男性・女性どちらによるものか、スピーカーの性別を常に意識せよ！
> ◎リスニング問題必須のイディオムやことわざを復習しておこう！

語注

□ **pound the pavement** （仕事などを求めて）町を歩き回る
□ **a buyer's market** 買い手に有利な市場
□ **look on the bright side** 明るい面を見る
□ **every cloud has a silver lining** （ことわざ）どんな逆境でもどこかに希望はある
□ **remain on the company's payroll** 会社に残る

6日目

リスニング①対話型・パッセージ型

No.2 解答 2. Reserve judgment.

🔊 スクリプト

★: June, we have to make up our minds as to who we are going to promote. There's only one managerial position open this year. I think we have narrowed it down to Charles, Mary or Jennifer.

☆: Charles has been working hard for sure. I hardly ever see him leaving the office before nine. Mary closed the deal with Philip Industries. Jennifer doesn't have much to show, I guess she is not in the game.

★: Wait, June. <u>We can't reward people just for keeping their nose to the grindstone, and I'm sure that it wasn't one person alone who contributed to the Philip contract. Take a closer look at Jennifer. She was involved too, wasn't she?</u>

☆: <u>I didn't know that. Perhaps I was jumping the gun.</u>

★: <u>I want people who support their teams to become managers. She certainly seems to be well connected and could have been working behind the scenes on some of the other contracts we got this year, too.</u>

☆: <u>I agree. I'll look into it and then we can decide.</u>

Question: What did they agree to do?

....

訳 ★ジューン、誰を昇進させるかについて決めなければなりません。今年は一人しか管理職に空きがありません。チャールズかメアリーかジェニファーに絞られてきたと思います。

　☆チャールズは確かによく働いてきました。9時前にオフィスを出るのはほとんど見たことはありません。メアリーは Philip Industries との商談を成立させました。ジェニファーはあまり目立った功績はありません。彼女は成功する可能性がないと思います。

　★待って、ジューン。休む間もなく働くというだけで、報酬を与えたくはありません。また、Philip 社との契約に貢献したのは一人だけじゃなかったと思います。よくジェニファーを観察してください。彼女も含まれると思いませんか？

　☆私はそのことは知りませんでした。多分私の早とちりだったのでしょう。

　★自分のチームを支援した人々をマネージャーにしたいのです。彼女は確かに広い人脈を持っているように思えるし、今年獲得した他の契約でも縁の下の力持ちとして働いていた可能性があります。

　☆賛成です。調査します、そうすれば決めることができるでしょう。

質問）彼らは何をすることで合意したか。

選択肢の訳　1. メアリを昇進させる。

2. 判断を差し控える。

3. チャールズの労働時間を確認する。

4. ジェニファーを昇進させる。

☞選択肢が動詞の原形で始まっているパターンなので、「**話者の行動**」が問われると、選択肢先読みで目星をつけておく。誰を昇進させるかについて、女性は「コツコツ型のチャールズと契約を取ったメアリーを押す」と言っていたが、「manager はコツコツ働くだけでは不十分で、チームを支える人になってほしい。契約成立には縁の下の力持ちとして働いたジェニファーの功績もある」という男性の意見を聞いて、「検討してから決める」と最後に発言している。これらの**流れを、サマリーした 2 が正解**。1 と 4 は女性の当初の意見で不可。最後の文で look into it と言っているのは、「縁の下のチームへの貢献を検討する」という意味なので 3 も不可。

一般化・サマリー型 （★）

> ## 「動詞の原形」で始まる選択肢の場合、「話者の行動」を問う！
>
> 先読みで動詞の原形で始まるパターンをチェックせよ！
> What did S agree to do? や What will S do next?　のような話者の行動を問う質問が出る！

6日目

リスニング①対話型・パッセージ型

語注

□ **a managerial position**　管理職
□ **close the deal**　商談をまとめる
□ **keep one's nose to the grindstone**　コツコツ働く、休む間もなく働かせる
□ **jump the gun**　早まったことをする
□ **work behind the scenes**　縁の下の力持ちとして働く

□ **narrow down to ~**　～に絞る
□ **not in the game**　成功する可能性がない

□ **well-connected**　人脈を持っている
□ **look into**　～を検討する

No.3 解答 3. He will take a risk-free approach.

スクリプト

☆: So, Mr Jones, I understand that you are interested in making some investments to prepare a nest egg for your retirement. We can certainly provide you with a wide range of options. And I'm sure we can give you some tips on speculation.

★: Thank you. And specifically, what kind of investment schemes do you offer?

☆: Well, I can offer some pointers on stocks, bonds, gold, real estate. . . you name it! It depends on how much you can gamble.

★: <u>I'm not interested in hitting the jackpot. All the options you mentioned sound too precarious for me.</u>

☆: You can handle risk by spreading your investment over a long period of time. I assume that you will not be retiring for another 20 years or so?

★: Let me think about it. <u>I am risk-averse.</u> I don't mind keeping my assets in cash for the time being.

Question: What did the man decide to do?

....

(訳) ☆ジョーンズさん、あなたは退職後の貯金を準備するための何らかの投資に興味があると思います。私たちはきっとあなたに広範囲なオプション（選択肢）を提供できますし、アドバイスもできます。

★ありがとう。具体的にはどのような種類の投資を提案されますか？

☆株式、債券、金、不動産などどんな分野でもお役に立てると思います。いくら投資を希望しておられるのかを教えていただければ助かります。

★リスク回避型がいいです。一山当てることには興味はありません。あなたが述べられたすべての選択肢は私にとっては危険すぎると思われます。

☆投資期間を長期にわたって広げることでリスクに対処できます。あなたは向こう20年やそこらは、退職するおつもりはございませんよね。

★ちょっと考えさせてください。慌てたくはありませんし、しばらくは資産を現金で持っていてもかまいません。

質問）男性は何をすることに決めたか。

選択肢の訳　1. すぐに退職しない。

2. すんでのところで投資をやめた。

3. 安全なアプローチをとる。

4. 危険を減らすために投資を分散する。

☞「一攫千金は興味がなく、提示されたオプションはあまりにも危なっかしく聞こえる (too precarious)」「リスクは嫌い (risk-averse)」などの部分をサマリーした 3 が正解。1 は言及なしで不可。2 はまぎらわしいが、単に興味があっただけて、すんでのところでやめたわけではないので不可。4 は「当面現金で資産を持っておく」という発言に反するのて不可。　　　　　　　　　　一般化・サマリー型（★★）

キーワードをキャッチし、一般化せよ！

precarious（不安定な）、hit the jackpot（一山当てる）、risk-averse（リスクを嫌う）など重要な表現を拾って、一般化・サマリーせよ！

語注

□ **speculation**　投機
□ **precarious**　不安定な、危険な
□ **pointers**　アドバイス
□ **hit the jackpot**　急に大もうけをする
□ **risk-averse**　危険回避型の

No.4 解答　2. Because he wants to meet his boss's expectations.

 スクリプト

☆: Hi Martin, did you have a chance to read that book I recommended to you last week?

★: No, I didn't get around to it. I spent the whole weekend preparing my team's business plan for next year.

☆: The book provides a good overview of quality control and our boss is keen to see us improve the quality of our products next year. At the meeting last week, he emphasised the importance of upgrading the quality, remember?

★: You're right. Almost half the talk was about QC. I guess I'll have to peruse the book as soon as possible.

☆: Yeah, it's really thought-provoking. I'm sure you'll see the light.

★: And I'll have to re-write the business plan based on what it says.

Question: Why did the man decide to read the book?

訳 ☆やあ、マーティン、私が先週推薦した本を読む機会はありましたか？

★そこまで手が回りませんでした。週末はずっと私のチームの来年のビジネスプランを準備するのに費やしました。

☆その本は品質管理の概要を説明しているなかなか良い本で、私たちのボスは、来年私たちが製品の品質を向上することを熱望しています。彼は先週のミーティングで特に品質向上を強調していました、覚えてますか？

★そうですね。半分近くが品質管理についてでしたね。できるだけ早くその本を注意して読まなきゃと思います。

☆はい、本当に示唆に富むものです。目からうろこが落ちますよ。

★そして、その内容に基づいてビジネス計画も書き直さないといけないでしょう。

質問）なぜ男性はその本を読むことにしたのか。

選択肢の訳 1. 上司がその本を推薦したから。

2. 上司の期待に応えたいから。

3. その本を読んでその本の価値を再考するから。

4. その本はチームワークについて新たな視点を示すから。

☞「その本は品質管理の概要を説明する良書であり、前の会議でも上司が品質管理向上を強調していた」という女性の意見に同意し、男性は「本を熟読する」と発言している。以上のやりとりを**サマリーし、行間を読んだ**2 が正解。1 は上司が直接本を推薦したわけではないので不可。3 は言及されていない。4 の in a different light は女性の発言の see the light の音をひっぱったディストラクター（誤答）だが、チームワークについては言及されておらず不可。

行間読み型 & 一般化・サマリー型 （★★★）

対話で聞こえたのと同じ表現（音）は誤答で、言い換えられたものが正解！

see the light と in a different light のような**音のトリック**に要注意！

語注

□ **not get around to ~**　～まで手が回らない
□ **QC (= quality control)**　品質管理　　□ **peruse the book**　本を熟読する
□ **thought-provoking**　示唆に富む　　□ **see the light**　目からうろこが落ちる

No.5 解答　3. Assign tasks to her team.

 ■ スクリプト

track **5**

☆: Have you seen Kathie recently? She seems a little uptight.

★: Uptight? She's worse than that. She's trying to bite off more than she can chew. <u>She won't delegate authority to anybody else.</u>

☆: We could help her with some of her work if she'd ask us. I don't think she trusts us to handle the job properly.

★: I'm afraid that it may not have something to do with trust. <u>She lacks leadership qualities, and just doesn't know how to make effective use of human resources.</u>

☆: Well, she has a lot to learn.

Question: What do the two people think Kathie should do?

訳 ☆最近キャッシーを見た？彼女、かなりピリピリしているようよ。

★ピリピリしているだって。もっとひどいよ。手に余るような仕事をやろうとしているのさ。責務を僕たちに任せるのを躊躇しているからね。

☆もし頼んでくれたら、私たちが手助けできるのに。私たちの仕事の対処に、信頼を置いていないのよ。

★それは信頼とは無関係だと思うな。彼女にはリーダーとしての資質が欠けているよ。それに、人材を効果的に使う方法を知らないんだよ。

☆そうだね。彼女はまだまだ勉強が足りないね。

質問）二人はキャッシーがどうすべきと思っているか。

選択肢の訳　1. 部下のキャラクターを信頼する。
　　　　　　2. 緊張を緩める方法を学ぶ。
　　　　　　3. 彼女のチームに仕事を割り振る。
　　　　　　4. 彼女の仕事への責任感を育てる。

☞「権限をほかの人に委ねようとしない」や「人材の効果的な使い方を知らない」という男性の発言から 3 が正解。**delegate authority to anybody を assign tasks to her team で言い換えている**。「trust とは無関係」と男性が言っているので 1 は不可。2 は uptight（ぴりぴりした）を呼び出した誤答で、正しくは「人材の使い方を学ぶ必要がある」。4 は「仕事への責任感を育てる」ではなく、「責任を他の人に振るべき」が言いたいメッセージなので不可。　　　　　　　　　　　　| 言い換え型 | （★★）

会話中に出てきた単語を含む選択肢を安易に選ぶな！

会話中に出てきた単語をそっくりそのまま使った選択肢は、ディストラクター（誤答）であることが多い！

語注

☐ **uptight**　ぴりぴりした、神経質な

☐ **bite off more than she could chew**
　　身の程知らずのこと（手に余るような仕事）をやろうとする

☐ **delegate authority to ～**　　権限を～へ委譲する

....

No.6 解答 3. She didn't access her email from the office.

track 6

💬 🎙 スクリプト

★: IT help desk; how can I help you?

☆: Hi; this is Naomi. <u>I have a problem with my e-mail password. I was asked to change it last week, and I did, but now I cannot log-in.</u> Both my new and my previous password have become invalid.

★: Naomi, <u>weren't you on a business trip last week?</u>

☆: Yeah, I was in Osaka. But what has that got to do with it? Oh, and my laptop is acting up again. Could you fix that, too?

★: <u>You have to log-in from within the company premises to change your password.</u> Otherwise, the password won't be changed, and it'll automatically expire.

☆: <u>So I should have changed my password earlier?</u>

★: Right. Anyway, I will send someone over now to issue you a new password and give your laptop a once-over.

Question: What is the cause of her problem?

....

訳 ★ IT ヘルプデスクです、如何されましたか？

☆こんにちは。こちらナオミです。 e-mail のパスワードに関して困っています。先週変更するように言われて、そうしました。が、今ログインできません。私の新しいパスワードも以前のパスワードも無効になっています。

★ナオミ、先週出張に行きませんでしたか？

☆はい、大阪に行きました。だけど、それが何か関係ありましたか？ああ、それと、また私のコンピューターの調子が悪くなりました。こちらも回復していただけませんか？

★パスワードを変更するためには社内でログインしないとだめです。そうしないとパスワードは変更できないで、自動的に無効になります。

☆ということは、私はパスワードをもっと早く変更すべきだったのですか？

★はい、そうです。とにかく、今誰かを派遣して貴女に新しいパスワードを発行し、貴女のコンピューターもざっと調べさせます。

質問）彼女の問題の原因は何か。

選択肢の訳 1. 大阪へ出張に行った。

2. 古いパスワードを使用した。

3. オフィスから E メールにアクセスしなかった。

4. 先週アクセスコードを変えた。

☞対話の広範囲にわたる下線部分の流れを追って、サマリーすることで正解できる問題。「出張前にメールのパスワードを変えたがログインせずに、出張した。現在は新旧のパスワードとも無効」という女性の発言内容と、「パスワード変更には社内でのログインが必要」という男性の発言内容を**統合サマリー**し、**裏返して行間を読んだ、3 が正解**となる。1 と 4 は直接の原因ではない。2 は言及されていない。

一般化・サマリー型 & 行間読み型 （★★★）

> ### 瞬間サマリーと行間読みの複合型に慣れよ！
>
> リスニングの難問では、全体の流れを追って瞬時にポイントをつかむサマリー力と、裏返し・行間を読む力が同時に試される！

6日目

リスニング① 対話型・パッセージ型

....

No. 7 ■解答 2. Compile all the data from the team.

 ♣ スクリプト

☆: Is the presentation for next Monday's meeting with our VP ready, Bob? He is really meticulous when it comes to financial figures. I want to make sure that we have got it down pat.

★: I've got the data from Jim and Sue, and Ron said that he would forward me his part tomorrow. I will put it together and do the editing. Everything will be ready by Thursday.

☆: Will it include the financial results for August?

★: No, the Finance Department won't release last month's figures until Friday.

☆: Then get whatever you have ready by Thursday. Leave some space to fill in the August figures. I will insert them myself once I get the numbers from Finance. Then we will be all set.

★: OK, so I will send you everything I have by Thursday.

Question: What will the man do next?

....

訳 ☆ボブ、副社長との来週月曜日の会議のプレゼンテーションの準備はできていますか？財務数字のことになると彼は実に細かくなります。きちんと書き記したか確認したいです。

★ジムとスーからはデータをもらいましたし、ロンは明日彼の分を提出すると言っていました。私はそれをまとめて編集する予定です。木曜日までにはすべて準備できるでしょう。

☆8月の財務業績も含まれる予定ですか？

★いいえ、財務は金曜日まで先月の数字を公表しないでしょう。

☆なら、（何でもいいから）木曜日までに準備できる資料をお願いします。8月の数字を入れるスペースを残しておいてください。財務から数字を入手したら、私がそこに挿入します。それで、準備万端になります。

★OK, では、木曜日までに入手するすべての資料を貴女に送ります。

質問）男性は何をするか。

選択肢の訳 1. 木曜日までに最後のプレゼンの準備をする。

2. チームのデータすべてを集める。

3. 財務（経理）部から決算結果をもらう。

4. 最新の数字を列挙する。

☞この問題も選択肢がすべて「動詞の原形」であるので、行動パターンが聞かれることが、先読みでわかる。男性の「すでに 2 名からはデータをもらっていて、あと 1 名からは明日データをもらう」という状況説明の後の I will put it together and do the editing.（それを統合編集する）を**言い換えた** 2. Compile all the data from the team. が正解。1 は言及されておらず、3 は財務部から決算結果をもらうのは金曜日以降なので**次にとる行動ではなく不可。「次にとる行動」を聞かれる場合を予測して、行動順を頭に描きながら聞く必要がある。**4 は最新の数値を「列挙する（enumerate）」と言っているだけで、「編集（do the editing）作業」まではカバーしていないため不可。

言い換え型 （★★）

> ## 選択肢が「動詞の原形」の場合、行動の順番を意識して聞くこと！
>
> What will S do next?　が質問の場合、対話に出てきた行動がダミー選択肢に入っているので、行動の順番に気をつけて選ぶこと！

語注

□ **VP（=Vice-President）** 副社長　　　　□ **meticulous** 几帳面な

□ **get ~ down pat** ~を完全に書き記す　□ **forward** 転送する

□ **the Finance Department** 財務部、経理部　□ **be all set** 準備万端

6日目

リスニング①対話型・パッセージ型

No.8 解答 2. He will extract samples from the dog.

スクリプト　track 8

☆Jane: Good morning, Doctor Ferguson. I've brought my Oscar today because I found some blood in his urine last night. I hope it's nothing serious.

★: Let's do a blood test. It could be an infection of the urinary tract, or it could be something to do with the liver, but <u>we need to check first</u>. If it is to do with the liver, the best bet is Dr Roberts. <u>Would you like to give your pooch a blood test?</u>

☆: You mean Dr Roberts down the street?

★: Yes, that's right.

☆: I've heard he is a sought-after vet, so Oscar will be on the waiting list. <u>I want to see the results as soon as possible.</u>

★: <u>All right then, I'll get your pup ready and we will have the results in a couple of days.</u>

Question: What will the man do next?

訳　☆ファーガソン先生おはようございます。今日は私のオスカーを連れてきました。昨晩彼の尿に血が混じっているのを見つけたものですから。なんともないことを望みますが。

★血液検査をしましょう。尿路感染症か肝臓疾患の可能性があります、が、まず検査が必要です。もし肝臓と関係がある場合はロバート先生に見てもらうのが最良の策です。ワンちゃんに血液検査を希望されますか？

☆ロバート先生って、この先の？

★はい、そのとおりです。

☆引く手あまたの獣医と聞きました。ですから、オスカーは順番待ちになるそうです。できるだけ早く結果を知りたいのですが。

★承知しました。ワンちゃんの（血液検査の）準備をしましょう、結果は2〜3日で出るでしょう。

質問）男性は次に何をするか。

選択肢の訳　1. ロバート先生に連絡する。

2. 犬からサンプルを採取する。

3. 猫のテストをする。

4. 2日後に子犬を診る。

☞「まず検査が必要だが、肝臓だったらロバート先生に診てもらうのが一番良い。

170

血液検査をするか？」という男性の発言に対し、「ロバート先生は待たされる。すぐに結果がほしい」という女性の発言を受けて、「子犬に（検査の）準備をします。2，3 日で結果が出ますよ」という男性の発言のやりとりを**サマリー**し、give your pooch a blood test を extract samples from the dog で**言い換えた 2 が正解**。この問題を難しくしているのは、ロバート先生情報を**挿入**することで、話の流れが複雑になっている点だが、1 はそこを突いた誤答。3 は対話で使われた pooch（《略式》犬）や pup（puppy［子犬］の短縮語）の意味がわからないと、選んでしまう可能性がある、単語力を試す誤答。4 は「すぐに結果を見たい」と言っているので不可。

サマリー型 & 言い換え型 （★★★）

> **無関係な内容の挿入に惑わされず、重要ポイントを瞬時に聞き分けよ！**

語注

- □ **urine** 尿　□ **an infection of the urinary tract** 尿路の感染
- □ **the liver** 肝臓　□ **the best bet** 最善の策　□ **pooch** 犬
- □ **a sought-after vet** 引く手あまたの獣医　□ **pup** 子犬

6 日目 リスニング① 対話型・パッセージ型

No. 9 **解答** 3. He is dreaming of becoming a movie director.

 🎤 スクリプト

☆: Bob, have you made up your mind what you are going to study at college? There's only one year left to choose, and depending on your career objectives, there may be courses you need to take in your last year.

★: Well, <u>I was thinking about something like literature or film study. I haven't quite figured out what I want to do after college, so I thought something general would be better to keep my options open.</u>

☆: Don't you think it would be better to acquire some specific skills? How about subjects that would directly lead to professions, like computer science or business administration? You need to start early in these fields to get ahead, you know.

★: Oh, that's not true. Uncle Simon is a computer scientist, but he told me he had

171

majored in literature as an undergraduate. You don't have to specialize early to be successful. <u>I told you, I want to broaden my career options at this moment.</u>

☆: Simon was a whizz-kid and was outstanding at high school and college, too. You are not in the same league.

★: All right, I guess I could do better. But science or business is not my cup of tea. I just can't get my head around those subjects. And I don't think I have an aptitude for computer science or business.

☆: So then <u>what do you have in mind for after college?</u>

★: I told you, <u>I haven't decided yet. I could be a world-famous film director like Steven Spielberg and become super rich.</u>

☆: Oh, get a grip on yourself, Bob. You're just chasing rainbows. You should get your feet on the ground. O.K., anyway, it's your life, do what you think is best.

★: Mom, what I'm actually thinking of is taking a gap year.

☆: For that, you're going to need Dad's approval.

Question: What do we learn about the man?

....

訳 ☆ボブ、大学で何を勉強するか決心はついた？選ぶのに1年しか残ってないのよ。あなたが何をしたいかによって最終年に取るべきコースが決まってくるでしょう。

★僕は文学か映画学なんかを考えていたんだよ。大学卒業後何をしたいかはっきりわからないんだ。だから、選択肢を広げておくために、何か一般的なものがいいんじゃないかと思ったんだ。

☆何か具体的な技能を習得した方が良いとは思わない？コンピューター・サイエンスや経営管理のように直接仕事に結びつくような科目はどうなの？出世するためにはこれらの分野で早めに始動しなければいけませんよ。

★いや、そんなことはないよ。サイモンおじさんはコンピューターサイエンティストだけど、学部生の時は文学を専攻したと言っていたよ。成功するためには、早く専攻を決める必要はないよ。言ったでしょう、今は選択肢を広げておきたいんだ。

☆サイモンは神童だったし、高校や大学では傑出していたわ。同じことをあなたにも言えるとは思えないわ。

★そうだね、向上の余地はある。でも科学やビジネスは得意じゃないんだ。そういう科目は理解ができないんだ。そして、僕はコンピュータサイエンスやビジネスには向いていないと思うよ。

☆じゃ、大学卒業後何をするつもり？

★言ったじゃない、まだ決めていないって。僕はスティーブン・スピルバーグのような世界的

に有名な映画監督になって、超お金持ちになるんだ。

☆ちょっと夢みたいなことばかり言って！ 目を覚まして足を地につけなさい。まあ、あなたの人生なんだからやりたいようにやったらいいけどね。

★お母さん、僕が本当に考えていることはギャップイヤーを取ることだよ。

☆それだったらお父さんの許可が必要ね。

質問）男性について何がわかるか。

選択肢の訳 1. おじさんの例にならいたい。
2. 俳優になって大金を得ることを夢見ている。
3. 映画監督になることを夢見ている。
4. 映画監督の才能がある。

☞大学で専攻の希望を聞かれて、「文学か映画学を考えているが、はっきりと決めていない」「専攻は general にして、選択肢を広げておきたい」「世界的な映画監督になって大金持ちになる」と発言している。以上の発言を**サマリー**した **3. He is dreaming of becoming a movie director.** が正解。1 は枝葉の情報でポイントではないので不可。2 は俳優ではなく、「映画監督」になってと言っているので誤答。4 は言及されていない。

サマリー型 （★★）

重要ポイントを瞬時に聞き分け、サマリーせよ！

語注
□ **undergraduate** 学部生 　　□ **whizz-kid** 神童
□ **be not in the same league** 格が違う
□ **be not my cup of tea** 私の性に合わない
□ **can't get my head around 〜** 〜を理解できない
□ **get a grip on yourself** しっかりする
□ **gap year** 〈英〉ギャップ・イヤー（高卒後、大学入学資格を保持したまま 1 年間遊学することができる制度）

No. 10 解答 4. It may not address customers' needs.

 ♪スクリプト

★: Our business is growing and we will soon need a new factory to increase our production capacity. I'm thinking of building a new facility next to our current unit. What do you think, Jill?

☆: I have another idea. Why not build a new facility near Radley? We ship our products by air, so if we had a production unit there, <u>we could cut at least one day off our delivery time.</u> That would put us one step ahead.

★★: But it's difficult to acquire land near Radley and we would need special approval from the local government, which might take more than six months. We need the new facility in nine months.

☆: That might be true, but shortening our delivery time by a day would really boost our sales. For example, we could have won that contract with Thompson, you know.

★: <u>Suppose we go with Radley, could we temporally ramp up production at our current site to meet excess demand until the Radley facility comes on line?</u>

★★: That depends on how much we need to cover, but I guess we could do that for up to nine months. That would give us leeway to get all the paperwork done for government approval.

☆: Or assuming that we go for building a new factory next to our current one, is there enough space?

★★: Yes. We could build there to meet demand for the next five years, according to our current projections.

★: But we might be missing a golden opportunity to expand our business even faster.

★★: <u>I'm not fully convinced that a compressed lead time is going to secure all this new business. Thompson may have been an exception. All our other customers are happy with our present turn-around time.</u>

★: OK, then, let's do an analysis and evaluate the amount of new business to be gained by a shorter lead time. I also want a **cost estimate** for acquiring land near Radley.

Question: What is one concern about the woman's proposal?

 ★私たちのビジネスは伸びています、間もなく生産能力を増やすために新工場が必要になるでしょう。新しい施設を現在の施設の隣に建てることを考えているのですが、ジルはどう思いますか？

☆私の考えは違います。新しい施設をラドリの近くに建てるのはどうですか？ 製品を飛行機で運ぶのですから、生産拠点がそこにあれば、納期を少なくとも1日は短縮できるでしょう。一歩前進になるでしょう。

★★しかし、ラドリの近くの土地は入手困難です。現地政府の特別許可が必要で、6か月以上かかるかもしれません。新施設は9か月以内に必要です。

☆それはそうかもしれません。が、納期を一日短縮できれば間違いなくビジネスは伸びるでしょう。例えば、トンプソン社との契約も勝ち取ることができたでしょう。

★ラドリ案で行くとして、ラドリの施設が稼働するまで、過剰の需要を満たすために現施設での生産を一時的に増やすことはできるでしょうか？

★★それは、私たちがどれだけ生産できるかによりますが私は9か月まで対処できると思います。それであれば、政府の許可を得るためのすべての書類作りを終える余裕をもたらしてくれるでしょう。

☆もしくは、もし新工場を既存工場の隣に建てると仮定した場合、十分なスペースはあるのでしょうか？

★★はい。私たちの最近の予測によれば、向こう5年間の需要に見合う工場を建てるスペースがあります。

★しかし、私たちのビジネスをもっと早く拡大する絶好のチャンスを逃すかもしれません。

★★発注から納品までの期間（リードタイム）を短くすることでこの新しいビジネスすべてを獲得できるかどうか、私は充分に確信を持てません。トンプソン社は例外だったかもしれません。他の顧客はすべて私たちの現在の受注から発送までにかかる時間に満足しています。

★OK それじゃ分析しましょう。リードタイムを短縮することによって得られる新しいビジネスの額を見積もりましょう。私はラドリの近くの土地を取得するためのコストも見積もりたいと思います。

質問）女性の提案についての懸念は何か。

 1. 現在の施設での生産を増やすことができない。

2. 役所の許可が下りないだろう。

3. コストが高すぎる。

4. 顧客のニーズに対応しないかもしれない。

175

☞新工場を建てる立地についての議論。男性１は「現工場の隣」を押しているのに対し、女性は「納期を１日短縮できるラドリ」を押しており、男性２は「ラドリは土地入手が困難で、政府の建設許可が下りるのを半年以上待つというデメリットがある。納期短縮はメリットではあるが、リードタイムが短くなってもビジネスを安定できるかはわからないし、トンプソン社以外の顧客は現在の受注から発送までにかかる時間（ターンアラウンド）にみな満足している」との発言を**サマリーして言い換える**と、**4. It may not address customers' needs.** が正解となる。１は、９か月で生産増量できると言っているので誤答。２は「政府の許可が下りるには時間がかかる」とはあったが、許可が下りないとは言っていないので誤答。３のコストに関する言及はなく不可。

一般化・サマリー型 & 言い換え型 （★★★）

概念化メモを取って、話の流れに乗ることが重要！

登場人物が３人でロングの対話は情報が錯綜するので、ポイントを取りに行く聞き方が必要。概念化メモを残しておくと、流れを忘れにくい。

ビジネスに頻出の用語もマスターせよ！

たとえば、lead time や turn-around などは現場ではよく使う表現である。

語注

□ **ramp up production**　生産を増やす

□ **give 人 leeway to do**　〜する自由を与える

□ **lead time**　リードタイム（製品の企画から生産開始までの時間（商品の発注から納品までの時間）

□ **turn-around**　〔注文業務の〕ターンアラウンド（受注から発送までの行程にかかる時間）

□ **a cost estimate**　経費の見積もり

以上でパート１のトレーニングは終了です。攻略法の骨子をつかんでいただけたたてしょうか？ではパート２　パッセージ型リスニングへまいりましょう！

パッセージ型リスニング問題を大解剖！

　英検1級の Part 2　パッセージ型問題が苦手な人は受験生の中でも多いですが、それだけその「攻略法」を会得することが重要となってきます。内容は、次ページのように、文系、理系の幅広い内容から出題されています。そして、**180 語〜 200 語**程度のパッセージが約 140wpm の速さ、つまり1分20秒くらいで読まれ、質問の答えに相当する選択肢を選び、問題は全部で5パッセージの計10問あります。パッセージはほとんどが2段落の構成で、1段落につき1問ずつ出題されることが多いです。

　パッセージは 200 語あり、情報が詰まっており、全部を記憶することはできないので、高得点を狙うには、選択肢を先に読んで問題を予測し、できるだけ絞り込んで聞くことが必要です。そのためには、語彙、読解、ライティング問題を速く解いて、選択肢先読みに時間を 10 分余らせる必要があります。もっとも、聞きながらポイントをメモ取りできたり、記憶できたりする人は別ですが。平均的な問題の場合、1問目のアンサーパートは大体 20 秒、2問目のアンサーパートは大体 60 秒くらいのところに読まれることが多いということも知っていると有利です。解答がわからない場合は、素早くマークして次の問題に気持ちを切り替えることも試験では大切です。

高得点をゲットするには、選択肢先読みのテクニックが必須！

　放送を聞きながら選択肢を読むことはむずかしいので、選択肢の先読みが非常に重要となってきます。ただ、選択肢を漫然と読むのではなく、次のような点に気を付けて読む必要があります。

１．共通項目を探せ！

２．コントラストを見抜け！

３．カテゴリーに分類せよ！

４．Sound Confusion を用いたディストラクター（誤答）に気をつけよ！

　1は「共通のキーワード」が入っていたり、「共通の主語」が入ったりしている場合です。すべてが「乗り越えるべき障害」などの共通項目があれば、それが問題である可能性が高いので、そこを必ずキャッチする必要があります。また、2のコントラストがあった場合も、問題である可能性が高いので、そこを注意して聞きましょう。それから、選択肢を読むときは、共通項目のカテゴリー（たとえば、「問題点」「理由」「悪い結果」「打開策」「メリット」など）をメモしておきましょう。最後に、英検も

TOEIC のリスニングと同じように、紛らわしい解答を、本文の英語を用いて作ることが多いので、そのトリックにはまらないようにしましょう。

では、パッセージ型リスニング問題の内容を詳しく確認していきましょう。最近の英検で出題されたパッセージ型リスニング問題に関して、頻出トピック、質問パターン、正答パターンの分析をした結果は次のようになります。

トピックは「生物・環境問題」、「歴史・地理」に関するものが頻出！

トピックは文系・理系を問わずさまざまなものが出題されていますが、理系の方が多く、特に**「生物（動植物・医学）とエコロジー」**が、文系では、**「歴史・地理」**が頻出となっています。

「生物・エコロジー」では恐竜、昆虫、動物の移動のメカニズム、人類の進化、アルツハイマー、バクテリア、マラリア、ホメオパシー、**「環境」**では、気候変動、生息動物の変化、生態系のバランス、太陽エネルギー、火山、食糧問題などのトピックが出題されています。

「歴史・地理」では、ルネッサンス、石器時代、映画の歴史、遺跡、歴史上の人物などが出題されています。

この他、**「テクノロジー」**では、スペースサイエンス、ドローン、自動運転車、航空機などが、**「社会問題」**では、貧困対策、対外援助、刑務所制度、移民労働者、**「政治・ビジネス」**ではフェアトレード、選挙年齢、マイクロクレジット、農業の未来などが出題されています。

このように多岐に渡るトピックに対処するには、『英語で説明する科学技術』や『英語で説明する人文科学』で知識を身につけたり、CNN Express を精聴したり、アプリで配信されるさまざまな文系理系の番組を、細切れ時間を利用し、定期的に聞くことによって「リスニング基礎体力」を鍛える必要があります。それと同時に、攻略法を学び、問題対策トレーニングを行うことも重要です。

パッセージ型リスニング問題の質問パターンはこれだ！

質問パターンでは、よく出題されるものを頻度順に述べると、「意見・コメント」「原因・結果」「発見内容」「特徴・利点・相違点」「方法・手段」「義務・必要条件」などがあります。

①「意見（コメント，信念，感想，提案，主張）(opinion)」に関する質問パターン

What is one argument that proponents of 〜 make? （賛成派の主張を問う）

What does the speaker say [believe] about 〜?

What does the speaker believe about 〜?

What is one thing the speaker says is happening?

What was the speaker considering 〜?

　最もよく出題される「意見」や「コメント（say about 〜）」「信念（believe about 〜）」「考え（think of 〜）」「感想（feel about 〜）」「提案（suggest about 〜）」「主張（claim 〜）」は、パッセージを聞く最大のポイントです！

②「原因・結果（cause and effect)」に関する質問パターン

Why 〜?

What was the underlying cause of 〜?

What is one reason 〜?

What makes women more sensitive to 〜?

これも頻出の質問パターンです。パッセージを聞くときは、「原因→結果」を常に意識しましょう！

③「発見内容（findings)」に関する質問パターン

What is one thing we learn about . . . ?

What do we learn [know] about 〜?

What has been known by 〜?

What do the incidents show?

What does research [the recent discovery] on 〜 suggest [reveal about] ?

What did they discover?

これもよく出題されます。「発見内容」のパターンでは，「昔はこうだったが、今回の発見でこう変わった」，という対比を意識して聞く必要があります。その目印となるのが，nowadays, now, today など【現在】を表す表現で，これが聞こえたらanswer part と思ってください。また、「最上級」や「前代未聞」や「疑いもなく」といった表現が出てきたら、答えてあることが非常に多いので、注意して聞くことが得点 UP のポイントです！

以上 3 つの質問パターンは、Part 2 リスニング問題の大半を占めており、これらに対応するためには、日頃からスピーカーの主張、因果関係、発見内容（findings）について要約メモを取ったり、頭の中で要約をしながら聞く習慣をつけておくとよいでしょう。

また、その他の質問パターンとしては、以下がよく出題されます。

【問題点，懸念事項】What is one concern [problem] regarding…?

【相違点】What will be different about 〜 ?

【重要な特徴】What is an important feature of 〜 ?

【焦点】What is the focus of 〜 ?

【利点】What is one advantage of A over B?

【方法】What is the most frequent way of 〜 ?

Which method was used to measure 〜 ?

What is the best way to combat allergies?

【義務・必要条件】What is one important factor for 〜 to succeed? /

What qualified 〜 for the work she did?

これらもよく問われる質問なので，意識してリスニングに取り組みましょう。

パッセージ型リスニングの「正答パターン」は「一般化・サマリー型」が最多！

Part 2 でも正答パターンには**「一般化・サマリー型」「類語言い換え型」「行間読み型」**の 3 つがあり、これで全体の 90％以上をカバーしています。そのうち、約半分の正答は**「一般化・サマリー型」**が占めます。具体的な事物を概念化しただけの初級レベルのものから、読解問題でも十分通用するような上級レベルまで様々ですが、放送を聴きながら、瞬時に概念化・サマリーをする訓練をしておくと、リスニング問題で高得点が取れるだけでなく、発信力もグーンと高まります。では、それぞれの例を見てみましょう。

「一般化・サマリー型」パターン

☐ They suggest water shortage would have aggravated social and political tensions, hastening their fall.

「水不足が社会的政治的緊張を悪化させ、没落を早めたと彼らは考えている」

正解はこうなる →**It worsened existing social problems.**（現在ある社会問題を悪化させた）

☞内容を一般化・サマリーしている

☐ But men are inclined to get irritable and stir up more strife with others.

「男性はいら立ちやすく、他人と衝突しやすい」

正解はこうなる →**They display greater aggression toward people.**
（彼らはもっと他人に敵意を表す）

☞内容を一般化している

「類語・言い換え型」パターン

「類語言い換え型」もパッセージリスニング問題では多く、そのパターンは無限にあり、他のタイプと複合して難問を作ります。

☐ It was believed that parents considered them rather as possessions or a source of labor.

「親たちは彼らをむしろ所有物や労働力と見なしていたと思われていた」

正解はこうなる →**They were viewed as property.**（彼らは所有物と見られていた）

☞possessions → property に、considered → viewed に言い換えている

☐ Over half remained loyal during the mutiny.

　「半分以上が反乱の間にも忠実だった」

正解は
こうなる →**He had the support of the majority of his crew.**

　　（彼には仲間の多くのサポートがあった）

☞remained loyal → had the support of に、over half → the majority of his crew に言い換えている

「行間読み型」パターン

　「行間読み取り型」の問題比率はパート2では2割以下と少ないですが、高度な問題が多く、このタイプのほとんどすべてが難問となっています。大学入試のセンター試験の英文読解問題レベルとも言える問題を多く含んでおり、そのような高度な内容を聞きながら瞬時に判断しなければならないので、最もチャレンジングな問題と言えます。

☐ They had unbearable stress because of the pressure to make huge loan repayments.

　「彼らは巨額のローン返済をしないといけないプレッシャーのせいで、耐え難いストレスを抱えていた。」

正解は
こうなる →**The financial situation for many has become worse.**

　　（多くの人にとって経済状態が悪化した）

☞行間を読んで正解を導き出す

> パート2対策は、問題パターンを知り、選択肢先読みによって、問題を予測しよう！

　さて今度は難問にチャレンジしながら、攻略法を習得していただきましょう。トレーニング用に実際の問題より速めに話されていますが頑張ってまいりましょう！

パッセージ型リスニング模擬問題にチャレンジ！

(A)

track
11

No. 1

1. The risk of excessive exercise is unfound.

2. It has a lower risk of heart disease than expected.

3. There is no difference between excessive and moderate exercise.

4. The risk of excessive exercise remains to be seen.

No. 2

1. No exercise is less harmful than intense exercise.

2. No exercise is more harmful than intense or moderate exercise.

3. Moderate exercise is less harmful than intense or no exercise.

4. Moderate exercise is very beneficial, unlike intense exercise.

(B)

track
12

No.3

1. There may be water on its surface.

2. It is in close proximity to the sun.

3. There may be air on the planet.

4. It may be shielded from fallout from its sun.

No.4

1. They may find methane or oxygen.

2. They may be unable to predict the location of the planet.

3. They may be unable to measure light accurately.

4. They may be unable to detect how the planet moves.

(C)

No. 5

1. Many members did not show symptoms until they were old.
2. Many members were susceptible to Alzheimer's disease.
3. Many members had numerous gene mutations.
4. One family member recovered from Alzheimer's.

No.6

1. It would work by increasing proteins in the brain.
2. It would work by inducing mutations in genes.
3. It would work by preventing tau protein from functioning.
4. It would work by synthesizing compounds.

(D)

No.7

1. The agile movement of a bird
2. A bird beak optimized to catch fish
3. The air resistance in a tunnel
4. The differences between air and water

No.8

1. Its robotic tentacles.
2. Its circular suckers.
3. The skin's chameleonic features.
4. Its skin's similarity to other substances.

(E)

No.9

1. Fish living in coral reefs do not eat coral.

2. The clownfish consumes anemones as a source of nourishment.

3. Some fish eat only what grows on coral reefs.

4. Some fish promote the growth of algae.

No.10

1. They set up loudspeakers that played music.

2. They set up loudspeakers that played reef sounds as loudly as possible.

3. They reduced the number of species of fish.

4. They recreated the audio environment of a fit reef .

(F)

No.11

1. It was called on by the Pope.

2. People from all over Europe participated.

3. It laid siege to Christian communities.

4. It used naval transport.

No.12

1. They reached Egypt.

2. They paid the Venetians for their ships.

3. They retrieved Jerusalem.

4. They satisfied the Pope.

6日目

リスニング①対話型・パッセージ型

(G)

No.13

1. Equality never fails to treat people fairly.

2. Equality attempts to find intrinsic difference in value.

3. Fairness results from the same treatment people receive.

4. Fairness treats people in an order-made manner.

No.14

1. Formal equality generates fairness by correcting the law of the jungle.

2. Formal equality generates fairness by adjusting to individual situations.

3. Substantive equality attempts to equalize society by dealing with different circumstances.

4. Substantive equality generates fairness by providing equal treatment.

(H)

No.15

1. The abolition of slavery

2. Limited job opportunities

3. The breakup of a military band after the Civil War

4. Their talent for singing and playing musical instruments.

No.16

1. The closure of numerous illegal bars

2. The increased desire to go to bars with atmosphere

3. The government imposed a ban on drinking

4. The spread of the radio and the creation of the gramophone

パッセージ型リスニング模擬問題解答・解説

スクリプト

(A)The Benefits of Exercise

Exercise is known to have many health benefits including reducing cholesterol levels and blood pressure, strengthening bones and muscles, and increasing the sense of happiness. As the benefits of a workout exceed those of any medication, scientists are searching for drugs that would simulate the effects of exercise. But, just like drugs, could the dose of exercise make the medicine?

A recent study reported that a higher risk of cardiac damage from intensive and immoderate running was similar to that resulting from not running at all. ①However, other researchers have found no correlation between excessive physical training and increased mortality risk. One study investigated a group of people doing 35 hours of weekly workouts, which is 14 times the amount of exercise recommended by the American Heart Association. But the researchers found no heart-related deaths in this 10-year study, nor any statistically significant difference from a group of moderate exercisers. Both moderate and excessive runners showed similar benefits over non-runners.

So, what should we do? A recent WHO research report warns that more than one quarter of the world's population is not physically active enough to maintain their health, while pointing out the tremendous benefits of moderate exercise. But the verdict on excessive exercise is still out. ②Following the old adage, moderation in all things, seems the wisest course to take.

(220 words)

Questions:

No.1 What does research on the risks of excessive exercise show?
No.2 What is the speaker's conclusion on the benefits of exercise?

運動の利点

運動はコレステロール値や血圧を下げ、骨や筋力を強化し、幸福感を高めるなど多くの健康効果があることが知られている。運動の利点はあらゆる薬物治療の利点に勝っているので、科学者は運動の効果を擬似的に作り出す薬を探し求めている。しかし、薬と同様、運動の量が薬効を決めるのだろうか。

187

最近の研究で、集中的かつ過度なランニングによる心臓障害のリスクは全く走らないために起きた障害と同じくらい高いと報告された。しかし、他の研究者は過度の身体的訓練と死亡リスク増大に相互関係がないと指摘した。そのような研究の一つは、アメリカ心臓協会に推奨されている運動量の 14 倍の週 35 時間トレーニングをしている人々の集団を調査した。しかし、研究者はここ 10 年間の研究で心臓に関連した死亡事例を確認しておらず、また適度な運動を行っているグループと比べて統計上の著しい相違点も発見することができなかった。適度及び過度のランナー共に、走らない人よりよく似た成果を示した。

　そういうわけで、私たちは何をすべきか。最近の世界保健機関の研究レポートは世界の人口の 4 分の 1 以上が健康を維持するために体をよく動かしていないと警告する一方で、適度な運動の多大な利点を指摘している。しかし、過度に運動をすることに関してはまだ未解決である。"万事に中庸を" という古い格言に従うことは最も賢明な方針であるように思える。

No.1 解答 1. The risk of excessive exercise is unfounded.
質問）過度に運動することのリスクについての研究では何が分かっているか？

選択肢の訳　1. 過度な運動の危険性は根拠がない。

　　　　　　2. 予想よりも心臓障害のリスクが低い。

　　　　　　3. 過度な運動と適度な運動の差はない。

　　　　　　4. 過度な運動の危険性はまだわかっていない。

☞これは**研究の発見内容を問うパターン**です。選択肢 1, 2, 4 の共通項目から、"risk" に関する質問であることがわかる。そこでその点にフォーカスして聞き、第 2 パラグラフで過度の運動が「心臓障害のリスクの可能性がある」、しかし「死亡リスク増大に相互関係がない」、さらに「統計上の著しい相違点も発見することができない」と順に述べられているので、**1 が正解**。4 は、第 3 パラグラフで述べられているが、筆者の意見であり、研究結果ではないので不正解。　　一般化・サマリー型 （★★★）

No.2 解答 4. Moderate exercise is very beneficial, unlike intense exercise.
質問）話者の結論では運動の利点は何か？

選択肢の訳　1. 運動をしないことは集中的な運動をすることよりもリスクが少ない。

　　　　　　2. 運動をしないことは集中的及び適度な運動をすることよりも害がある。

　　　　　　3. 適度な運動をすることは集中的な運動をすることや運動をしないことよりも害が少ない。

　　　　　　4. 適度な運動は集中的な運動とは異なり、とても利点がある。

☞話者の**意見などに関する質問パターン**です。選択肢を読むと、「運動をしないこと」「適度な運動」「過度な運動」について harmful, beneficial と言及しており、それらとの「比較」に関する問題であることがわかるので、注意して放送を聞きましょう。質問は conclusion を聞いているので、第 3 パラグラフの「"万事に中庸を"という古い格言に従うことは最も賢明な方針であるように思える」を言い換えた **4 が正解**。その他は質問とは関係ないので「切り捨てする」ように！

行間型・類語言い換え型 （★★）

◎研究内容なのか、話者の意見なのかを注意して聞く！

語注

□ **cardiac damage**　心臓障害
□ **correlation between A and B**　A と B の相関関係
□ **tremendous benefits**　多大な利点

(B)Probes to Proxima Centauri

In 2016 astronomers announced the discovery of Proxima b, an Earth size planet circling Proxima Centauri, that lies 4.2 light years away from our sun. Although the planet is just the right distance from its sun to enable the existence of liquid water on its surface, it is bombarded by a hundred times more radiation from Proxima Centauri than Earth is from the sun. This precludes the possibility of the existence of life existing on the surface, but ③the possibility of some kinds of protective layer of air raises the prospect that Proxima b may be a planet viable for life.

How will researchers verify the existence of such an atmosphere? Scientists know that atoms and molecules absorb specific wavelengths of light. Therefore, by analyzing subtle differences in light that has passed close to the planet, they can determine the constitution of a planet's atmosphere. The discovery of methane or oxygen would strongly support the existence of life. ④The prerequisite for this method to be applied is that the planet falls in line between its sun and Earth, so that light from Proxima Centauri that has travelled near the planet can be measured.

Astronomers are carefully observing the movement of Proxima b, but the complex orbit of the planet is making it difficult to foresee when such an opportunity will arrive.

(208 words)

Questions:

No.3 Why do astronomers think there may be life on Proxima b?

No.4 What is the one issue that concerns researchers?

 訳

プロキシマ・ケンタウリ探査機

2016 年に天文学者たちは、プロキシマ・ケンタウリを回っている地球と同サイズの惑星で太陽から 4.2 光年に位置するプロキシマ b の発見を発表した。その惑星はプロキシマ・ケンタウリからまさに最適な距離にあり、それゆえ表面に液体状の水が存在することを可能としているが、地球が太陽から受けているのより 100 倍強い放射線にプロキシマ・ケンタウリから晒されている。これが生命の存在を不可能としているが、大気の保護層が存在する可能性があり、プロキシマ b が生存可能な惑星となる見込みを提起している。

どのようにして研究者はそのような大気の存在を証明するのであろうか。科学者たちは、原子と分子が特定の光の波長を吸収するということを理解している。従って、惑星の近くを通る光の微妙な違いを分析することによって、科学者は惑星の大気の構造を特定することができる。メタンや酸素の発見は生命の存在を強く裏付けるだろう。この方法が適用されるための必要条件は、惑星の近くを伝わるプロキシマ・ケンタウリからの光を測定することができるように、惑星がプロキシマ・ケンタウリと地球の間に並ぶことである。天文学者たちは注意深くプロキシマ b の動きを観察しているが、惑星の軌道が複雑であるためそのような機会がいつ到来するかを予想することが困難となっている。

No.3 **解答** 4. It may be shielded from fallout from its sun.

質問）天文学者はなぜプロキシマ b に生命が存在するかもしれないと思ったのか？

選択肢の訳 1. その表面には水があるかもしれない。

2. 太陽のすぐそばにある。

3. その惑星には大気があるかもしれない。

4. その太陽の放射性降下物から保護されているかもしれない。

これは研究者の**考えの根拠**、つまり**原因に関する質問パターン**です。選択肢から何からの「特徴」で、かつ 1、3、4 から「可能性」であることが見抜ければ、この

超難問にも対処できるでしょう。1は第1パラグラフで水は存在するが放射線に晒されており生命の存在を不可能としていると言及しているので不正解。2は言及なしなので不正解。3は大気が存在するか否かをまだ証明できていないので不正解。4は第1パラグラフの最後に「大気を保護する可能性があるということはプロキシマbが生存可能な惑星となる見込みを高めている」と述べているので **4が正解。**the prospect that Proxima b may be a planet viable for life を質問文では there may be life と言い換えた表現になっている。 類語・言い換え型 (★★★)

No.4 解答 2. They may be unable to predict the location of the planet.
質問）研究者が懸念していることは何か

選択肢の訳 1. メタンや酸素が見つかるかもしれない。

2. その惑星の場所を予言できないかもしれない。

3. 光を正確に測定しないかもしれない。

4. その惑星がどのように動くかがわからないかもしれない。

☞これは問題点・**懸念事項を問うパターン**です。これも超難問ですが、2, 3, 4の選択肢から「何がわからないか」を見抜けると、「複雑な軌道のために<u>位置</u>がわかりにくい」とあるので2が正解であるとわかります。1は第2パラグラフでメタンや酸素の発見は生命の存在を強く裏付けると述べているが、懸念事項ではないので不正解。4は正解のようにも見えるトリッキーな選択肢で、研究者が懸念していることは惑星の動きが分からないことではなく、光の分析をするために惑星がその太陽と地球の間に並ぶときを予測できないことであるので不正解。 類語・言い換え型 (★★★)

> ◎共通項目を見抜き、問題を予測する！

語注
□ **sun** 恒星（惑星に対して、その中心となる）
□ **be bombarded by** 〜に攻められる→ここでは晒される
□ **viable** 生存可能な   □ **molecule** 分子
□ **methane** メタン   □ **the prerequisite for** 〜のための必要条件
□ **falls in line** 一列に並ぶ

(C)A New Approach to Alzheimer's Disease

Alzheimer's disease leads to the gradual loss of mental capabilities, and ultimately to death. Currently, there is no cure, but a recent study suggests a new approach to slow down or stop the progression of the condition.

Researchers investigated a large family, ⑤<u>many members of which were affected by a gene mutation known to be related to Alzheimer's.</u> People with this mutation usually present symptoms in middle age. However, one individual who shared this mutation did not show any symptoms until well into her 70s. This person had an additional mutation which the researchers suspected had protected her from the early onset of the disease. They also found that relatively smaller amounts of a protein called tau were found in this patient's brain, in comparison to in those of the other patients in the family. This additional mutation, when induced in animals, resulted in less of this protein being produced in the brain, thus suggesting a relationship between the mutation and the synthesis of the protein.

⑥<u>These observations open up the intriguing possibility of manipulating the expression of, or inhibiting the activity of, tau protein in addressing Alzheimer's.</u> If this could be achieved with a synthesized compound, that would indeed be a welcome breakthrough in the treatment of dementia.

(206 words)

Questions:

No.5 What is true about the family in this study?

No.6 How could the new therapy work?

....

訳

アルツハイマー病治療に対する新しい手法

アルツハイマー病は、知力を徐々に失わせ、最終的に死に至る。現在治療法はないが、新しい手法によってこの病気の進展を遅らせたり止めたりすることを最近の研究は示唆する。

研究者は、多くが、アルツハイマーに関連していると知られている遺伝子突然変異に冒されていたある大家族を調査した。この突然変異を持つ人々は通常中年で症状が出る。しかしながら、この変異をもったある人は70歳代になるまでそのような症状が出なかった。この人は別の突然変異を持っていたが、研究者たちはこの変異が彼女を早期の病気発生から守ったのではないかと見ている。また研究者たちは、"tau" と呼ばれるタンパク質が他の患者とは対照的にこの患者の脳では比較的少ない量しか見つからなかったとしている。このもうひとつの突然変異は、モデル動物に誘発した際、

その動物の脳内であまりタンパク質が生成されない結果となり、それゆえ突然変異とタンパク質の合成との関連性があることを示唆した。

　これらの観測結果は、アルツハイマー病に取り組むための "tau" タンパク質の発現操作、あるいは抑制といった魅力的な可能性の道を切り開く。もしこれが合成化合物で達成されるとすると、認知症の治療における本当にありがたい重大な発見となる。

No.5 解答 **2. Many members were susceptible to Alzheimer's disease.**

質問）この研究の家族について正しく記しているものはどれか？

選択肢の訳 1. 年をとるまでその症状が現れなかった人が多かった。

2. アルツハイマーにかかりやすい人が多かった。

3. 遺伝子の突然変異がたくさん見られた人が多かった。

4. ある一人がアルツハイマーから回復した。

☞これは**発見内容に関する質問パターン**です。選択肢から many members の「症状」に関する問題であることがわかるのでフォーカスして聞くと、下線部⑤を言いかえた 2 が正解であることがすぐにわかります。**were affected by →　were susceptible to** と、**a gene mutation known to be related to Alzheimer's →　Alzheimer's disease** と言い換えている。3 は紛らわしいが、たくさんの突然変異が起きる訳ではないので不正解、4 は言及がないので不正解。　　　　　　　　　[類語・言い換え型]（★）

No.6 解答 **3. It would work by preventing tau protein from functioning.**

質問）この新しい治療法はどのように作用する可能性があるのか？

選択肢の訳 1. 脳内でタンパク質を増加させることで効果がある。

2. 遺伝子内で突然変異を誘発させることで効果がある 。

3. Tau タンパク質を機能させなくすることで効果がある。

4. 化合物を合成させることで効果がある。

☞選択肢が全て It would work by 〜 ing の形であり、by 以下が問題になっているので何かが work する**メカニズム・方法を問うパターン**です。第 2 パラグラフではタンパク質合成の抑制が必要だと言及されているが 1 はその正反対の内容なので不正解。突然変異は治療ではなく症状のためではないので 2 は不正解。第 3 パラグラフに inhibiting the activity of tau protein in addressing Alzheimer's. とあり、「tau タンパク質の活動を抑制することてアルツハイマー病に取り組む」の内容と一致するので**3 が正解**。　　　　　　　　　[行間読み型]（★★）

◎選択肢の先読みで「メカニズム」に関する問題を予測！

語注

□ **progression of the condition**　症状の進展
□ **mutation**　突然変異　　　　□ **present symptoms**　症状が出る
□ **the onset of the disease**　その病気の発生
□ **synthesis of the protein**　そのタンパク質の合成
□ **an intriguing possibility**　魅力的な可能性　□ **inhibit the activity**　その活動の抑制
□ **compound**　化合物　　　　□ **a welcome breakthrough**　有難い

(D)Biomimicry

Nature is a fertile source of inspiration for engineers in their quest for innovation. It is no coincidence, for example, that the front of the Japanese bullet train resembles an avian beak. The engineers needed a design to minimize the air resistance a train faces when it enters a tunnel at high speed, when the train transitions from low air resistance to high air resistance. ⑦One engineer, who was an avid birdwatcher, noted how smoothly Kingfishers moved from air into water to catch fish, and hit upon the idea of shaping the bullet train in the image of their streamlined beaks. Using nature as a model for engineering is referred to as biomimicry.

No other creature has been such a rich source of novel ideas as the octopus. This cephalopod has stimulated engineers to develop camouflage material, suction cups, swimming robots, and robotic arms, just to name a few of the applications they have inspired. ⑧The octopus is able to change the color of its skin to match its surroundings. By close study of these creatures, Navy scientists were able to create substances with similar characteristics that can even sense changes in their environment and adapt their coloration accordingly. Once this technology is completed, it will have wide applications, not only in the military but also in the civilian sector.

(216 words)

Questions:

No.7 What inspired an engineer to come up with the design for a high-speed train?

No.8 What characteristics of an octopus encouraged engineers to create innovative materials?

....

 訳

バイオミミクリ

　自然は革新を探求する技術者にとってインスピレーションの豊かな源である。例えば日本の新幹線の先端部分が、鳥のくちばしに類似していることは偶然ではない。新幹線が高速でトンネルに入る際、電車は低空気圧抵抗から高空気圧抵抗へと変わるが、この時の空気抵抗を最小限にするためのデザインを技術者は必要としていた。熱狂的な野鳥観察家であったある技術者は、カワセミが魚を捕まえるためにいかに滑らかに空中から水中へ移動するかに気がつき、新幹線に流線形のくちばしをかたどる考えを思いついた。自然を工学のモデルとして役立てることをバイオミミクリと呼ぶ。

　タコほど斬新的な考えの豊かな源となった生物は、他にはない。頭足類は技術者を刺激し、ほんの少しの応用例をあげるとカムフラージュ素材、吸着カップ、水泳ロボット、ロボットアームを開発させた。タコは環境に調和するよう皮膚の色を変えることができる。これらの生き物を綿密に観察することによって、海軍の科学者は、環境の変化を感知することができ、また色調を同化させられるのに似た特徴を有する物質を創作することができた。いったんこの技術が完成すると軍事的利用だけでなく、民間部門でも多岐に及び実用化されるだろう。

....

No.7 **解答** 1. The agile movement of a bird

質問）研究者は何によって高速列車のデザインを思いついたのか？

選択肢の訳 1. 鳥の素早い動き

2. 魚を捕るのに適した鳥のくちばし

3. トンネル内の空気抵抗

4. 空気と水の違い

☞これは**原因に関する質問パターン**です。選択肢 1, 2, 3 から「長所」（「鳥の」がわかればベター）であることが推測できるので、hit upon を inspire で言い換えた 1 が正解であると気がつくでしょう。1 は第 1 パラグラフ最後部分で「カワセミが魚を捕まえるためにいかに滑らかに空中から水中へ移動するかに気づき」と述べているので**正解**。2 は beak が聞こえるとうっかり正解と思ってしまいそうですが、魚を捕ることは無関係なので不正解。3 の空気抵抗はデザインとは無関係、4 は言及なしなので双方とも不正解。

　　　　　　　　　　　　　　　　　　　　　類語・言い換え型 （★★）

No.8 解答 **3. The skin's chameleonic features.**
質問）タコのどんな特徴で研究者は革新的な材料を生み出したのか？

選択肢の訳 1. ロボットのような触手

2. 丸い吸盤

3. 色が変わる皮膚

4. 他の物質とよく似た皮膚

これは文字通り**特徴を問う**、体の部位に関する問題です。解答部分は頻度の高い「研究結果」で、皮膚の色を周囲の環境に合わせて変えられるを概念化した**3 が正解**。1 はロボットアーム、2 は吸着カップのことであり、材料ではないので不正解。4 は similar characteristics の similar を使った誤答ですので言及なし。

一般化・サマリー型 （★★★）

◎具体例を「概念化」したものが解答であることに注意！

語注

□ **a fertile source of inspiration** 豊かなインスピレーションの源
□ **quest for innovation** 革新を探求する　□ **cephalopod** 頭足類
□ **kingfisher** カワセミ
□ **just to name a few** 2・3 例をあげると

(E) Using Loudspeakers to Save Coral Reefs

Coral reefs are being threatened by numerous factors. Rising water temperatures due to global climate change, pollution, overfishing, and practices such as cyanide and dynamite fishing are only some of the factors that are endangering these underwater ecosystems. Coral reefs provide a habitat for fish that depend on the coral reef as their sole source of nourishment. ⑨Researchers have found, however, that many species of such fish have a symbiotic relationship with coral reefs. For example, the clownfish consumes creatures that abound in coral reefs, while its excrement provides nutrients for the anemones that form a part of the coral reef ecosystem.

There are fish that help clear algae overgrowth, which enables the coral to grow. Fish play an important role in maintaining the reef and thus attracting fish is an effective way to restore damaged reefs.

⑩<u>Recently researchers reported an ingenious method to lure fish back to coral reefs. The team placed loudspeakers in patches of dead coral and played audio recordings of sounds emitted by healthy coral reefs.</u> This doubled the population of fish in the damaged reefs while also increasing the number of species. Playing music or random noise were not viable alternatives, and the volume needed to be kept within a certain range.

(203 words)

Questions:

No.9 How do some fish coexist with coral reefs?

No.10 What did the researchers do to help coral reefs recover?

....

訳

サンゴ礁を救うための拡声器の使用

　サンゴ礁は多くの要因によって脅かされている。世界的気候変動による水温上昇、汚染、魚の乱獲、そしてシアン漁法やダイナマイト漁のような行為は、これら水中の生態系を危険にさらす一部の要因に過ぎない。サンゴ礁は、サンゴ礁を唯一の栄養源として依存している魚に生息地を与えている。しかしながら、研究者たちはそのような魚の多種がサンゴ礁と共生関係を持っているということを発見した。例えば、クマノミはサンゴ礁にたくさん生息する生き物を消費する一方、クマノミの排泄物はサンゴ礁に棲むイソギンチャクの栄養となる。サンゴが成長することを可能とするために、藻の過度の成長を取り除くのに役に立つとされる魚が存在する。魚類はサンゴ礁を維持するために重要な役割を果たし、それゆえ魚を引きつけることは損傷したサンゴ礁を元の状態に戻す効果的な方法である。

　最近、研究者は魚を誘い出しサンゴ礁に戻す斬新な方法を報告した。研究チームは死んだサンゴの所々に拡声器を設置し、健康的なサンゴ礁から発せられる音を録音機で流した。これにより、損傷したサンゴ礁では魚の数を2倍に増やすと同時に、種の数を増やした。音楽を流すこと、不規則な雑音は実行可能な代案とはならず、音量はある一定範囲に保たれる必要があった。

No.9 解答 3. Some fish eat only what grows on coral reefs.

質問）魚はどのようにサンゴ礁と共存しているのか？

選択肢の訳 1. サンゴ礁に棲む魚はサンゴを食べない。

2. クマノミは栄養を摂るためにイソギンチャクを食べる。

3. ある種の魚はサンゴ礁の上で育つものだけを食べる。

4. ある種の魚は藻の成長を促す。

選択肢先読みで、1，2，3の共通項目 eat、consume（食べる）が聞きとるポイントだとわかり、またパッセージからは「逆接＋調査結果」の最重要項目だとわかるので、容易に解答をゲットすることができます。1は第1パラグラフでサンゴ礁を唯一の栄養源として依存している魚の存在に言及しているので不正解。2はクマノミの排泄物が provides nutrients とあり、関係が逆になっているので不正解。3は「サンゴ礁にたくさん生息する生き物を消費」するの部分を言い換えたものなのでこれが正解。4は藻の過度の成長を取り除く役に立つとされる魚が存在するという内容と逆なので不正解。 類語・言い換え型 （★★）

No.10 解答 4. They recreated the audio environment of a fit reef.

質問）研究者はサンゴ礁の回復のために何をしたのか？

選択肢の訳 1. 音楽をかける拡声器を設置した。

2. サンゴ礁の音をできるだけ大きく鳴らす拡声器を設置した。

3. 魚の種類の数を減らした。

4. 健康なサンゴの音が出る環境を再現した。

これも一種の方法を問うパターンです。1，2，4の選択肢から「何かを作った」がポイントだと予測できますが、パッセージからは「最近の調査結果」という高頻度のポイントを見抜きます。1は第2パラグラフ最終部分で音楽を流すことは効果がないと言っているので不正解。2は音量はある一定範囲に保つべしとあるができるだけ大きく鳴らすとは言っていないので不正解。loud につられて正解にしないように注意しましょう。3は種の数を増やした、というパッセージの内容と正反対なので不正解。4は play を recreate、 audio recordings を the audio environment、healthy coral reefs を a fit reef と言い換えた同じ内容なのでこれが正解。researchers reported ... など「研究者の報告内容」は最頻出！ 類語・言い換え型 （★）

◎「逆接＋調査結果（コメント）」は最重要！

語注

☐ **coral reef** サンゴ礁

☐ **cyanide and dynamite fishing**

    シアン漁法（シアン化化合物を使った漁）やダイナマイト漁

☐ **a symbiotic relationship with** 〜と共生関係を持つ

☐ **clownfish** クマノミ（映画「ファインディング・ニモ」のモデルとなった魚）

☐ **excrement** 排泄物   ☐ **anemone** イソギンチャク

☐ **algae** 藻   ☐ **an ingenious method** 斬新な方法

(F) The Fourth Crusade

In 2001, Pope John Paul II issued an apology to the Orthodox Christians for the Fourth Crusade. Why did the Pope think that an apology was needed for an event that had happened 800 years ago? Among the seven crusades that were launched to retrieve the Holy Land, the Fourth stands out as exceptional. It was summoned by Pope Innocent III. Venice offered a fleet to transport tens of thousands of crusaders to Egypt to fight against the Muslims and in 1202, knights and commoners from all over Europe gathered at Venice to join the Crusade.

⑪Faced with financial difficulties in compensating the Venetians for their contributions, though, the crusaders decided on a course of action that had not been taken before. They resorted to looting local ports along the way, regardless of their religion. After seizing the city of Zara, the crusaders set their eyes on the capital of the Christian Byzantine Empire, one of the richest cities in the world. In 1204, Constantinople fell to the crusaders and the city was consequently sacked and many citizens were killed. Historians do not agree on how strong an influence the Venetians had on this course of events, but ⑫there is no doubt that plundering the city, not the recovery of the Holy Land, had become the prime objective of the crusade.

Questions:

No.11 What characteristic of the Fourth Crusade was different from those of the other Crusades?

No.12 What did the Crusaders achieve by occupying Constantinople?

第4回十字軍

2001年にヨハネ・パウロ2世は正教会教徒に対する第4回十字軍について謝罪した。なぜローマ教皇は800年前に起こった出来事に対して謝罪が必要であると考えたのだろうか。聖地を取り戻すために開始された7回の十字軍の中で、第4回十字軍が例外として際立っている。それはインノケンティウス3世により召集された。ヴェネツィアは、イスラム教徒と戦うために何万人もの十字軍戦士をエジプトに送るための艦隊を提供し、そして1202年にヨーロッパ中から騎士と平民が十字軍に参加するためヴェネツィアに集まった。

ヴェネツィア人の貢献に対する補償のための資金難に直面して、十字軍戦士はこれまでとったことのない行動方針を決定した。十字軍戦士は宗教に関わらず、途中で地方港の略奪に手を出した。ザラ市を奪い取った後、十字軍戦士は世界で最も豊かな都市の一つであったキリスト教ビザンツ帝国の首都に目をつけた。1204年にコンスタンチノープルは十字軍の手に落ち、都市は結果として略奪され多くの市民が殺された。歴史家はこの出来事について、ヴェネツィア人がどれくらい強い影響力を持っていたか一致した意見を持たないが、聖地を取り戻すのではなく、都市を略奪することが主な十字軍の目的であったということについては疑う余地はない。

....

No.11 解答 **3. It laid siege to Christian communities.**

質問）第4回十字軍が他の十字軍と異なる特徴は何か？

選択肢の訳 1. 法王に召集された。

2. ヨーロッパ全土の人が参加した。

3. キリスト教の町を包囲攻撃した。

4. 海軍の輸送を使った。

これは**特徴を問うパターン**ですが、選択肢からは予測しにくいので、本文を聞きながら重要な「前代未聞」を表すポイントをキャッチ。法王に召集されたことが異なった特徴ではないので1は不正解。ヨーロッパ中から集結したことは述べられているが、第4回十字軍のみの特徴とは言っていないので2は不正解。第2パラグラフの「これまでとったことのない行動方針」というものが「キリスト教ビザンツ帝国の首都」が「略奪され多くの市民が殺された」「都市を略奪することが主な十字軍の目的」だと述べられているので「キリスト教の町を攻撃」とサマリーされた**3が正解**。4は言及していないので不正解。　　　　　　　　　一般化・サマリー型 （★★）

No.12 解答 **2. They paid the Venetians for their ships.**

質問）第4回十字軍はコンスタンチノープルを占拠することで何を達成したのか？

選択肢の訳　1. エジプトに辿り着いた
　　　　　　2. ヴェネツィアに船の代金を支払った
　　　　　　3. イェルサレムを取り戻した
　　　　　　4. ローマ法王を満足させた

☞**結果に関する質問パターン**ですが、選択肢から「何らかの行為」しかわからない難問です。しかし、本文の "there is no doubt that ～" から、これがポイントになることが予測できる。エジプトはコンスタンチノープルを占拠することで辿り着いたのではないので1は不正解。3，4は言及なしなので不正解。**2が正解**だが、これは第1パラグラフの「ヴェネツィアは～艦隊を提供した」と言う内容を記憶しておき、更に第2パラグラフ初めの「ヴェネツィア人の貢献に対する補償のための資金」を「コンスタンチノープルを占拠して略奪する」ことで集められたと解釈できる。これは話の流れを掴んで答えなければならない難問。but の直後に答えとなるポイントが読まれることが多いことも覚えておこう！　行間読み型（★★★）

> ◎「前代未聞」や「疑いもなく」という言葉に要注意！

語注
□ **stand out as exceptional**　例外として際立つ　　□ **Muslims**　イスラム教徒
□ **set one's eyes on**　～に目をつける　　□ **plunder the city**　都市を略奪する

(G) Equality and Fairness

track 17

Most people believe that equality, defined as the quality of being the same in quantity, value, or status, brings fairness to society. However, this is not always true. Equality is based on the assumption that there is no intrinsic difference in value between people. By contrast, ⑬fairness does not mean that people are exactly the same in all aspects but that they should be treated fairly, considering different circumstances.

Equality can be divided mainly into two conceptual types: formal equality and substantive equality. Formal equality gives the same treatment to all the people within a group. This seems to be fair, but there is no correction made for innate differences in ability, which can mean that the law of the jungle takes over. Runners in a race for example, have to start from the same line regardless of their physical condition, which leads to "unjust" situations. In this type of equality, both the "physical elite" and the physically disabled are treated equally in the race, without any consideration for the tremendous differences in their physical abilities. Obviously this is far from fair. On the other hand, ⑭substantive equality eases social disparities by giving people fair opportunities, considering different circumstances. This flexible approach will give each individual fair treatment that brings equal satisfaction. (198 words)

Questions:
No.13 What is true about equality and fairness?
No.14 How does fairness arise from equality?

....

訳

平等と公正

　ほとんどの人々は、量、価値もしくは地位が同等である特性によって定義されている平等は、社会に公正をもたらすということを信じている。しかしながら、これは必ずしもそうではない。平等は、人間は価値観において本質的に相違がないという前提に基づいている。一方で、公正は、人々はあらゆる観点で全く同じということを意味しているわけではなく、人々は状況に応じて公平に扱われるということを意味している。

　平等は主に2つの概念に分けることができる。それらは形式的平等と実質的平等である。形式的平等は、ある集団内で全ての人々に同じ扱いをする。これは公平に見えるが、格差の是正はなく、弱肉強食 (jungle law) を引き起こす場合がある。例えば、レースのランナーは彼・彼女たちの肉体的条件に関係なく、同じスタートラインから走る必要がある。この状況は、"不公平"な状況をもたらす。この種の平等では、フィジカルエリートと身体障害者の両方ともとてつもなく異なる身体能力は考慮されず、レースでは同様に扱われる。明らかにこれは決して公平ではない。一方で、実質的平等は状況の違いを考慮し、公平な機会を与えることによって社会における格差を緩和する。この柔軟なアプローチは個々に公正な待遇を与え、それによって平等な満足感を与えてくれる。

No.13 　解答　4. Fairness treats people in an order-made manner.
質問）平等と公平に関して正しいものは何か
選択肢の訳　1. 平等は必ず人々を公平に扱う。
　　　　　　2. 平等は本質的な価値の違いを見出そうとする。

3. 公平さは人々が受ける扱いを同じにすることから生まれる。

4. 公平さはそれぞれに合った方法で人々を扱う。

☞選択肢先読みで、equality か fairness の特徴が問われることがわかる。第 1 パラグラフ初めに「平等は必ずしも公平をもたらさない」との言及があるので 1 は不正解。However、と初めに言ったことを否定しているので注意して聞く必要がある。また、平等は人間は価値観において本質的に相違がないと言っているので正反対の 2 は不正解。人々は状況に応じて扱われるというのが公平だと言われているので 3 も不正解、fairness does not mean that people are exactly the same in all aspects but that they should be treated fairly considering different circumstances.（公正は、人々はあらゆる観点で全く同じということを意味しているわけではなく、人々は状況に応じて公平に扱われるということを意味している）を言い換えた **4 が正解。**not A but B は B に答えとなるポイントがくることが多いので注目して聞こう。

類語・言い換え型 （★★★）

No.14 　解答　 3. Substantive equality atrempts to equalize society by dealing with different circumstances.

質問）公平さはどのように平等から生まれるのか？

選択肢の訳 1. 形式的平等は弱肉強食を正すことによって公平さを生み出す。

2. 形式的平等は個々の状況に対応することで公平さを生み出す。

3. 実質的平等は異なる状況に対処することで社会を平等にしようとする。

4. 実質的平等は同じ扱いをすることで公平さを生み出す。

☞選択肢を読み、by ～ ing 部分に違いがあることから**方法を問うパターン**だとわかる。形式的平等は弱肉強食を生み出すもので、正すことではなく、さらに皆同じように扱うものなので 1，2 共に不正解。「実質的平等は状況の違いを考慮し、公平な機会を与えることによって平等な満足感を与えてくれる」という内容に一致している **3 が正解。**実質的平等は個々に対応するという内容と正反対の 4 は不正解。

類語・言い換え型 （★★★）

語注

□ **intrinsic difference in value**　価値観の本質的相違
□ **substantive equality**　実質的平等

(H) The history of jazz

Combined with the traditions of African music, jazz originated in the southern states of the United States in the early 20th century. After the abolition of slavery in 1865, ⑮African-American people gained freedom but suffered from a dearth of jobs due to segregation. They only found gigs at bars and dance halls in New Orleans, a federally-approved red-light district in those days. There they made a living as musicians, singing and playing musical instruments such as trumpet, saxophone and piano.

Luckily, they got these expensive instruments for a song from the military bands disbanded after the Civil War. However, as most of them couldn't read music due to lack of musical education, they learned how to play by just listening to professional music performances. Faint memories of the music they'd heard often allowed them to create various kinds of new melodies and rhythms spontaneously during their performances. These practices have been considered improvisation, which is the defining characteristic of jazz.

⑯The 1920s were called the Prohibition years and the Jazz age. Bars throughout the country were forced to close down under Prohibition. However, numerous illegal bars were opened in the big cities to meet the increasing demand for drinks, where jazz bands suited the atmosphere. These "underground" bars spurred the growth of jazz, the diffusion of the radio and the invention of the gramophone during the age of Prohibition.   (224 words)

Questions:

No.15 What led African-Americans to start working as musicians in New Orleans?
No.16 What led to the surge in the popularity of jazz?

....

訳

ジャズの歴史

　アフリカ系音楽の伝統と相まって、ジャズは20世紀初頭にアメリカ合衆国の南部州で始まった。1865年の奴隷制度の廃止後、アフリカ系アメリカ人たちは解放されたが、人種隔離のため職不足に苦しんだ。彼らは当時連邦政府に許可された歓楽街（売娼街）であったニューオーリンズのバーやダンスホールで唯一ライブの仕事を見つけた。そこで、歌唱そしてトランペット、サクソフォーン、ピアノのような楽器を演奏するミュージシャンとして生計を立てた。

　幸いにも、彼らはそれらの高価な楽器を南北戦争後に解散した軍楽隊からただ同然で手に入れた。

しかしながら、彼らのほとんどが音楽教育の欠如のため楽譜を読むことができなかったので、プロの奏楽をただ聞くことによって演奏方法を学んだ。以前に聞いた奏楽の微かな記憶によって、彼らは演奏中に様々な新しいメロディやリズムを創作することができた。これは即興演奏といって、ジャズをよく表している特徴である。

1920 年代は禁酒法時代ともジャズ・エイジとも呼ばれていた。禁酒法のもとで全国中のバーは閉鎖を余儀なくされた。しかしながら、大都市では増え続ける酒の需要を満たすため多数の違法バーが営業されていた。そこはジャズバンドのムードに適していた。これらの "非合法の" バーは禁酒法時代に、ジャズの発展、ラジオの普及、そして蓄音器の発明に拍車をかけた。

....

No.15 解答 2. Limited job opportunities

質問）ニューオーリンズでアフリカ系アメリカ人がミュージシャンとして働き始めたのは何によるものなのか？

選択肢の訳　1. 奴隷制の廃止

2. 限られた仕事の機会

3. 南北戦争後に軍のバンドが解散したこと

4. 彼らの歌や楽器の才能

☞これは**原因に関する質問パターン**です。選択肢 2 と 3 から何かの「問題点」であることが予測できるが、予測できなくても問題が簡単なのですぐに 2 が正解であることがわかる。1 は奴隷制の廃止が直接ミュージシャンになることと繋がらないので不正解。3, 4 も 1 同様直接ミュージシャンになることと繋がらないので不正解。

類語・言い換え型　（★）

No.16 解答 3. The government imposed a ban on drinking

質問）何によってジャズの人気が高まったのか？

選択肢の訳　1. 数多くの違法バーの閉鎖

2. 雰囲気のあるバーに行きたいという願望

3. 政府が禁酒法を課したこと

4. ラジオの普及と蓄音機が作られたこと

☞これも**原因に関する質問パターン**です。選択肢から「因果関係」であることが予測されるが、それよりも本文から「時代的なコントラスト」というポイントを見抜ければ、すぐに 3 が正解であることに気がつくはず。合法バーが閉鎖された後、違法バーが営業されたと言っているので 1 は不正解。2 は言及なしなので不正解。「禁酒法時

代の非合法のバーがジャズの発展、ラジオの普及、そして蓄音器の発明に拍車をかけた」と述べられているので**3 が正解。**4 も同箇所の内容から判断すると一致しないので不正解。

一般化・サマリー型 （★）

◎ 「歴史的コントラスト」の情報に要注意！

語注
□ **gigs at bars** バーでの演奏
□ **a federally-approved red-light district** 連邦政府に許可された歓楽街
□ **get O for a song** ただ同然で O を手に入れる　　□ **improvisation** 即興演奏
□ **Prohibition** 禁酒法

リスニング②
リアルライフ型 &
インタビュー型

一 気 に ス コ ア UP !
短 期 集 中 ト レ ー ニ ン グ

７日目の動画をチェック！

QR コードをスキャンしよう！

リアルライフ型リスニング問題を大解剖！

　リアルライフ型リスニング問題は、2004 年に導入されて以来そのレベルは変動していますが、半分（2 〜 3 問）ぐらいしか正解しない人の方が多いようです。しかし、この問題に正解できるスキルは海外生活をエンジョイする上で非常に重要です。特に乗り物情報の聞き取りは、日本と違ってしょっちゅう遅延や変更が行われる海外で電車や飛行機に乗るときに極めて重要です。

この重要性をわかっていただくために、実際にイギリス滞在中に起こった出来事に基づく次のクイズにチャレンジしてみてください。

シェイクスピアの生誕の地である、イギリスのストラットフォードエイボン行きの電車で、運休案内を知らせに回ってきた車掌が何度も繰り返し念を押した、数分後に、車内放送で、それと異なる情報を知らせたが、うっかり聞き逃してしまった。この場合どうするべきか？

1. 車掌の指示に従って降りる。
2. 車内放送を聞き取れた人を探してそれに従う。
3. 車掌の情報と他の大半の乗客の降り方と総合判断して降りる。

　いかがですか。日本人の感覚では、1 や 3 を選びがちですが、刻一刻と電車のスケジュールが変わる国では、こんなことは日常茶飯事です。日本であればあれだけ丁寧に念を押してくる車掌の情報をまず信じてしまいますが、それも当てにならない。3 を選んでしまった筆者は、そこが観光地でノンネイティブの旅行者が多いためにみんな車掌のことを真に受けて、後の速いスピードの車内放送もきちんと聞き取れずに全員間違って降車し、5 時間待ちの羽目になるという始末。恥ずかしながら、イギリス生活に慣れていなかったために車掌を信用して、すぐ後の車内放送の時にほとんど聞いていなかったために、どえらい目に遭いました。

　さらに悪いことに、間違った人はほとんどウーバーでタクシーを呼んで問題なしでしたが、その時筆者はウーバーを知らなかったので長時間待つという不細工なことになりました。その後、ナイアガラでも夜にバスが無くなった時にウーバーをダウンロードして呼び、ワシントン DC でも、観光にはウーバーで乗り捨ての乗り物を使い順調に行きましたが、料金先払いてあることを知らずにうっかり倍料金を払ってしまったこともありました。この他、高速道路を走っている時にはなかなか停車できないため

に、ラジオの交通情報をリスニングしながら車を運転しなければならなかったりして往生しました。

このように、英語圏という異文化圏での生活でリアルライフ型問題に強いことは「死活問題」です。特に乗り物を含めて「場所」や「時間」に関する問題攻略が重要です。そこで、かつては2点の配点であったこのセクションは特に力を入れて対策トレーニングに励みましょう。

まず、Part 3 の放送時間は，1問が50秒ぐらいで、140語から160語ぐらいの長さです。話されるスピードは190 wpm から200 wpm と速めです。しかも、多くの情報が一気に述べられたり、**答えと関係のない挿入文や情報をひっくり返す"reversal" があったりして紛らわしくて、**答えがわかりにくかったり、「**数に関する情報**」が多く、しかも素早く計算しないと解けない問題があったりと、本当に厄介です。そこで、このリアルライフ型リスニング問題には、その問題分析とそれに基づく攻略法が活きてきます。

また、Part 3 は同じような問題が繰り返し出題されていますので、状況別のシミュレーションテストを攻略法に基づいて400〜500問程度やって試験に臨めば、必ず高得点・満点が取れるようになります。このように、Part 3 は効率よく勉強すれば、短期間でぐーんと得点 UP できますので、ぜひトレーニングに励みましょう！

頻出質問パターンを頭に入れておく

最もよく出題されるのは**「(〜をするためには) 何をする必要があるか」**を問う問題です。つまり What do you need to do [today] ? / What should you do [now, first, next] ? / What should you do to 〜 ? / What should you do to avoid 〜 ? のような問題で、全体の5割以上を占めます。そして、その中でも**「まず先に何をすべきか」**を問う問題は、その3分の1を占めています。ですから Part 3 の放送は、この点に十分に注意して聞く必要があります。

次に頻度が高いのは、**「選択」**に関する問題で、全体の2割ぐらいを占めます。このタイプには次のようなものがあります。

ベストの選択問題
What is the best option for you?
Which class is best for you?
Which would be your best investment?

交通に関する選択問題

Which train should you take first?
Which flight should you take?
Which route should you take?

場所に関する選択問題

What type of place does the agent recommend?
Which hall should you apply for?
Which venue should you rent?
Where should you go for a presentation?
Where should you eat dinner tomorrow evening?
Where should you take your children?

などが出題されます。

　この他は、「**提案・助言問題**」What does she suggest you do? / What does she recommend you do (first) ? / What does the speaker recommend you do first? などの問題や、「**方法・手段問題**」How can you reach your destination at the lowest cost? / How should you get your tickets? / How should you dispose of these items? などの問題がそれぞれ若干出題されます。このように生活体験においては、当然ながら「**何をすべきか、何を選ぶべきか**」に関する話題が多く、その2つでリアルライフ型リスニング問題の約8割を占めているわけです。

頻出状況パターンは7つある！

　放送内容のシチュエーションの観点から見ると、頻出の分野は「教育・セミナー」「交通（乗り物・空港）」「医療」「ビジネス・投資」「レジャー（ツアー）、イベント」「ホテル・食事関連」「販売・修理」の7つです。これらの状況別問題練習をする必要があります。

　「**教育・セミナー関連**」は、講座、教育ガイダンス、プログラムなどの話題が多く、特に条件に合う指定場所に行くなどの問題は難しいので要注意です。

　「**交通（乗り物・空港）関連**」は、飛行機（予約、機内アナウンス）、車（事故・修理・購入・保険）などで、最適のプランを選ぶ問題が多く出題されます。

　「**医療関連**」は、病気の診断、治療法、薬の服用、検診後の注意点、医療保険などの話題は、保険とも関連した治療法選択などの出題があります。

「**ビジネス・投資関連**」は、求人、経営戦略、仕事の依頼、資産運用プラン、保険などが多く、「伝言」や「数字情報」から正解を選ぶ難問が多いので対策トレーニングが必要です。

　「**レジャー（ツアー）、スポーツ、イベント関連**」は、イベントスケジュール、ルート、規則、予約、部屋指定の案内などに関する難問が出るので要注意です。

　「**ホテル・レストラン・食事関連**」は、部屋やプランの選択などが問われます。

　「**物品（販売・修理・処分）関連**」は、リフォーム、購入物の選択・修理・処分などが多く、紛らわしい情報から正解を選択する比較的易しい問題です。

　このように多岐にわたる状況に対処するには、まず自分の苦手なシチュエーションを発見し、その攻略法を学んだ後、それらの状況に関する問題対策トレーニングを、状況別に 50 問× 8=400 問以上やっておく必要があります。

正答パターンは「（類語）言い換え型」が最も多い！

　Part 3 は、「一般化・サマリー型」「（類語）言い換え型」「行間読み型」「挿入型」「計算型」「リバーサル型」の 6 つの正解パターンがあります。

「一般化・サマリー型」

「**一般化・サマリー型**」は前述のように、具体例を概念化したり、短くサマリーするタイプです。全リスニング問題の正解の 4 割を占め、解答に最も多く用いられるパターンで、このタイプは、難問比率が高いリスニング問題と言えます。

□ If you've registered but haven't yet received a confirmation card,

正解はこうなる →**You registered for the race, but you have not received any further information.**

☞confirmation card（確認カード）という具体的なものを any further information で概念化している　[初級レベル]

□ I'd stage the house, which means leasing furniture from a company specializing in selecting appropriate pieces and arranging them professionally.

正解はこうなる →**Furnish your house professionally.**

☞具体的な作業を furnish でまとめている　[中級レベル]

□ If you replaced your grass with gravel（砂利）and planted shrubs（低木）in place of the thirsty flowers you have out front, you'd need far less water.

正解は
こうなる →**Replace your flowers with shrubs.**

☞flowers と shrubs で一般化している［中級レベル］

□ Get rid of any old lead paint and pesticides in your garbage and take them to the waste disposal center.

正解は
こうなる →**Hazardous household waste should be taken to the waste center for proper processing.**

　　lead paint and pesticides（殺虫剤）in your garbage を hazardous household waste（危険な家庭廃棄物）で概念化している［上級レベル］

「（類語）言い換え型」

「**（類語）言い換え型**」は、前述のように類語で置き換えたり、パラフレーズ（簡単に言い換え）したりしたもので、一般化・サマリー型と並んでリスニング問題では非常に多いパターンです。全問題の約3割を占め、同時にこのタイプはその3割が難問なので、平均的な難易度のリスニング問題です。しかし、このタイプもまた他のパターンと複合して難問を作ります。

□ start working on the body of the paper

正解は
こうなる →**focus first on the body of the thesis.**

☞paper（論文）を thesis（［卒業や学位取得のために書く］論文）で言い換えている［初級レベル］

□ an important element of delegation is clarifying your expectations

正解は
こうなる →**ensure that employees understand what you want**

☞expectations（期待すること）を what you want で言い換えている［初級レベル］

☐ The merger will mean some short-term difficulties for many of us, including the closure of some branches and a requirement to put in extra hours during the transition.

_{正解は
こうなる} →**You may have to work longer hours.**

☞requirement を have to で、put in extra hours（追加の労働時間を投入する）を work longer hours で言い換えている［中級レベル］

☐ those who need letters of recommendation need to provide a summary of your extracurricular activities.

_{正解は
こうなる} →**Prepare information about your after-school activities.**

☞provide を prepare、summary（概要）を information、extracurricular activities（課外活動）を after-school activities で 3 つ言い換えている［中級レベル］)

「行間読み型」

「行間読み型」は、前述のようにはっきり答えが述べられておらず、imply されているか、文脈から行間を読んで判断して解答がわかる難問タイプで、問題全体の約 2 割を占めています。簡単な情報の「裏返し」をすれば解ける易しい問題から、かなり行間を読む必要のある難問もあります。

☐ Drivers heading downtown are warned that traffic is unlikely to clear before 10:30.

_{正解は
こうなる} →**Leave home after 10:30.**

☞「10 時半までは渋滞」なので「それ以後に家を出るように」と裏返して考えるパターン［中級レベル］

☐ those who are brave enough to want to be in front of the cameras ～

_{正解は
こうなる} →**interested in becoming an actor**

☞「カメラの前に出たい」から「俳優志望」を読み取る問題［上級レベル］

このタイプはリスニングにおいて一瞬で答えを発見するのは難しく、難問比率は 7 割以上となっています。このパターンも慣れるまで特訓する必要があります。

その他にも、パート3では次のようなパターンが出題されています。

「挿入型」

「挿入型」は、長い挿入文や多くの紛らわしい情報が挿入されたために、答えがわかりにくくなったり、忘れてしまうというものです。例えば「何をすべきか」を問う問題で、本文の解答部分が、"between 7 and 9, I'll be watching a movie in the Student Center. ～ My cell phone will be off, but you can call me **after that** to sort things out." て、答えが "Call Jane after 9 p.m. tonight" てある場合、that の内容を忘れてしまって正解できない場合があります。このタイプは**単独で現れることはまれで、「一般化・サマリー型」「(類語) 言い換え型」と複合して難問を作ります。**

「計算型」

「計算型」は、放送を聞いて素早く計算して答えを導き出すタイプの問題で、1 回だけ聞いて複数箇所を計算してメモを取らなければならない場合が多い難問型です。状況も列車の選択や時刻、観光（ルート）、美術館ツアー、レンタカーのプラン、予算内で物を買う時の選択など多岐にわたっています。この計算型問題は全問題の 1 割ぐらいですが、そのほとんどは難問で、中にはこれは絶対に聞いて解ける問題ではないような超難問もあるので、過去問を活用し、問題対策大特訓をする必要があります。

「リハーサル型」

「リバーサル型」は、最初に解答とは関係のない多くの情報をいかにも解答らしく述べておいて、その後、Rather, ～ / Instead, ～ / Oops! / Shoot!（しまった！）/ Oh, I forgot～ と言ってから、「どんてん返し」をして最後に真の情報を述べるパターンです。速いスピードで多くの情報を述べられると頭がこんがらがってしまい、つい誤答を選んてしまうというパターンです。これは日本語ても混乱して聞き取りを困難にさせるもので、英検では他のパターンと複合して難問を作りますので、トリックに引っかからないようにトレーニングする必要があります。

以上のリアルライフ型リスニング問題に関する事柄を踏まえて、次はその模擬問題にチャレンジして頂きましょう！

リアルライフ型リスニング模擬問題にチャレンジ！

No. 1

Situation: Today is July 22nd. You return home from a weeklong vacation and find the following message on your answering machine. You are due back at work tomorrow.

Question: According to Bryan's instructions, what should you do next?

1. Check for errors in the attached file.
2. E-mail Bryan to make new strategies.
3. Check Bryan's papers when you go back to work.
4. Draw up a plan for sales promotion by yourself.

No. 2

Situation: You are visiting New York and leaving tomorrow afternoon. You have a theater ticket for this afternoon. You hear this announcement in the theater.

Question: What should you do to see a play before you leave ?

1. Exchange your ticket for the Saturday show.
2. Get a ticket online for the matinee performance .
3. Email the theater tomorrow morning.
4. Queue up to get a ticket for another show.

No. 3

Situation: A cooking show features a dessert recipe. You want to make an authentic *tiramisu* for the upcoming birthday party for your Italian friend.

Question: What should you do ?

1. Cool it down in the freezer.
2. Prepare espresso by yourself .
3. Put cocoa powder on it after some time.
4. Obtain a particular liqueur.

215

No. 4

Situation: Your company has budgeted $ 560 to have a dozen postcards and the same number of original T-shirts printed for employees. You call a printing company and hear the following message.

Question: What kind of postcards should you order?

1. A6 size with a glossy finish
2. A6 size with a matte finish
3. L-size with a matte finish
4. L-size with a glossy finish

No. 5

Situation: Your company has just promoted you to a management position. You are listening to a trainer at a course for new managers.

Question: What is one thing you should do to be an effective manager?

1. Reward employees for active involvement.
2. Make sure that employees are aware of what you want.
3. Minimize personal relationships with employees.
4. Delegate similar tasks to each employee.

No.6

Situation: You are driving to work and hear the following message on the radio. You are in a hurry to get to your office, and you usually take Highway 30.

Question: What should you do?

1. Take the Brighton Avenue exit.
2. Turn on to Miller Road.
3. Go down Broadway.
4. Get off the highway at Nicholas Street.

No.7

Situation: You are going to attend a friend's wedding next week. Your domestic flight arrives in Petizon at 5 a.m., and you need to be at the station by 7 a.m. You call the airport's transportation hotline.

Question: How can you reach your destination for the lowest cost?

1. By taking the Airport Express.
2. By taking the limousine bus.
3. By taking a taxi.
4. By taking the City Shuttle.

リアルライフ型リスニング問題解答・解説

━━ 🎤 スクリプト

track 19

You have 10 seconds to read the situation and Question No. 1.

Hi, this is Bryan. How's your trip to Switzerland going? I'm wondering if you already checked my voice mail. If you have, I'd like to have an exchange of ideas about our sales promotion. The attachment with the information about marketing strategies won't open, perhaps because there's something wrong with the file. The business meeting to discuss those business plans is scheduled for July 21st. So can you give me a ring sometime before that date? If I don't receive any response from you by the 20th, I'll draw up a plan by myself. But I'd appreciate it if you could check on the strategies to see if I'm on the right track. So please call me when you get back from Switzerland. Oh, I forgot! I'll be out of town on business from the 22nd to the 26th. Listen, I'll put the minutes of the meeting on your desk. <u>Please peruse them when you come to the office</u>. Let's talk about them as soon as I get back.

Now mark your answer on your answer sheet.

··

和訳

こんにちは、こちらはブライアンです。スイス旅行はどうでしたか。私のボイスメールをすでに確認されましたか。もし確認いただいているなら、私たちの販促活動に関して意見交換できればと思います。添付書類は販売戦略に関しての情報を含んでいますが、ひょっとするとファイルに何らかの問題があるため開かないでしょう。それらのビジネスプランを議論するためのビジネス会議は7月21日に予定されています。そういうわけで、その日までにいつか電話をお願いします。もし20日までにあなたから回答がなければ、私自身で計画を立てます。しかし、私の方針が正しいか確かめるため、それらの戦略を確認頂ければ大変幸いに存じます。スイスから戻られましたら私にお電話お願いします。あっ、忘れておりました。22日から26日は出張で不在となります。あなたの机に会議の議事録を置いておきますね。オフィスに行かれましたらそれらを一読ください。私が戻り次第それについて話しましょう。

状況の訳

今日は7月22日です。あなたは1週間にわたる休暇から帰宅し、留守番電話で次の伝言に気付きます。あなたは明日仕事に戻る予定です。

218

ブライアンの指示によるとあなたは次に何をするべきか。

1. 添付資料の間違いを調べる

2. Bryan に新しい戦略を作成するよう電子メールする

3. あなたが職場に戻った時に Bryan の書類を確認する

4. 販促活動に関しての計画を独力で作成する

No.1 解答 3. Check Bryan's papers when you go back to work.

☞ **一番初めにすべきことを聞き逃さないように注意して聞く「義務」を問うタイプ**。2 文目から 3 文目では添付資料の話が出てくるが、4 文目でファイルが開かないと言っているので 1 は不正解。新しい戦略を作成せよとはどこにも述べていないので 2 も不正解。最後から 2 文目で(休暇から)職場に戻ったら議事録を読むように言っているので **3 が正解**。**Please peruse them [the minutes of the meeting] → Check Bryan's papers に言い換えている**。4 は独力で作成するのはあなたてはなく Bryan なので不正解。 類語・言い換え型 (★★)

義務・行動

行動をとる順番を頭の中でイメージし、結局直近ですべきことを聞き取ることが大切！

☐ **give me a ring** 電話してください ☐ **be on the right track** 方針が正しい

☐ **the minute of the meeting** 議事録 ☐ **peruse** ざっと目を通す

7日目 リスニング②リアルライフ型&インタビュー型

You have 10 seconds to read the situation and Question No. 2.

Ladies and gentlemen, we regret to announce that we have no choice but to cancel the afternoon performance because the leading actress, Katherine Simpson, suffered an injury during the rehearsal this morning. We deeply apologize for the inconvenience. You'll receive a full refund if you like, but we hope you will consider these other options. We will be presenting a fantastic matinee performance tomorrow, Saturday. Tickets for today's show can be exchanged free of charge for this performance. If you wish to exchange your tickets for another night, please email the theater tomorrow morning before nine o'clock — the tickets will be provided on a first-come-first-served basis. Alternatively, there's a limited number of tickets available to see other plays that start soon at the Park Theater and St. Bridge Theater. Please wait in line at the booking office if you would like to take this option.

Now mark your answer on your answer sheet.

和訳

皆さま、残念ながら主演女優であるキャサリン シンプソンが今朝のリハーサル中に怪我を負ったため、午後の公演をキャンセルせざるを得なくなったことをお知らせします。ご迷惑をおかけすることとなり深くお詫び申し上げます。お望みの場合は全額払い戻しを受け付けますが、他の選択肢を検討して頂くことを我々は望んでおります。明日土曜日に非常に良いマチネ公演を上演しております。本日のチケットは無料でこの公演に引き換えることが出来ます。もし別の夜へチケットの交換を希望される場合、明日の朝9時までに劇場まで電子メールを下さい。先着順でチケットが提供されます。あるいは、限りはありますが、パーク劇場、セントブリッジ劇場でまもなく始まる他の劇のチケットもございます。もしこれらを楽しみたい場合はチケット売り場で並んでお待ちください。

状況の訳

あなたはニューヨークを訪れていて明日の午後に出発します。あなたはこの午後の劇場チケットを持っています。あなたはこの放送を劇場で聞きます。

質問の訳

出発する前にあなたは劇を見るために何をすべきでしょうか。

選択肢の訳　　1. 土曜日のショーとチケットを交換する

　　　　　　　2. オンラインでマチネ公演チケットを入手する

3. 明日の朝劇場に電子メールをする

4. 他の劇のチケットを入手するため列に並ぶ

....

No.2 　解答　 4. Queue up to get a ticket for another show.

👉「**明日の午後出発**」**という条件**に合うものを選ばなければならない。5文目に土曜日のショーについて言及しているが明日のマチネ（昼間）公演なので1は不正解。7文目で述べているオンラインで申し込むのは別の日のチケット申し込みのためなので2も3も不正解。間もなく始まるショーなら見ることができるので**4が正解**。

wait in line　→　queue up　に言い換えている。

類語・言い換え型 （★★）

微妙な違いを注意して聞き取る！

情報が多い場合、条件を整理して正解を見極めよう！

語注

□ **matinee performance**　昼間の公演

□ **on a first-come-first-served basis**　先着順で

□ **the booking office**　チケット売場

You have 10 seconds to read the situation and Question No. 3.

Today we'll be making *tiramisu*, a scrumptious Italian dessert. It's easy to make this mouth-watering cake using ordinary ingredients such as eggs, sugar, espresso, and finger biscuits. <u>If you want a more genuine taste, I recommend you to use Amaretto. This liqueur</u> and the only other unusual ingredient, mascarpone cheese, are readily available at any good supermarket. The process of making this dessert is fairly simple, but it takes more than several hours to produce a better taste. You should let the espresso you've made cool down in advance and then chill the tiramisu for two to five hours in the refrigerator to enrich its taste. However, cooling this dessert in the freezer will save time: it'll take only about one-fourth of the time. For a better finishing touch, you should sprinkle cocoa powder on the tiramisu. Do that just before serving, or the color of the powder will degrade due to the moisture in the cake.

Now mark your answer on your answer sheet.

....

和訳

本日私たちはすごく美味しいイタリアのデザートであるティラミスを作ります。卵、砂糖、エスプレッソ、フィンガービスケットのような一般的な材料を用いて、このヨダレが出そうなケーキを容易に作ることができます。もしより本物の味を好む場合、アマレット酒を使うことを推奨します。このリキュールと唯一の珍しい材料であるマスカルポーネ・チーズは高級スーパーであればどこでも容易に手に入ります。このデザートを作る過程はかなり簡単ですが、より良い味を出すには数時間以上要します。前もって用意したエスプレッソを冷まし、次に味を豊かにするため冷蔵庫でティラミスを2～5時間冷却します。しかしながら、冷凍庫で冷やすことによって時間を節約します。この場合4分の1程度の時間しかかかりません。より良い最後の仕上げのためには、粉末ココアをティラミスに振りかけます。提供直前に振りかけないと、時間が経つとその粉末の色はケーキの水分によって低下します。

状況の訳

料理番組がデザートレシピを特集しています。あなたは来るべきイタリア人の友人の誕生日パーティーのため本物のティラミスを作りたいと思っています。

質問の訳

あなたは何をすべきか。

　1. ティラミスを冷凍庫で冷やす。

　　　　2. エスプレッソを自分自身で準備する。

　　　　3. ティラミスにココア粉末をしばらくしてからかける。

　　　　4. 特定のリキュールを入手する。

....

No.3 解答 4. Obtain a particular liqueur.

☞「本格的なティラミス」がキーワード。これは、3 文目の If you want a more genuine taste 部分を聞き逃すと正解できなくなる、また Amaretto は次の文で This liqueur とその正体を明かしているのでここから判断し、**4 が正解。選択肢は固有名詞を使わず、a particular liqueur と一般的な語に言い換えられています。**1 は時間を短縮するため、2 は前もって用意したエスプレッソ、としか述べていないので言及なし、3 はより良い最後の仕上げのための条件なので、それぞれ不正解。

類語・言い換え型（★★）

言い換え表現に注意！

固有名詞などが選択肢では言い換えられていることがあるので、注意すること！

語注

☐ **tiramisu**　ティラミス（イタリアのデザート）

☐ **scrumptious**　（涎が出そうなくらい）とても美味しい

☐ **readily available**　すぐに手に入る　　☐ **enrich its taste**　味を豊かにする

☐ **finishing touch**　仕上げ　　☐ **degrade**　低下する

You have 10 seconds to read the situation and Question No. 4.

Thank you very much for calling The Patchy Print. Unfortunately, we are not open today. For smaller and normal orders, we offer a full range of printing facilities on-site. Special orders for more than 100 items or non-paper items require an individual discussion with our manager. We offer family photos, calendars, and postcards, which can be printed from digital files, color negatives, or slides. We can also print onto T-shirts from the same materials. L-size postcards are $25 for 12 glossy prints, and $20 for matte. In A6 size, 12 prints are $35 and $30, respectively. Printing on a T-shirt is $50 including the price of a T-shirt. We have a variety of greeting card sizes. The standard Z size is $45 for a pack of 20. We offer a special 10% discount if you purchase more than $600 worth. Please call us again when we are open, or visit our showroom for samples of paper quality, color, and size. Thank you for calling.

Now mark your answer on your answer sheet.

和訳

パッチープリント社にお電話頂きありがとうございます。あいにく、本日は営業しておりません。小さめと通常の注文は、印刷施設の現場で全種類提供します。100 点以上あるいは紙以外の品目の特別注文に関しては、弊社責任者との個別の話し合いが必要です。弊社は、電子ファイル、カラーネガ、またはスライドで印刷された家族写真、カレンダー、ポストカードを提供します。また同じ素材でできた T シャツも取り扱います。L サイズポストカード、光沢印刷は 12 枚 25 ドル、つや消し印刷は 20 ドルです。A6 サイズはそれぞれ（光沢印刷、つや消し）12 枚 35 ドル、30 ドルです。プリント T シャツは T シャツの値段を含めて 1 枚 50 ドルです。弊社は様々なグリーティングカードのサイズを扱っています。標準 Z サイズは 1 箱 20 枚入り 45 ドルです。600 ドル以上購入された際は、10% の特別割引を提供します。弊社営業時にお電話を頂くか、紙の質、色、サイズのサンプルは弊社ショールームにお越しください。お電話ありがとうございました。

状況の訳

あなたの会社はポストカード 1 ダース（12 枚）と従業員用に同数のプリント T シャツ購入のため 560 ドルの使用計画を立てました。あなたは印刷会社に電話して次のメッセージを聞きます。

どの種類のはがきを注文すべきか。

1. A6 サイズの光沢仕上げ

2. A6 サイズつや消し仕上げ

3. L サイズつや消し仕上げ

4. L サイズ光沢仕上げ

....

No.4 解答 3. L-size with a matte finish

☞　この手の問題は条件を書き出し、音声を聞き取りながら数字をメモし計算をして解かなければならない。本問の場合**条件は「予算560ドル」「12人分のはがきとTシャツ」**と複雑そうに見えるが、設問ははがきの枚数だけだと気付けば意外とすんなり答えられると見抜くとラク。まずTシャツは 50 ドル× 12 = 600 ですから必ず 10%割引になる。この時点でTシャツは 540 ドルだとわかるので予算残り 20 ドルの**条件を唯一満たす 3 が正解。**

計算型　（★）

複雑に見える情報に振り回されないように注意！

情報をスキミングし、要領よく計算するべし！

□ **glossy prints**　光沢仕上げ

□ **matte**　つや消し仕上げ

 🎤 スクリプト

You have 10 seconds to read the situation and Question No. 5.

Managers should learn how to delegate tasks to their team members. You need to acquire the skills to ask your subordinates to perform tasks you can handle by yourself. You may be frustrated with their poor performance because their skills are inferior to yours, but you need to put them in charge because you have other tasks to deal with and must prioritize them. <u>For better management of your team</u>, you have to consider the particular skills of each member and give them appropriate tasks. Moreover, <u>clear explanations about your expectations are an important element in delegation</u>. The ability to communicate is very important. Remember to take the time to explain how your team's contribution is essential for the overall success of the project, which will increase their sense of involvement in the project, making them feel appreciated and rewarded for their job. This will enhance the staff's motivation, free you up to perform other tasks, and improve the overall productivity of the organization.

Now mark your answer on your answer sheet.

和訳

マネージャー（責任者）はチームメンバーに仕事を委任する方法を学ぶ必要があります。あなた自身で対処できる仕事を部下に遂行するよう依頼する技術を身に付ける必要があります。あなたに比べて劣った部下たちのスキルによって苛立つかもしれませんが、あなたは他の処理すべき仕事を抱えそれらに優先順位をつけるので、部下たちに仕事を担当させる必要があります。より良いチームマネジメントのためには、メンバー個々の特定スキルを考慮し、各々に相応しい仕事を与えなければなりません。さらに、あなたが期待していることに関して明快に説明することが委任において重要な要素です。コミュニケーション力は決して無視できるものではありません。チームの貢献がどれだけプロジェクト全体の成功に重要であるかを説明する時間を十分に取りましょう。そしてこれが部下たちのプロジェクトへの参画意識を高め、自分たちの仕事が価値があるものでそれに見合う報酬が与えられると感じさせることになります。これは従業員のモチベーションを高め、あなたが他の仕事を遂行することを可能とし、そして組織の総合的な生産性を高めることとなるでしょう。

226

状況の訳

あなたの会社はちょうどあなたを管理職に昇進させたところです。あなたは新人マネージャー向けの講座でトレーナーの話を聞いています。

質問の訳

敏腕のマネージャーとなるために一つ何をすべきか。

選択肢の訳　　1. 積極的な関与に対して従業員に報酬を与える

2. あなたが何を必要としているかを必ず従業員が認識できるようにする

3. 従業員との個人的関係を最小限にする

4. 各々の従業に対して同じ仕事を委任する

....

No.5 解答　2. Make sure that employees are aware of what you want.

☞ 1 は当たり前のことでポイントからずれており、選択肢の reward は報酬の意となっており意味が異なるので不正解。3 は言及なし、4 文目に「メンバー個々の特定スキルを考慮し、各々に相応しい仕事を与える」とあるので、それぞれ不正解。2 は 3 文目に「あなたが期待していることに関して明快に説明すること」と言及されており、それを**パラフレーズした**ものなので **2 が正解**。

類語・言い換え型 （★）

パラフレーズに注意！
本文そのままの表現はアヤシイと思え！

語注

☐ **delegate**　委任する　　　　　　☐ **prioritize**　優先する
☐ **free O up to**　O が〜する時間を使えるようにする

7日目　リスニング②リアルライフ型＆インタビュー型

track 24

You have 10 seconds to read the situation and Question No. 6.

Good morning, folks. This is Station G38's Highway King with the latest road report on our region. The hurricane yesterday has kept flooding many streets, forcing local governments to close a number of cross-town thoroughfares. You should take an alternate route for your morning commute. The Highway 13 tunnel is closed, so take the Miller Road exit and continue north to loop back to the highway. Highway 30 is also closed between St. Clare and Baker. A detour has been established through Broadway. Traffic, however, is currently clogged there, so we recommend that you don't take that exit. Rather, you should exit at Brighton Avenue, take East Parkway, and reenter Highway 30 at the Nicholas Street ramp. The other major area of flooding is on West Carpenter Road and several of its side streets. Residents in this neighborhood are advised to stay home and wait for the waters to recede before attempting to drive.

Now mark your answer on your answer sheet.

和訳

みなさん、おはようございます。こちらはステーション G38's、ハイウェイキングです。地域の最新の道路報道をお届けします。昨日のハリケーンは多くの道路を冠水させ、結果、地方政府は町を横断する多数の大通りを閉鎖せざるを得なくなりました。朝の通勤には別の経路を利用する必要があります。ハイウェイ 13 のトンネルは閉鎖されています。したがってミラーロードの出口を利用し、北に続き一巡して幹線道路を戻ります。またハイウェイ 30 のセントクレア、ベーカー間も閉鎖されています。ブロードウェイへ通じた回り道が設置されています。しかしながら、現在そこは交通渋滞しているため、そこの出口を避けることをお勧めします。むしろ、ブライトンアベニューから抜け出し、イーストパークウェイを通り、ニコラスストリートランプで再びハイウェイ 30 に入るべきです。他の主要な洪水地区はウエストカーペンターロードとその数本のわき道です。この近郊住民は、運転をするのではなく、在宅し、洪水が引くまで待つことをお勧めします。

状況の訳

あなたは車で職場に向かっており、ラジオで次のメッセージを聞きました。オフィスに到着するよう急いでおり、通常はハイウェイ 30 を通ります。

質問の訳

あなたは何をすべきか

選択肢の訳　1. Brighton Avenue 出口を通る

2. Miller Road に入る

3. Broadway を通りぬける

4. Nicholas Street で幹線道路から降りる

....

No.6　解答　1. Take the Brighton Avenue exit.

☞条件は「Highway 30」を通ること。その部分を聞き取ると、Broadway へ通じた回り道は交通渋滞中なので、3 は不正解。2 は Highway 13 なので不正解。30 と 13 は聞き取りが難しいので要注意。4 の Nicholas Street は Brighton Avenue から出た後の話なので不正解。したがって1が正解となる。本問は、Broadway への detour に関する**関係ない情報を挿入することで、肝心の情報を取りにくくするリバーサル型**だが、**Rather, や Instead, の後に、真のアンサーパートが来ることを知っておくと、容易に解答できる**ことを覚えておこう！

挿入・リバーサル型 & 類語・言い換え型 （★★★）

固有名詞を克服！

日本語でもややこしい地名・人名はメモを取る時にうまく記号化などして乗り切ろう！

挿入・リバーサル型では Rather, や Instead, の後に、アンサーパートあり！

語注

□ **cross-town thoroughfares**　町を横断する大通り

□ **loop back to**　一巡して戻る　　□ **clogged**　渋滞した

□ **recede**　水などが引く

スクリプト

You have 10 seconds to read the situation and Question No. 7.

King Petizon Airport is about 85 kilometers from central Petizon. You have several transportation options for reaching the downtown area. The City Shuttle train service will take you to Central Station in 80 minutes. This service is available from 6 a.m. to 2 a.m. A one-way ticket costs $28. <u>The Airport Express train is available from 4 a.m. to 1 a.m. and costs $23. This leaves every 10 minutes and the trip to Central Station takes 50 minutes.</u> The 24-hour limousine bus service takes you directly to all major downtown locations for $30 one way. This service leaves every 15 minutes and takes approximately 75 minutes. Currently you can get a 10% discount ticket at the airport, available until next month. Finally, taxis are also available 24 hours. Fares to downtown Petizon are fixed at $60. Depending on traffic, the trip takes about 70 minutes.

Now mark your answer on your answer sheet.

....

和訳

キングパティゾン空港は Petizon 中心から約 85km に位置しております。中心部地域に到着するにはいくつかの交通手段の選択肢があります。シティシャトル電車サービスを利用するとセントラルステーションまで 80 分です。こちらのサービスは午前 6 時から午前（翌）2 時まで利用可能です。片道チケットは 28 ドルです。エアポートエクスプレス電車は午前 4 時から午前（翌）1 時までとなり、23 ドルです。この電車は 10 分おきに出発し、セントラルステーションまで 50 分かかります。24 時間営業のリムジンバスサービスは、片道 30 ドルであらゆる主要な中心地まで直行であなたをお届けします。この便は 15 分ごとに出発し、おおよそ 75 分かかります。現在、来月まで空港で 10% 割引のチケットを入手することができます。最後に、タクシーは 24 時間利用可能です。中心地パティゾンまでの運賃は固定料金 60 ドルです。交通量次第ですが、約 70 分かかります。

状況の訳

あなたは来週友達の結婚式に参加する予定です。あなたの国内便は午前 5 時にパティゾンに到着し、7 時までに駅に着いている必要があります。あなたは空港の運送直通電話に電話します。

質問の訳

目的地に最も少ない費用でどのように到着することができるか。

選択肢の訳 1. Airport Express を利用する

2. リムジンバスを利用する

3. タクシーを利用する

4. City Shuttle を利用する

No.7 **解答** 1. By taking the Airport Express.

☞ これぞリアルライフといえる問題。条件は「もっとも安価で」「5 時空港発 7 時駅到着」。所要時間は 2 時間、つまり 120 分以内でなければならない。City Shuttle は 6 時始発なので 4 は不正解。Airport Express は午前 4 時始発で 23 ドル、所要時間 50 分。リムジンバスは 24 時間営業で 30 ドル所要時間 75 分。タクシーは 24 時間営業で 60 ドル、所要時間約 70 分。ここから判断し Airport Express が安価なので 1 が正解。 計算型 (★★★)

> ## 答えと関係ない情報
>
> Situation に書かれていない情報は、答えと関係しない。余計な情報に気を取られないようにすることが大切！

インタビュー型リスニング問題を大解剖！

　インタビュー型問題は、英検1級になってはじめて登場する問題形式で、500語前後のインタビューを聞き、2問の質問に解答します。ここでは、かなりのまとまった量の文章を聞き取る集中力とリテンション力、話の展開を予測しながら聞く姿勢が求められます。話すスピードはおよそ200 wpm、つまり1分間に平均200語のスピードで読まれており、スピーカーに訛がある場合もあります。

　対策としては、普段からCNNや『イングリッシュ・ジャーナル』などのインタビューを聞いたり、NHKラジオの「実践ビジネス英語」を1.5倍速で聞くなどし、訛りがあったり比較的速めに話されているものを、3分間程度集中して聞く練習をしておきましょう。

　インタビュー型問題では、**選択肢先読みがとりわけ重要**です。というのも、インタビュー型問題の選択肢は7語から長いものでは17語と、**他のパートに比べて長く**、先読みをしないで、解答時間（ポーズ）内にすべての選択肢を読んで正解をマークするのはかなりきつくなります。先読みの時間があまりとれない場合は、まずPart 4、次にPart 2の先読みをしましょう。

インタビュー型リスニング問題の質問パターン

　インタビュー型リスニング問題の質問パターンは、大きく5つに分かれますが、「**意見・感想**」に関するものが圧倒的に多く、全体の7割以上を占めます。次に「**問題（障害）・困難な点**」に関するものが**全体の1割**を占め、その他に「**変化・相違点**」「**影響**」「**理由**」などに関する質問が出題されます。

　ゆえに、インタビュー問題では、**インタビューされる人の意見・感想や困難だった経験**、そして**変化・相違点や行動の理由に注目して聞くこと**が鉄則です。本章の、「インタビュー型リスニング　必須質問表現はこれだ！」には必ず目を通して、質問パターンに慣れておきましょう。

インタビュー型リスニング問題の正解パターン

　次に、**インタビュー型リスニング問題の正解パターン**ですが、「一般化・サマリー型」「言い換え型」「行間読み型」の3パターンがあります。そのうち、最も多いのが「一般化・サマリー型」で全体の6割、次点が「言い換え型」で全体の約3割、「行間読み型」は1割程度となっています。

その中で特に難易度が高いのは「行間読み型」て、難問が6割近くを占めています。

インタビュー型リスニング問題の状況パターン

　インタビュー型リスニング問題の状況パターンですが、 出題頻度の高い状況は、「ビジネス」「メディア」「文化」の3つに大別されます。

　まず**「ビジネス」に関するインタビューが約6割を占め**、主に仕事や会社創業の体験や難しさ、以前の職業経験との関連、ビジネス関連の変化・相違点などが出題されています。職業・職種も芸術家、ジャーナリスト、金融業、ウェブデザイナー、教師、水道業、製薬、運輸、行政マーケティング、人材派遣などさまざまです。

　次に、**「メディア」に関するインタビューは全体の約2.5割強を占め**、演劇・出版業界の日米比較、ミュージカル、ドキュメンタリーなどの製作体験に関するものが出題されています。

　その他に注目したいのは「文化」で、「**日本との違いや関係**」などが話されるケースが頻出しており、今後も要注目です！また、**プラス、マイナスの両面が出題ポイントになることも多い**ので、ポイントメモをとりながら聞く習慣を日頃からつけておきましょう。

7日目

リスニング②リアルライフ型＆インタビュー型

インタビュー型リスニング 必須質問表現はこれだ！

①意見・感想を問う質問パターン

What is one thing that S says [mentions / thinks / believes / likes] about [regarding] X（顧客 / 会社のメンバー / ビジネス / 団体名 / 時代 / ビジネス戦略 / 役割 / 研究内容など）? の質問が最も多く、その他に以下のようなパターンがあります。

What is one observation S makes about X? や What is ～'s opinion regarding X（役割など）?（X について～の見解は？）

What is ～'s opinion [are ～'s feelings] regarding X?（X に関する～の意見[気持ち]は？）

What does S believe is one result of X?（X の結果と～が信じていることは何か？）

What is one point S makes regarding X?（X に関して～が述べているポイントは？）

According to ～ , what is true of X?（～によると、X について正しいものは？）

What does S say about X?（X について～が述べていることは？）

What does S wish to illustrate when he/she mentions ～?（S が～と述べることで何を説明したいのか？）

②困難（問題点）・障害を問う質問パターン

challenge, difficulty, obstacle などのキーワードに注目！ビジネス、仕事に関しての障害などがよく問われます。

What is one thing that S found challenging about X?（X について難しいと思ったことは？）

What is one difficulty S experiences in Y?（Y において経験した困難なこととは？）

What challenge does S face in his/her job?（仕事で直面した困難は？）

③変化・相違点を問う質問パターン

change や differ / difference がキーワードです。

What is one thing that S says about how ～ has changed?（～の変化について S が述べていることは？）

According to ～ , how has the view of X changed in recent years?（～によると近年 X についての見解はどのように変化してきたか？）

What does S say is different about X these days?（近年の X について異なる点は何だと S は述べているか？）

How does S differ from ～?（S は～とどのように異なるか？）

④理由を問う質問パターン

why 以外の質問パターンにも慣れておきましょう！

What is one thing S says made（ビジネスなど）successful?（～を成功させたものは何だと S は述べているか？）

Why did S do ～?　（S の行動の理由は？）

Why does S enjoy ～?（S が～を楽しむ理由は？）

What is one of the reasons that S decided to do. . .?（S が決断した理由は？）

What is the reason behind ~?（～の理由は？）

⑤助言・提案を問う質問パターン

recommend / suggest / advice などがキーワードです。

What does S recommend that ～ should do?（S の提案は何か？）

What advice does S give people wanting to become ～?（～になりたい人への S の助言は？）

What is one thing that S suggests?（S の提案の一つは？）

⑥反応を問う質問パターン

respond / react などがキーワードです。

How does S say X should respond to Y?（X は Y へどのように反応すべきと S は述べているか？）

How is/are X received by audiences in Japan?（日本の観客の X への反応は？）

⑦影響を問う質問パターン

affect / effect がキーワードです。

How does S imply X affects Y?（X が Y に与える影響について S の示唆は？）

How does S feel about the effects of X?（X の影響について S の思いは？）

⑧その他の質問パターン

What is one thing that we learn about X（機関名など）？（X についてわかることは？）

What is the purpose of ～?（～の目的は？）

Interview 1

No.1:

1. Most venture capitalists were interested only in lucrative short-term investment schemes.

2. A large majority of scientists in biotech companies were highly motivated to develop new medicines.

3. Mike could not focus his energy on scientific research alone.

4. Most of his business plans were flatly rejected by pharmaceutical companies.

No.2:

1. It is trying to discover molecules to directly eliminate cancer cells.

2. It is trying to find cancer drugs with no side effects.

3. It is trying to find ways to enhance resistance to cancer.

4. It is trying to find cancer compounds that can kick in quickly.

This is an interview with Dr Mike Anderson, a scientist and entrepreneur.

I(Interviewer): Today we are with Dr Mike Anderson, scientist and entrepreneur, who last year launched a biotech company in Japan. Good to have you with us today, Mike. Now, to start, could you tell us a little bit about yourself?

M (Mike):Well, I majored in biochemistry, and after getting my Ph.D., I did a postdoc here in Japan, and then, I joined a pharmaceutical company, also here in Japan, where I did cancer therapy research for more than 10 years. Last year, I started this new company, NewPharma, together with some of my colleagues.

I: What made you start your own company, when you had a successful career in a major pharmaceutical company?

M: I enjoyed my work in the company, no doubt about it. I was working with fabulous colleagues and the facilities were superb. I was working in a state-of-the-art environment. But the thing is, that in large pharmaceutical companies, you don't have total freedom to choose your research themes. You may have a good idea, but if that doesn't fit into the portfolio of the company, then you're not going to be able to spend much time realizing that idea. So it was a natural thing for me to. . . , that with the ideas I had, and when I realized that I wouldn't be able to pursue them working in the company, to start my own. Then I was fortunate enough to convince some investors to support us, and that was how NewPharma was launched.

I: What were the challenges you faced in setting up NewPharma?

M: There were several. ①One was raising money. Even to start a small biotech, you're going to need several million dollars, and it's a risky business, too. Finding investors who understand the science and are ready to invest is a challenge. There are only a handful of venture capitalists, called VCs, around in Japan who will do this. For months, I was meeting people, getting presentations ready, trying to convince VCs that I had a viable idea and also a good team to carry it out. I wasn't able to do much science during that time. Another was getting a good team to start the company. Keeping them committed while we were searching for funding was especially tough. Some left, but the core team stayed and then we finally got the funding, and since then, things have been going smoothly.

I: And what is novel about your new company?

M: At NewPharma we are working on harnessing the body's own immune system to fight cancer. Cancer cells can camouflage themselves to protect themselves from the immune system. We are looking into ways to prevent this, so that the patient's immune system will be able to recognize the cancer cells more efficiently and therefore eliminate them. This is a relatively new approach to cancer therapy. Conventional cancer drugs were compounds that would directly kill cancer cells. Often, these medicines would damage normal cells, too, and hence would lead to side effects. ②The idea of boosting the immune system is a new one and I hope that we will be one of the first companies to find compounds that can do this.

I: So you are saying that these new drugs will have no side effects?

M: We cannot say that yet. Side effects are very difficult to predict at this stage, but one of our objectives is to discover new compounds with fewer side effects, compared to conventional cancer drugs. What is important to recognize is that cancer therapy today is far from perfect. The so-called unmet medical need is huge. We need new approaches.

I: When can we expect to see these new medicines coming out of your labs?

M: Discovering and developing new medicines is a long process. Our plan is to find a compound that can be progressed to clinical trials within three years. So the total process may take well over five years. It's going to be a lot of hard work, and we are going to need some luck too, but there are many patients waiting out there for new therapies and my dream is to meet their expectations.

I: Well, thank you very much, Mike, for talking with us today, and I wish you the best of luck with NewPharma.

M: Thank you, it was a pleasure to be here.

Questions:

No.1: What is one thing Mike faced when he tried to start a biotech company?

No.2: What is one novel thing about Mike's company?

語注

□ **entrepreneur**　起業家　　　　　□ **biochemistry**　生化学
□ **do a postdoc**　博士号取得後の研究を行う
□ **pharmaceutical company**　製薬会社　□ **state-of-the-art**　最先端の
□ **portfolio of the company**　会社の製品ライン
□ **venture capitalists**　ベンチャーキャピタリスト、（投機的事業への）投資家
□ **a viable idea**　採算のとれる［実行可能な］アイディア
□ **harness the body's own immune system**　身体の免疫システムを利用する
□ **compounds**　化合物　□ **unmet medical need**　満たされていない医療のニーズ

訳

以下は、科学者であり起業家でもあるマイク・アンダーソン博士とのインタビューです。

I（インタビュアー）: 本日は、昨年日本でバイオテクノロジー（生物工学）の会社を立ち上げた科
　学者であり、起業家でもあるマイク・アンダーソン博士に来ていただいております。マイク、本
　日はお越しいただきうれしく思います。さて、始めるにあたって、あなたご自身のことを少しお
　話しいただけませんか？

M（マイク）: はい、私は生化学を専攻し、博士号を取得してからはここ日本で博士課程取得後の研
　究を行いました。その後、またここ日本で製薬会社に入り、10 年以上がん療法研究を行いました。
　昨年、何人かの同僚と一緒にニューファーマ というこの新しい会社を始めました。

I: 大手製薬会社での成功経歴をお持ちなのに、あなたご自身の会社を立ち上げられたのはどうして
　ですか？

M: その会社で楽しんで仕事をできたことは疑いがありません。素晴らしい同僚ととびきり上等の設
　備と一緒に仕事をしていました。最先端の環境で働いていました。しかし、問題は、大規模の製
　薬会社では研究テーマを自分で決める自由は完全にはないということです。良いアイディアを思
　いついたとしても、それが会社の製品ラインに合わなければ、そのアイディアを実現するために
　多くの時間を費やすことはできないでしょう。だから、私が思いついたアイディアを、会社の中
　で達成することができないと気付いた時、自分の会社を始めるというのはいたって自然なことだっ
　たのです。私たちを支援してもらうべく投資家たちを説得できたのは私にとって幸運でした。そ
　れが、ニューファーマ社が立ち上げられた経緯でした。

I: ニューファーマ社を設立するにあたって直面した困難は何でしたか？

M: 数点あります。一つは資金集め。たとえ小さなバイオテク会社を始めるにしても数百万ドルは必
　要になりますし、それはリスクを伴う事業でもあります。科学を理解し、喜んで投資をしようと
　いう投資家を見つけることは難問です。日本の周りに、これをしようという VC と呼ばれるベン

チャーキャピタリストはほんの一握りしかいません。何か月間もいろんな人々と会い、プレゼンを準備し、VC達に、私が採算の取れるアイディアと実行できる良い仲間を持っていることを確信させるべく努めていました。その間、あまりサイエンスの研究はできませんでした。他の難問は会社を設立するための良い仲間を集めることでした。私たちが財源を探している間、彼らの会社への忠誠心を維持することは、特に困難な仕事でした。数人は去りましたが、中心メンバーはとどまり、その後ついに財源を調達し、その後は、今のところ、順調にいっています。

I: 新会社についての目新しい点は何ですか？

M: ニューファーマ社で私たちは身体の免疫システムをがんとの闘いに利用することに取り組んでいます。がん細胞は免疫システムから守るために自身をカモフラージュすることができるのです。我々は、患者の免疫システムが、がん細胞をもっと効率よく認識し、減少させることができるようにカモフラージュを予防する方法を研究しています。これはがん療法への比較的新しい取り組みです。従来のがん薬品はがん細胞を直接殺す化合物でした。しばしばこういう医薬品は正常な細胞をも損傷し、それによって副作用を引き起こしたものでした。免疫システムを後押しするアイディアは新しいアイディアで、私たちはこういったことができる化合物を探し出す最初の会社の一つになることを望んでいます。

I: これらの新しい医薬品は副作用がないだろうと言っておられるのですね。

M: まだそうは言えません。この段階で副作用を予測するのは非常に難しいです。が、私たちの目標の一つは従来のがん薬品に比べて副作用の少ない新しい化合物を発見することです。認識しておくべき重要なことは、今日のがん療法は完全とはほど遠いということです。いわゆる満たされていない医療のニーズは莫大なものがあります。私たちは新しいアプローチが必要です。

I: このような新しい医薬品があなたの研究室から登場するのはいつごろと期待できますか？

M: 新薬を発見し、開発するのは長いプロセスがかかります。私たちの計画は3年以内に臨床試験へと前進させることのできる化合物を見つけることです。だから、すべてのプロセスは5年以上は十分かかるかもしれません。それは非常にハードワークになるでしょうし、私たちには運も必要になるでしょう。しかし、世の中には新しい療法を待ち望んでいる多くの患者がおられるし、私の夢は彼らの期待に応えることです。

I: なるほど、マイク、今日はお話しいただいてありがとうございます、そして、ニューファーマ社のご多幸をお祈りいたします。

M: ありがとうございます、お招きいただき光栄です。

質問）No.1 マイクがバイオテクノロジーの会社を立ち上げようとしたときに直面したことは何か。

選択肢の訳　1. たいていのベンチャーキャピタリストはもうかる短期の投資にしか興味がなかった。
2. バイオテクノロジーの会社の大部分の科学者たちは、新薬開発に意欲的であった。
3. マイクは科学のリサーチのみにエネルギーを集中できなかった。

4. 彼のビジネスプランの大半は製薬会社にきっぱりと断られた。

No.1 解答 3. Mike could not focus his energy on scientific research alone.

☞インタビュー問題では、**仕事に関する「障害や困難な点」は最頻出事項**のひとつ。下線部①の「サイエンスの研究がわかる数少ないベンチャーキャピタリストを探し、出資を説得する過程では、サイエンスの研究があまりできない」というマイクの発言をサマリーし、言い換えた3が正解。1は述べられていない。2は下線部①の直後に資金集めをしている間に、チームに忠誠を誓わせるのは難しかったとあるので、不可。4は却下されたのはベンチャーキャピタリストなので不可。

一般化・サマリー型 (★★★)

> ### 「障害・困難な点」を示す表現に注意！
>
> インタビュアーから obstacle, challenge, difficulty, problem などの語を含む質問文が出たら、アンサーパートを取りに行くこと！

質問）**No.2** マイクの会社に関して目新しいことは何か。

選択肢の訳　1　がん細胞を直接除去するための分子を発見しようとしている。

　　　　　　2　副作用のないがんの薬を見つけようとしている。

　　　　　　3　がんへの抗体を高める方法を見つけようとしている。

　　　　　　4　即効性のあるがんの化合物を見つけようとしている。

No.2 解答 3. It is trying to find ways to enhance resistance to cancer.

☞**「変革」「変化」もよく狙われる問題**。新会社の目新しい (novel) 点は何か？という問いに対して、下線部②「がん対策に免疫システム増強を促す化合物の発見をめざす」という発言を言い換えた3が正解。1は直接がん細胞を除去するとは言っていないので不可。2は下線部②の直後で副作用について質問されているが、「副作用が少ない化合物の発見をめざす」とあるので、不可。4は言及されていない。

類語・言い換え型 (★★)

> ### 「変革・変化」を示す表現に要注意！
>
> novel, new など「新しさ」を示唆する表現が聞こえてきたら、集中して聴くこと！

インタビュー型リスニング模擬問題にチャレンジ！②

Interview 2

track
27

No.1

1. He played a role completely different from his popular image.

2. He spoke English fluently in his role.

3. He worked with a Japanese staff member.

4. He could take his Japanese fans' breath away.

No.2

1. His collaboration with the international filming crew.

2. His sense of pride in his cultural identity.

3. His reinvention of his image as a friendly character.

4. His desire to star in bilingual movies.

 スクリプト

This is an interview with Tadashi Tanaka, a Japanese movie actor.

I (Interviewer): Hello, and welcome to our show. Today, we have with us Mr. Tadashi Tanaka, a Japanese actor, who, I believe, many of you will recognize from his role in the recent hit movie "Gateway to Paradise". Happy to have you with us, Tadashi.

TT(Tadashi Tanaka): I have always been an avid fan of this series, so, when I got the offer, well, I said yes on the spot. In fact, I didn't even read through the script or ask about my role. It was so exhilarating that I would be in this movie, and act alongside Mark Thomas. I've had a great admiration for Mark since I was a kid.

I: And ①your character in the movie, he is the villain of the story, isn't he?

TT: Yes, he is. That is another aspect that I enjoyed. In Japan, most of the characters I play are good guys. My Japanese fans probably have an image of me being an affable, genial, charming kind of person. But I have always been fascinated by the villains. Don't you think that in many films, it is the rogues that you remember, not the heroes? And you need good acting skills to be a convincing villain. So this role in "Gateway" was a true challenge to me in that respect, and I, well, I think I did quite well.

I: Yes! Do you think your Japanese fans will be flabbergasted?

TT: Yes, but I hope they will be pleasantly surprised to see a new side of me.

I: I also hear that this is the first time you have starred in an English language film.

TT: Yes, that's true.

I: Any challenges there?

TT: Not really. I didn't have any difficulty with the language, and...

I: Yes, you do speak fluent English, and in fact I was surprised to hear that this is your first appearance in an English language film.

TT: Well, I guess the chance just hadn't come to me before. An interesting thing, though, was that in this film my character is Japanese and there was no need for me to speak fluent English. In fact, a large part of my dialogue was in Japanese. I think language-wise Mark had a harder time. His character was supposed to have a good command of Japanese, while, Mark, well, he doesn't speak a smattering of Japanese. So I was often helping Mark with his dialogue. The cast was quite international,...there were people from all over the world, and the filming crew was quite diverse, too. I was truly impressed by the director who brought the whole team together. I would definitely like to work with her again.

I: Right. Does that mean that we will be seeing more of you in English movies?

TT: Yes, I hope so. But at the same time, ②I do believe that my roots are in Japan, and I cannot see myself completely leaving the Japanese film scene behind. I started out as a samurai actor, you see, playing the role of samurai warriors in films set in medieval Japan. If you watch carefully, you might see some of my moves in "Gateway" that are similar to those of a samurai warrior. I learned a lot about Japan – Japanese history, tradition, and those kinds of things back then. That interest never died. I'm very, very Japanese at heart, you know.

I: Yes. And do you have any other plans for your future?

TT: I've wanted to capture the essence of acting for the rest of my life, but I am also interested in making my own films someday, works that would be cultural bridges between Japan and the English-speaking world. I have some ideas, but I will need some more time to get started.

I: Well, thank you very much, Tadashi, for being with us tonight. I wish you all the best in your future endeavors. I hope we can have you on our show again.

TT: Thank you. It was a pleasure to be here.

Questions:

No.1 What is one thing Tanaka liked about starring in the film?

No.2 What was the reason behind Tanaka's decision to start his career in historical films?

....

語注
- **an avid fan of ~**　～の大ファン
- **exhilarating**　わくわくする
- **affable**　愛想のよい
- **rogue**　悪漢
- **language-wise**　言語的に
- **have a good command of Japanese**　日本語をうまく使いこなす
- **a smattering of Japanese**　片言の日本語
- **diverse**　多岐にわたった
- **on the spot**　その場で
- **villain**　悪漢
- **genial**　人懐っこい
- **flabbergasted**　面食らった
- **leave behind**　～を置き去りにする

I (インタビュワー):こんにちは、私たちの番組によくいらっしゃいました。今日は日本の俳優であり、最近ヒットした映画「Gateway to Paradise(楽園への門)」の演技で多くの方におなじみの田中タダシさんにお越しいただいております。タダシ、お越しいただきありがとうございます。

TT(田中タダシ):私自身このシリーズの大ファンでしたので、出演依頼をいただいたときは、即座に快諾しました。それどころか、台本も読まず、役柄について尋ねることもしなかったのです。この映画に出演し、マーク・トーマスと共演することに、本当にわくわくしました。子供のころからマークには大きな尊敬の念を抱いていたんです。

I: そして、映画でのあなたの役柄はストーリーの悪役ですよね?

TT: そうです。それが、楽しめたもう一つの側面です。日本では私が演じるほとんどの役柄は善人です。私の日本のファンは多分私に対して愛想のよい、人懐っこい、魅力的なイメージを持っておられると思います。だけど、私はいつも悪役に魅了されてきました。映画をたくさん見ていると、覚えているのは悪役のほうですよね、主人公ではなく。そして、納得してもらえる悪役になるためには高い演技力が必要です。だから、その点に関して、『Gateway to Paradise』でのこの役は真のチャレンジだったのです、そして、私は結構うまくできたと思っています。

I: 日本のファンは面食らうと思いますか?

TT: はい、でも私の新たな一面を見てのうれしい驚きであることを望みます。

I: また、あなたが英語の映画で主役を演じたのはこれが初めてだと聞いていますが・・・

TT: はい、その通りです。

I: 難しかったですか?

TT: そうでもなかったです。言葉に関して難しいということはありませんでした、そして・・・

I: そうですね、英語を流暢に話されていますよね。実のところ、これが英語映画に初めての出演とお聞きしてむしろ驚きました。

TT: 多分、今までチャンスがなかっただけのことだと思います。しかしながら、面白いことには、この映画では私の役柄は日本人であって、流ちょうな英語を話す必要がなかったということでした。実際のところ、私のセリフの大部分は日本語でした。言葉に関して言えば、マークの方がもっと悪戦苦闘したと思いますよ。彼の役柄は流ちょうな日本語を話す役柄でした。ところがマークは片言の日本語も話しません。なので、私はしばしばセリフに関してマークの手助けをしました。配役は非常に国際的で、世界中からやってきた人たちでした。撮影スタッフもなかなか多彩でした。チーム全体をまとめた監督に本当に感心しました。絶対、彼女ともう一度一緒に仕事をしたいですね。

I: なるほど。ということは、これから英語の映画にもっと出演されるということでしょうか?

TT: はい、そうありたいですね。が、同時に、私のルーツは日本にあると信じていますし、日本の映画界を完全にないがしろにはしたくありません。ご存じでしょうが、私は中世の日本に設定さ

れた映画の中で武士を演じるサムライ俳優として出発しました。注意深く観察していただければ、Gateway における私の動きがサムライのそれと似通っていることが分かるかもしれません。その時代の日本の歴史、伝統など日本について多くのことを学びました。その興味は尽きることはありませんでした。私の心底、本当に日本人なんですね。

I: 将来に向けて何か他の計画をお持ちですか？

TT: 残りの人生で、演ずることの本質を捉えたいと思ってきましたが、日本と英語圏との文化的な橋渡しとなる自分の映画をいつか作ることにもまた興味があります。いくつかのアイディアはあるのですが、始めるまでにはもう少し時間が必要です。

I: タダシ,今夜はお越しいただいてありがとうございます、あなたのこれからの試みがうまくいきますよう願っております。また私たちの番組にお越しくださいね。

TT: ありがとうございます。お招きいただきありがとうございました。

質問）No.1　田中氏が映画の主演に関して気に入っていたことは何か？

選択肢の訳　1. 一般の彼に対するイメージとは全く異なる役を演じた。

　　　　　　2. 役で流暢に英語を話した。

　　　　　　3. 日本人スタッフと働いた。

　　　　　　4.　日本のファンの度肝を抜くことができた。

....

No.1　解答　1. He played a role completely different from his popular image.

👉初めて英語の映画に出演したサムライ俳優のインタビュー。**「話者の意見・感想を問う問題」は、最頻出パターンのひとつだが**、ここでは、今回の出演でよかった点を問う問題。下線部①「villain（悪漢）役」についての質問に対して、That is another aspect that I enjoyed. とあり、「日本のファンは affable, genial, charming（愛想のよい、人懐っこい、魅力的な）善人役のイメージを抱いていると思うが、自分は悪役に魅力を感じていた」の発言をサマリーした 1 が正解。

一般化・サマリー型　（★）

話者の意見・感想は常にポイントを取りに行くこと！

自分の仕事内容に関する意見（好きな点、困難な点）などは最頻出なので、最大限の注意を払おう！

質問）No.2 時代劇で田中氏が役者としてのキャリアを始めた理由は何だったか？

選択肢の訳　1. 国際的な撮影スタッフとコラボしたこと

2. 日本人としての文化的アイデンティティへの誇り

3. フレンドリーなキャラクターとしてイメチェンしたこと

4. バイリンガル映画に主演したいこと

....

No.2 解答 2. His sense of pride in his cultural identity.

☞「行動の理由」もインタビュー問題ではよく問われるパターンのひとつ。下線部②で繰り返し、my roots are in Japan / cannot see myself leaving the Japanese film scene behind / That interest (in Japan) never died / I'm very, very Japanese at heart. と繰り返し、自分の日本人としてのアイデンティティについて述べている。これらをサマリーした 2 が正解。1 の国際的な撮影スタッフとのコラボ、3 の his reinvention of his image（イメチェン）、4 のバイリンガル映画への主演への希望はどれも言及されているが、historical films でキャリアをスタートした理由ではない。**話者が言いたい内容は、I do believe that　〜や、I learned a lot about　〜などの後に現れる**ので、集中して聞こう！

一般化・サマリー型 （★★）

┌──┐
│ 「行動の理由」は頻出パターン！   │
│   │
│ What is one thing S says made it successful?　や　What is │
│ one of the reasons that S decided to do?　や What was the │
│ reason behind 〜?　などの理由の質問パターンに慣れよ！ │
└──┘

リスニング②リアルライフ型&インタビュー型

247

ライティング&
二次試験(面接)

一気にスコアUP!
短期集中トレーニング

8日目の動画をチェック!

QRコードをスキャンしよう!

英検 1 級ライティング問題とは

　英検 1 級のライティング問題は、**2024 年度から意見論述問題に要約問題も追加**されることになりました。

問題数が 1 題から 2 題へ増えたこと、特に要約問題は読解力、文章作成力、リフレーズ力等が必要で、付け焼刃的では通用しない総合的な英語力が問われる問題になったことから、ライティングテストの重要性が益々高まったと言えます。

　解答時間の目安ですが、試験時間 100 分のうちたとえば語彙問題 22 問に 11 分、空所補充問題 6 問に 15 分、内容一致問題 7 問に 25 分、リスニングの先読み時間に 3 〜 5 分かける場合、ライティング問題 2 問に割ける時間は残り 44 〜 46 分です。このうち**意見論述に 30 分使うと要約問題には 14 〜 16 分で解答する必要があります**。もちろん、それぞれの分野に得手不得手があると思いますので、かける時間は前後することでしょう。しかし「重い」問題が増えたことで焦ることがないように、**時間配分を予めよく考えておくこと**と、要約問題トレーニングを最低 10 回ぐらい添削を受けながらしておくことが重要です。

　要約問題に慣れていない場合、15 分程度での解答が困難であることが多いので、本書を使って攻略法をマスターし、時間内に解答できるよう練習しておきましょう。

ライティング＜論述問題＞攻略法

　まず、論述問題はどのように出題されるのでしょうか。英検 1 級では**様々な社会問題について 200 〜 240 ワードで自分の意見を発信する力**が求められます。準 1 級ではヒントになるキーワードが与えられていましたが、**1 級ではキーワードなし**で、出題されたトピックについて、賛成、反対いずれかの自分の立場を決め、英語の文章構成に従って論理的に意見を述べなければなりません。これには**語彙や構文を駆使できる英語力**、そして**英語的な発想で文章を構成する力**、さらに**説得力のあるアーギュメント（根拠と論拠に裏付けられた主張）を考える力**、と主に 3 つの要素が必要です。

　アーギュメントを考えることは日本人にはなじみが薄いので、日頃からまずは日本語で考える練習をしておくとよいですね。

　では次に具体的に過去の出題例を見てみましょう。

エッセイ形式になった 2016 年春以降で出題されたトピックは次の通りです。

2016年	第 1 回 (政治・国際)	Agree or disagree: World peace is an achievable goal.	世界平和は実現できるか？
	第 2 回 (政治・国際)	Should democratic nations actively promote the spread of democracy to nondemocratic nations?	民主主義国家は他国に民主主義を勧めるべきか？
	第 3 回 (司法)	Should the death penalty be banned in Japan?	日本で死刑制度を廃止すべきか？
2017年	第 1 回 (メディア)	Can restrictions on freedom of speech ever be justified?	言論の自由を規制することは正当化できるか？
	第 2 回 (政治・国際)	Should developed nations encourage immigration from other countries?	先進国は移民を受け入れるべきか？
	第 3 回 (政治・国際)	Should Japan rethink its relationship with the United States?	日本は米国との関係を再考すべきか？
2018年	第 1 回 (文化)	Agree or disagree: Japan will benefit overall from hosting the 2020 Summer Olympics.	日本は 2020 年夏季オリンピックで恩恵があるか？
	第 2 回 (教育)	Has a university degree in the humanities lost its relevance in today's world?	人文科学の学位が現代社会では役に立たなくなったか？
	第 3 回 (政治・国際)	Is a worldwide ban on weapons of mass destruction an attainable goal?	大量破壊兵器の世界的禁止は実現できるか？
2019年	第 1 回 (医学)	Agree or disagree: Infectious diseases will become a bigger problem in the coming decades.	伝染病は今後何十年かてより大きな問題となるか？
	第 2 回 (科学)	Is space exploration worth the cost?	宇宙開発はコストに見合うか？
	第 3 回 (環境)	Can renewable energy sources replace fossil fuels?	再生可能エネルギーは化石燃料にとって代わるか？
2020年	第 1 回 (政治・国際)	Agree or disagree: Improving relations with other Asia nations should be a priority for the Japanese government	日本政府にとって他のアジア諸国との関係改善を優先事項とすべきか？
	第 2 回 (環境)	Agree or disagree: Global overpopulation is a serious threat to the future of humankind	世界の過剰人口は人類の未来にとって深刻な脅威か？

2020年	第3回 (政治・国際)	Agree or disagree: Globalization is a positive force in today's world	グローバリゼーションは今日の世界においてプラスの方向に引っ張る力となっているか？
2021年	第1回 (政治・国際)	Are economic sanctions a useful foreign-policy tool?	経済制裁は有効な外交政策ツールか？
	第2回 (メディア)	Can individual privacy be protected in the modern world?	個人のプライバシーは現代世界で保護され得るか？
	第3回 (経済)	Should investment in technology be a bigger priority for governments?	政府にとって技術への投資を優先事項にすべきか？
2022年	第1回 (科学)	Agree or disagree: Genetic engineering will have a positive influence on society in the future	遺伝子工学は将来的に社会に良い影響を与えるか、賛成か反対か
	第2回 (環境)	Agree or disagree: Human societies will always have a negative effect on the environment	人間社会は常に環境に悪影響を及ぼすか？
	第3回 (経済)	Agree or disagree: Industrialization has had an overall beneficial effect on humankind	産業化は人類に全体的に有益な影響を与えてきたか
2023年	第1回 (経済)	Is investment from foreign companies necessary for the success of Japan's economy?	外国企業からの投資は日本経済の成功に必要不可欠か？
	第2回 (政治)	Do social welfare programs help reduce inequality in society?	社会福祉プログラムは社会における不平等を減少させるのに役立つか？
	第3回 (科学)	Should science be relied on to solve humankind's problems?	人類の問題を解決するために科学に頼るべきか？

　いかがですか？ **政治・国際・経済に関する問題が多い**のがおわかりでしょう。

　しかし、これまでにこのような意見をあまり発信する機会がなかった場合、いざ自分の意見を書こうとしても日本語ででもなかなか難しい内容かもしれません。普段から新聞やニュースなどを見聞きし、社会問題について客観的に考える習慣を持つことが大切です。ライティング問題でよく取り扱われる公共政策、ビジネス、テクノロジー、環境、社会現象などの分野で取り扱われる代表的なトピックについて、自分の意見を論旨明快に発信できるように練習しておきましょう。前述のようにヒントとなるキーワードが与えられていませんので特に**頻出トピックについてはキーアイデアを予め考えておき、関連トピックでもそれを応用できるようにしておきましょう。**

採点基準は？

　エッセイは次の4項目に基づいて評価・採点されます。それぞれが8点満点で合計 **32点満点**。**目標点は約28点**です。

①内容（8点満点）
　問題に適切に答えており、主題に沿った内容になっているか。また関連のある具体例などでサポートをしているか。

②構成（8点満点）
　英文全体の流れが自然で読み手にわかりやすい文章を書いているか。文同士のつながりや一貫性はあるか。

③語彙（8点満点）
　単語や表現は正確か。またトピックに関連した語彙を適切に使えているか。同じ語彙や表現を何度も使わない。

④文法（8点満点）
　文法が正確か。時制、冠詞、構文などを正確に。

　まずは①内容が最重要ポイントです。トピックと全く関係のないズレたことを書くと、たちまち大幅減点！くれぐれも話が逸れないように気を付けましょう。②構成はエッセイの雛形をマスターし、それに従って書くと高得点が狙えます。ただし、あくまでも①内容がトピックに合っていることが前提なので採点は①と連動していると考えられます。③語彙や④文法は最も間違いが目立ちやすいところです。1級のエッセイだからといって無理に高度な表現を使う必要はなく、それよりも文法・語法のミスなく意見をわかりやすく正確に書くことが大切です。もちろん試験では必ず見直しをしましょう。

8日目　ライティング&二次試験

①論述問題必勝フォーマットをマスター！

　ではどのような形でエッセイを書けばよいのでしょう。英検1級では指定語数が **200〜240 ワード** です。雛形をマスターしておくと、トピックに対する賛成・反対意見とその理由を考えることのみに集中することができるので、その分短時間でエッセイを仕上げられ、見直す時間も確保できます。**30分で書き上げる** ことを目標にしましょう。

基本構成

　先ずは大まかな構成についてです。英検1級の意見論述エッセイでは「論理的なエッセイの正しい構成」で書くことが求められます。1級では **3つの理由を挙げて意見を述べる** ことになっていますので、次の **5パラグラフ（段落）** の構成で書きましょう。

第1パラグラフ　　Introduction
　第1文：定型文（一般論）
　第2文：立論（トピックに対する賛成か反対かなど自分のスタンス）

第2パラグラフ　　Body 1
　第1文：1つめのキーアイディアを含む文
　第2文目以降：1つめのキーアイディアのサポート

第3パラグラフ　　Body 2
　第1文：2つめのキーアイディアを含む文
　第2文目以降：2つめのキーアイディアのサポート

第4パラグラフ　　Body 3
　第1文：3つめのキーアイディアを含む文
　第2文目以降：3つめのキーアイディアのサポート

第5パラグラフ　　Conclusion
　イントロで述べた自分の立論をもう一度述べ、結論として締めくくる

②雛形をマスターして時間節約！

では次に① Introduction（イントロ）③ Conclusion（結論）で使えるフォーマット（雛形）をご紹介します．

イントロ第１文・必勝フォーマット

　イントロは２文構成で、１文目では一般論を雛形に当てはめ、２文目では賛成か反対か等自分の意見を述べるだけです。

① 論議を引き起こしている様々な社会問題に使えるパターン
　ⅰ) It is a (highly) controversial issue whether or not S + V (トピック文言い換え),〜は（非常に）議論になっている問題です
　ⅱ) Some people believe [say] that S + V (トピック文言い換え), while others don't. 〜と考える（言う）人もいればそうでない人もいる

② ある程度論議されているトピックについて使えるパターン
There have been a lot of discussions (and debates) about 〜
　　〜について、よく論議されています

③ 社会問題の様々なトピックに使えるパターン
Nowadays, there is a growing tendency [awareness] (among …) for S + to do
(トピック文言い換え)
　　…の間で〜の認識（傾向）が高まっています
☞ これはある問題に対してどんどん関心が高まっている場合に使える便利な表現。

④ いろいろなトピックに幅広く使えるパターン
　ⅰ) It is often pointed out [said] that S + V (トピック文言い換え).
　　〜だとよく言われます
☞ まず一般的な考え方、その後に自分の意見を書くパターンです。
　ⅱ) It is generally believed that S + V (トピック文言い換え).
　　〜だと一般に思われています

⑤ ２つのものの比較や、あるもののプラス面とマイナス面のどちらが大きいかを述べるトピックに使えるパターン

There are advantages and disadvantages to ～ A (and B), but I think that the advantages outweigh the disadvantages for the following three reasons.

〜には一長一短あるが３つの理由でプラスの方がマイナスより大きい

☞ プラス、マイナスが逆の意見の時は advantages と disadvantages の位置を入れ替えます。

＊ 時間がない場合などはトピック文言い換えはしなくてもかまいません。

次に第２文に参りましょう。

イントロ第２文・必勝フォーマット

Personally, I (don't) [believe / think] that S + V（トピック文), for the following three reasons.

私は個人的には、以下の３つの理由から〜と（思います / 思いません）

Personally, I (don't) think it is (beneficial / a good idea) that S + V（トピック文）for the following three reasons.

私は個人的には、以下の３つの理由から〜は良い考えだと（思います / 思いません）

☞ ここでは必ずリフレーズせずに「トピック文」をそのまま書きます。

続いて Conclusion（結論）のフォーマットです。

結論の必勝フォーマット

In conclusion, [for the three reasons mentioned above/ the above-mentioned three reasons / these three reasons], A, B, and C,

I (don't) [believe / think] that S + V（トピック文).

（結論として）私は上述の A、B、C という理由から、〜だと（思います / 思いません）

☞ A、B、C とは、ボディで述べた理由を概念化して句にしたものです。

ボディの書き方

　イントロと結論はパターンを覚えるだけですぐに書けますが、ボディは、自分でアーギュメントを考える必要があります。しかしここでも文の構成を頭に入れておくとそれに沿って考えをまとめると良いので、時間短縮につながり効率良く書くことができます。**まず、それぞれの段落の 1 文目にはキーアイディアを、2 文目以降は例を挙げたり、より具体的な表現でキーアイディアを展開するサポート文にするという構成にするのがエッセイの王道**です。この構成にすると、読み手にも早く意見が伝わりやすいので好印象になります。

「キーアイディア」を提示する表現

Firstly [First / First of all], Secondly[Second], Finally [Third / Thirdly]

　まず第一に〜、次に〜、最後に：

　ボディの各段落の第 1 文に持ってくる定番表現。この **1 文がそのパラグラフの要約的存在**です。理由のキーワードを含んだ文にすると読み手にも意見をわかりやすく伝えられます。その後、2 文くらいでキーアイデアを具体例などを用いてサポートします。

よくある文法・語法のミス Top 10

　次にエッセイライティングでよくある文法・語法のミス特集です。これらのミスは、1 級の受験者が実際に書いたエッセイから集めたものも多く含まれています。**ライティングは歌で例えると「ア・カペラ」で歌うようなもの**。頭では分かっているつもりでも、いざ制限時間内に書くとなると、ちょっと**あやふやな部分などはたちまち「ボロ」**が出てしまいます。ここで、減点されないように再確認しておきましょう。

① to 不定詞？ 前置詞の to ？

　to がくると不定詞だと思ってしまい、用法を間違えるケースがとても多いです。例えば "admit to", "be accustomed to ", "contribute to", などは前置詞なので後ろに名詞や動名詞がこないといけません。

② 可算名詞、不可算名詞？

日本人に馴染みにくい区別で、級を問わずミス多発項目です。普段から区別を意識して学習しましょう。

③ 冠詞を付け忘れてしまう

これも②と同様日本語にはない要素。100％マスターするのはなかなか難しいですが、冠詞「あり」と「なし」では意味が通じなかったり、変わってしまうものは特に注意しましょう。

例）the environment（自然環境），the economy（経済），the world（世界），
the weather（天気），the sky（空），the ocean（大洋），the earth（地球）　等。

④ "A such as B" で、A と B を同カテゴリーにしていない

"A such as B", "A including B", "A like B" では、A の集合のなかに B が含まれていなければなりません。例えば、"diseases such as cancer, leukemia, and stroke" といった具合に同じカテゴリーにします。

⑤ 異なるカテゴリーを比較してしまう

比較構文では同じカテゴリーのものを比較しなければなりません。例えば、「日本の気候はインドの気候よりも穏やかだ」は "The climate of Japan is milder than that of India." となり、気候同士を比べているので、that of (=the climate of) が必要です。高校の文法で学習する内容ですが、1級受験者でも多く見られるミスなので注意しましょう。

⑥ 人を主語にできない形容詞を使ってしまう

necessary, possible, convenient 等は通常、人を主語にできません。

× Young people are necessary to broaden their cultural horizon.

○ It is necessary for young people to broaden their cultural horizon.

⑦ however や therefore の品詞は？

接続詞だと勘違いしてしまい、**but の代用として使うミス**が多いですが、**however, therefore はどちらも基本的に「副詞」**です！

SV, however SV はまちがいで、SV; however, SV とするか、文を切って、SV. However, SV とするか、SV, but SV が正解。Therefore も同様に、SV, therefore SV. はまちがいで、セミコロンを使って、SV; therefore, SV とするか SV, and therefore, SV と and を加えるか、文を切って、SV. Therefore, SV とします。

⑧不自然なコロケーションで語彙を使ってしまう

常に自然な語と語の結びつきを意識した語彙学習を！

　例）have an influence on ～（影響を与える）与えるにつられ、give にしない

⑨ 助動詞の用法を間違えてしまう

will は「～だろう」だけではなく 90％の「～だ」でもある！
また、**would, could は**単なる助動詞の過去形の意味だけではなく**仮定法など推量の意味で使われることが多い！**

　例）I could go with you. 私はあなたと一緒に行けるかもしれない。

⑩ affect と effect を混同してしまう

affect は「動詞」、effect は「名詞」と認識せよ！

よくあるアーギュメントに関するミス Top 4

　続いて 1 級の意見論述エッセイでよく見られるアーギュメントに関するミスを挙げます。他山の石として同じミスをしないように心がけましょう。

①論点がずれている

　これは「問題のトピック内容に適切に答えていない」ということです。例えば「AIは人間の脅威になるか？」という問いに対して、「AIがあるから生活が便利になった」のような論点がずれている応答をしてしまうことです。論点に沿った答えができるように、物事を客観的に見てその良い点と悪い点を考えるトレーニングをしましょう。

②サポート（具体例）がずれている

　キーアイディアに対してサポート（具体例）が関連性のない主張になっているミスです。例えば、遺伝子組み換え技術の利点のひとつに「食糧不足を補うことができる」というキーアイディアを提示したとします。そしてそれに対する具体例として、「安全性が心配だ」のようなつながりのないものを挙げてしまうことです。

③３つのキーアイディアが重複している

　これもよく見られるミスで、理由を３点述べているにもかかわらず、それらの内容が重複しているミスです。例えば「定年退職制の利点は？」という問いに対して１点目は「国の経済発展につながる」、２点目は「個人の消費を増やすことが出来る」のようにキーアイディアが同じ内容になっているパターンです。この場合は２点目の「個人の消費が伸びること」は１点目の「国の経済発展」に含まれています。

④個人的な経験で論証しようとしている

　説得力のある強い理由とは大半の人が納得できるものでなければなりません。個人的な体験や好みで説明しようとするミスが見受けられますが、それらはあくまでも私的なものであり、一般に当てはまる事象とは限りません。つまり、客観的事実や一般に認識されている事例を示さなければ、説得力がありません。

ライティング＜要約＞問題攻略法

　要約文とは、元の文に書かれている情報から筆者が最も伝えたい部分、いわば「骨格」の部分を取り出し、**読者が元の内容を正確に素早く理解できるようにする**ものです。要約文を作成するためには何をおいてもまず**正確な文章理解力が最も重要**です。それを前提に、不要な詳細や繰り返しを省いて「骨格」を見極める力、つまり**文の要点を捉える力**、そしてそれらを**別の表現で書き換える力、文の流れを論理的にまとめる力**が必要です。

　要約問題は次の 4 項目に基づいて評価・採点されます。**それぞれが 8 点満点で合計 32 点満点。意見論述問題と同配分**です。

> ①**内容**（8 点満点）：元の文の要点を正確に捉えた内容になっているか
> ②**構成**（8 点満点）：英文全体の流れが自然で読み手にわかりやすく論理的な文章になっているか
> ③**語彙・文法**（8 点満点）：単語や表現は正確か
> ④**語彙・文法**（8 点満点）：リフレーズができているか

　これらの評価基準に基づいてそれぞれの力をつけるために、作成手順を次のような大きく 2 つの柱に分け、要約文作成のトレーニングをしましょう。

要約文作成の 2 本柱

1 本目　元の文を正確に読みとって要点を捉える

　正確な読解力には語彙・文法の知識が不可欠です。つまりパッセージ内のそれぞれの文章がどのように関わり合っているのかを見極めるための語彙・文法力です。この点から、**文を読みながら要点を捉えるというのはほぼ同時進行**であるとも言えます。ここが最も重要な部分で、パッセージ内の**「余分な」部分を省き「骨格」のみを抽出**しながら、つまり重要な情報を浮き彫りにしながら読めるようになれば要約文作成の7 割は達成したと考えても良いくらいです。

2 本目　要点部分を別の表現に変え、論理的な流れのパッセージを作る

　パッセージの重要情報を取り出すことができたら、次は本文そのままの表現ではなく**別の表現に書き換える**必要があります。もちろん意味を変えてはいけませんので、

どれだけ違うパターンの表現ができるかが問われる部分でもあります。これにはいくつかのパターンを覚えて練習しておくとよいでしょう（下記「リフレーズ技」参照）。

そして最後にそれらの文をディスコースマーカー等を使って**論理的な流れになるようにまとめて完成**です。1級の場合、元のパッセージの約3分の1つまり約100words の要約文ですので、1文につき平均20words なら5文、25words なら4文となります。どこに何文使うかを念頭に入れて文の構成を考えると良いでしょう。

リフレーズ5つの技

2本目柱で既述の「本文そのままの表現ではなく別の表現に書き換える」パターンについてお話ししましょう。

技1）概念化

具体的に書かれている部分を概念化、つまり大きな集合を表す語句に。

例 planets including Venus, Mars, and Earth ☞ solar system planets

技2）具体化

抽象的、比喩的、遠回しに書かれている部分を、分かりやすく具体的に。

例 concerns about health problems ☞ health risks など

技3）類語類似表現

語句自体を他の表現やよく似た語句を用いる。

例 collaborate ☞ work together, cooperate など

技4）別品詞

形容詞を名詞に、副詞を形容詞にするなど、異なる品詞に。

例 make a reservation ☞ reserve など

技5）他構文

分詞構文を使う、節を句に、SVC を SVO に、能動態⇔受動態等、文構造を変化させる。

例 If you interact with them, you will ～

☞ Interacting with them will lead to ～　　　無生物主語で SVO 構文に

では次にそれぞれの「柱」完成に向け、本番よりは短いパッセージを使って3分の1の量に要約するトレーニングをしましょう。

１本目柱完成トレーニング例題

＊次のパッセージの骨格となる語句や文にアンダーラインを引き、さらに、それら「骨格」部分になる文を作ってください。

まずは短めのパッセージでの練習です。

---

① Hydrogen energy, heralded as the quintessence of clean power, offers a sustainable alternative to fossil fuels. Its utilization in fuel cells generates electricity through an eco-friendly process, emitting only water vapor. This avant-garde energy source promises to revolutionize our energy paradigm, mitigating climate change and propelling us towards a greener future.

(51)

▼

アンダーラインを引く部分

Hydrogen energy, heralded as the quintessence of clean power, offers a sustainable alternative to fossil fuels. Its utilization in fuel cells generates electricity through an eco-friendly process, emitting only water vapor. This avant-garde energy source promises to revolutionize our energy paradigm, mitigating climate change and propelling us towards a greener future.

訳 クリーンパワーの真髄と謳われる水素エネルギーは、化石燃料に代わる持続可能な選択肢を提供する。燃料電池に水素を利用することで、環境に優しいプロセスで電気を発生させ、排出するのは水蒸気だけである。この前衛的なエネルギー源は、私たちのエネルギー・パラダイムに革命をもたらし、気候変動を緩和し、私たちをより環境に優しい未来へと導くことを約束する。

☞まず、一番のキーワードは hydrogen energy（水素エネルギー）であることが分かります。パッセージを読み進むと、水素エネルギーの特徴について書かれているのでその部分を抽出すると、clean power, offers a sustainable alternative to fossil fuels（化石燃料に代わる持続可能な選択肢を提供する）, eco-friendly（環境に優しい）であることが分かります。さらに将来の見通しに関しては promises（約束する）, a greener future（より環境に優しい未来）部分がキーワードになっています。

情報整理 & 文章化

● 情報整理

(1) hydrogen energy の特徴：
- ・clean power
- ・eco-friendly
- ・offers a sustainable alternative to fossil fuels.

(2) hydrogen energy の見通し：
- promise a greener future

● 文章化

上記の情報を文章にすると、以下のようにまとめられます。

Hydrogen energy, a clean power source, promises a greener future by offering a sustainable, eco-friendly electricity alternative. (17)

訳 クリーンな電力源である水素エネルギーは、持続可能で環境に優しい代替電力を提供することで、より環境に優しい未来を約束する。

次は、もう少し長めのパッセージで練習してみましょう。

② In a groundbreaking advancement, astronomers recently unveiled the discovery that challenges the bedrock of astrophysical laws. This finding centers on a newly identified black hole, showing the properties so unconventional that they compel a reevaluation of our understanding of gravitational dynamics. Unlike previously documented black holes, this entity distorts spacetime in a manner that defies the predictions of Einstein's general relativity, suggesting the existence of previously unknown forces or dimensions. This anomaly was detected through sophisticated observational techniques, leveraging the interplay of light bending around the black hole's event horizon and the gravitational waves emanating from its core. The discovery has profound implications for astrophysics, potentially heralding a new era in physics where the fundamental constants of nature may need to be reconsidered. (123)

▼

アンダーラインを引く部分

In a groundbreaking advancement, astronomers recently unveiled the discovery that challenges the bedrock of astrophysical laws. This finding centers on a newly identified black hole, showing the properties so unconventional that they compel a reevaluation of our understanding of gravitational dynamics. Unlike previously documented black holes, this entity distorts spacetime in a manner that defies the predictions of Einstein's general relativity, suggesting the existence of previously unknown forces or dimensions. This anomaly was detected through sophisticated observational techniques, leveraging the interplay of light bending around the black hole's event horizon and the gravitational waves emanating from its core. The discovery has profound implications for astorophysics, potentially heralding a new era in physics where the fundamental constants of nature may need to be reconsidered.

訳　画期的な進歩として、天文学者は最近、天体物理学の法則の根幹に挑戦する発見を発表した。この発見は、新たに発見されたブラックホールを中心とするもので、重力力学に対する我々の理解を再評価せざるを得ないほど型破りな性質を示している。これまで報告されてきたブラックホールとは異なり、このブラックホールはアインシュタインの一般相対性理論の予測を裏切る形で時空を歪め、これまで知られていなかった力や次元の存在を示唆している。この異変は、ブラックホールの事象の地平面付近で曲がる光と、その中心から発せられる重力波の相互作用を利用した高度な観測技術によって検出された。この発見の宇宙物理学に与える影響は大きく、自然の基本定数を再考する必要があるかもしれない物理学の新時代を告げる可能性がある。

☞ 1 文目の astronomers recently unveiled a discovery が 2 文目にある a newly identified black hole、つまりこのパッセージの主役への導入部分となっています。その新たな発見がもたらす事柄が 3 文目の後半 defies the predictions of Einstein's general relativity, suggesting the existence of previously unknown forces or dimensions に、さらに 5 文目では has profound implications for astorophysics, potentially heralding a new era in physics、may need to be reconsidered のようにまた 1 文目でも a discovery that challenges the bedrock of astrophysical laws. のように今後の見通しが書かれています。

情報整理 & 文章化

●情報整理

> (1) 新たな発見：
> 　・Astronomers recently unveiled a discovery
> 　・a newly identified black hole
> (2) a newly identified black hole がもたらすこと：
> 　・defies the predictions of Einstein's general relativity, suggesting the existence of previously unknown forces or dimensions.
> (3) 今後の見通し：
> 　・a discovery that challenges the bedrock of astrophysical laws
> 　・has profound implications for astorophysics, potentially heralding a new era in physics
> 　・may need to be reconsidered.

●文章化

　上記の情報を文章にすると、下記のようにまとめられます。

> Astronomers recently unveiled a discovery of a black hole. This defies the predictions of Einstein's general relativity, suggesting the existence of previously unknown forces or dimensions. Also, this discovery has profound astrophyical implications, potentially heralding a new era in physics and challenging the bedrock of astrophysical laws.
>
> (47)

訳　天文学者たちは最近、ブラックホールの発見を発表した。これはアインシュタインの一般相対性理論の予測を覆すもので、これまで知られていなかった力や次元の存在を示唆している。また、この発見は深く、天体物理学の法則の根幹を揺るがし、物理学の新時代を告げる可能性がある。

2本目柱完成トレーニング例題

次は「2本目の柱」完成に向けたトレーニングです。
＊1本目の柱で作成した①②それぞれの文は、どのような別の表現ができるか、②では要約文中の文の繋がりも考えてみてください。

---

① Hydrogen energy, a clean power source, promises a greener future by offering a sustainable, eco-friendly electricity alternative.

▼

別の表現に変換

　この文を内容を変えずにリフレーズしてみましょう。「ターム」、すなわち専門用語は変化させると意味が通じなくなるので、Hydrogen energy, a clean power source の部分はそのまま残します。promises a greener future は類語 pledges a more sustainable future に、by offering は類語 by providing にそれぞれリフレーズさせます。sustainable は2度目の使用になるので renewable に。electricity alternative の部分は alternative to traditional electricity と形を少し変えて表現すると良いでしょう。

解答例

Hydrogen power, a clean energy, pledges a more sustainable future by providing an eco-friendly and renewable alternative to traditional electricity.
(20)

 クリーンなエネルギーである水素発電は、従来の電気に代わる環境に優しく再生可能なエネルギーを提供することで、より持続可能な未来を約束する。

---

② Astronomers recently unveiled a discovery of a black hole. This defies the predictions of Einstein's general relativity, suggesting the existence of previously unknown forces or dimensions. Also, this discovery has profound astrophysical implications, potentially heralding a new era in physics and challenging the bedrock of astrophysical laws.

▼

別の表現に変換

　この文を内容を変えずにリフレーズしてみましょう。unveiled a discovery は類語 revealed the detection に、This defies the predictions は分詞構文＋類語を使い challenging the forecasts に変えることができます。分詞構文にすることで語数が少なくなります。Einstein's general relativity は「ターム」なのでそのまま残しましょう。the existence は類語 the presence に、unknown forces or dimensions はそのまま。this discovery は類語 this finding に、profound は類語 significant に potentially は助動詞を使って could にリフレーズできます。herald a new era in physics 部分は言い換えて break new ground in physics に、challenging は類語 questioning、the bedrock は比喩的なので具体的に the foundational principles にリフレーズできます。

解答例

Astronomers have recently revealed the detection of a black hole, challenging the forecasts of Einstein's theory of general relativity and suggesting the presence of unknown forces or dimensions. This remarkable finding can break new ground in physics, questioning the foundational principles of astrophysical laws.　(44)

訳　天文学者は最近、ブラックホールの検出を明らかにし、アインシュタインの一般相対性理論の予想を覆し、これまで知られていなかった力や次元の存在を示唆している。この発見は重要であり、天体物理学の法則の基本原理に疑問を投げかけることで、物理学を切り開く可能性がある。

文の繋がり

　2 文目の this finding は前文の内容。接続詞を使わなくても 1 文目と 2 文目の内容が「ブツ切り」ではなく繋がっていることを表すことができます。

　いかがでしたか？　要約文を作る方法はいろいろありますが、英検の限られた時間内（目標 15 分）で約 3 分の 1 の量に要約するには正確な読解力に基づいた速読力が必須です。練習問題のように先ずは短めの文章を読んでキーワード、キーセンテンスを探すトレーニングは効果的です。日本語の文章でもかまいませんので、「この文章は結局何が言いたいのか」という姿勢で読む訓練をしてみると良いでしょう。

二次試験（面接）同時攻略！

　二次試験ではトピックに関する2分間スピーチ、ならびにそれに関連する質問に答えなくてはいけません。**本書ではエッセイトピックに関連した質問をそれぞれ3問ずつ出題**しています。それぞれのトピックに関して2つの理由を挙げて意見を述べる**練習**をしてください。なお、**これらにイントロ、コンクルージョンを付け加えると2分間スピーチもできます。**

二次試験の流れ

　ここで二次試験がどのように行われるかを確認しましょう。面接委員とは、全て英語でのやりとりです。準1級までは面接委員は1人ですが、1級は2人になり、日本人とネイティブスピーカーのペアであることが多いです。なお、面接試験中にメモなどはできません。

1. 入室
　係員の指示に従い、面接室に入ります。

2.「面接カード」を渡す
　係員に「面接カード」を手渡します。

☞ 準1級までは面接委員に直接面接カードを渡しますが、1級では係員に手渡します

3. 着席
　面接委員の指示に従い、着席します。

4. 氏名の確認と簡単な日常会話
　最初に氏名の確認をし、簡単な日常会話をします。

☞ "What do you usually do in your free time?", "Tell me a little bit about yourself," 等自己紹介的なことを聞かれることが多いです。なお、この会話は受験者をリラックスさせるためであり、評価対象ではありません。

5.「トピックカード」を受け取る
　面接委員から、5つのトピックが書かれた「トピックカード」を受け取ります。

6. スピーチの作成時間（1分間）
　トピックの中から1つを選び、スピーチの内容を考えます。考える時間は1分間。メモをとることはできません。

7. スピーチ（2分間）

　面接委員の指示で、スピーチを始めます。スピーチの時間は2分間で、それ以上続く場合は、途中でも中止させられます。

8. Q & A（約4分間）

　面接委員からスピーチの内容や、トピックに関連した質問が出題されます。

9.「トピックカード」を面接委員に返す

　試験が終了したら、「トピックカード」を必ず面接委員に返してから退室します。

10. 退室

　退室後は、すみやかに会場から退場します。控室へ戻ることや待機中の受験者と会話することはできません。

二次試験の評価

面接試験での評価項目および配点は以下の通りです。

分野	項目	説明	配点
Section1	Short Speech	与えられたトピックの中からひとつを選び、論点とその根拠をまとめ、首尾一貫したスピーチを組み立てる能力	10
Section2	Interaction	面接委員とのやりとりの中で、それぞれの質問に対して臨機応変に応答し、会話を継続する能力	10
Section3	Grammar and Vocabulary	幅広い範囲の語彙・文法を正確かつ適切に運用する能力	10
Section4	Pronunciation	発音・アクセント・イントネーションを正しく運用する能力	10
		合計	40*

＊40点満点は素点ですが、CSEスコアは850点満点で換算されます。

　ではエッセイの模擬問題に取り組みましょう。

意見論述模擬問題にチャレンジ！

　ここで実際にエッセイを書く練習をしてみましょう。模擬問題は2問あります。それぞれトピックを見て、**賛成と反対の両方の立場からキーワードを3つ考えてくださ**い。次にその3つのキーワードをサポートする文の内容を考え、先に紹介したフォーマットに当てはめてエッセイを書いてみてください。エッセイをすぐに書くのが難しい場合は添削エッセイを読んで改善点などを学んだ後に、ご自分でもエッセイを書くことに挑戦してください。

　てはまずひとつめの模擬問題をどうぞ。

問題 I

- Write an essay on the given TOPIC.
- Give THREE reasons to support your answer.
- Structure: introduction, main body, and conclusion
- Suggested length; 200–240 words
- Write your essay in the space provided on Side B of your answer sheet.
  Any writing outside the space will not be graded.

TOPIC
Can racial discrimination be eliminated from society?

人種差別は社会からなくすことができるか？

添削エッセイ

反対の意見（人種差別はなくせないという意見の例）

（231 words）

　In modern society, racial discrimination can be seen in various human societies around the world. To tackle racial discrimination, ~~the United Nations is making~~ efforts to reduce the inequality in the world.　① people have been making

　However, I do not think that racial discrimination can be eliminated from society for the following three reasons.

　First, structural racism is ubiquitous ~~everywhere~~ in the world. For example, ② 削除
Oceanian countries have discrimination against minority peoples. India has the caste system even now. South Africa used to be notorious for discrimination based on the

apartheid policy against colored people. Under the circumstances~~, we should make an~~

③ 削除

~~effort to eliminate racial discrimination~~.

   Second, politicians   have often used   racial discrimination historically to gain political power. For example, U.S. President Donald Trump ∨ discriminated against

④ has

Hispanic people by building high walls on the border between the US and Mexico. Such racial discrimination will ~~contribute to~~ people's negative feelings toward other ethnic groups.   ⑤ engender

   Third, most people tend to think that a certain ethnic group is superior to another. ~~Especially~~, white people tend to regard themselves as ~~they are~~ superior to other

⑥ In particular,   ⑦ 削除

people, and non-white people take it for granted. For example, racial discrimination ~~was seen~~ in ~~sports events such as swimming~~.

⑧ used to be blatant ⑨ sports such as swimming.

   In conclusion, for the three reasons mentioned above, its ubiquity, politicians' ∨

⑩ lust for

power, and ~~white people's superiority~~, racial discrimination cannot be eliminated

⑪ white supremacy

from society ~~because it is sporadic and ubiquitous.~~

⑫ 削除

....

☞ ① 人種差別をなくすために努力してきたのは国連だけではないので一般化します。また、これまでも今も努力しているので現在完了進行形がふさわしいです。

☞ ② ubiquitous と everywhere はほぼ同意。冗長になるので何れかを削除しましょう。

☞ ③ このパラグラフはあくまでも差別がなくならない理由について述べているので、このような提案は不要です。

☞ ④ 時制注意。過去形にすると「現在はそうではない」という意味になり、ここでは現在も続いている内容なので現在完了形にします。

☞ ⑤ contribute to people's negative feelings は初めから存在する「否定的な感情」への一助となる、の意になります。ここでは否定的感情が「生み出される」という意味がふさわしいので engender にします。

☞ ⑥ especially は、既述の内容と比較して重要度が高いものを表す際に使われるので、文頭で用いることはできません。

☞ ⑦ regard A as B の B 部分に節は使えません。名詞や形容詞などの語または句にします。

☞⑧ was seen では現在が差別が一切ないと解釈されてしまいますが、残念ながらゼロだとは言えないので used to be blatant と、「かつてはあからさまだった」にするのが最適でしょう。

☞⑨ A such as B の A と B は同カテゴリーでなければなりません (e.g. fruits such as oranges)。p.257 の「よくある文法・語法 TOP10」の④を参照してください。

☞⑩政治家の力 politicians' power ではなく政治家が権力を求めることなので politicians' lust for power（政治家の権力欲）にします。

☞⑪このパラグラフのポイントは白人が優れていると考えること、つまり白人至上主義に通じる考えなので supremacy が最適です。

☞⑫同パラグラフ内で「上述の 3 つの理由で」と記しているのでここで改めて、理由を述べるのは不適切です。

＊1つ目の理由は単に人種差別が世界中に存在し、その例を挙げているのみです。これは「今あるからなくならないだろう」という論理で、なぜ存在するかという理由ではないので説得力のない内容になってしまいました。ここでは人間の本質の観点から理由を述べると説得力が強くなります。**2つ目の理由**もほぼ同様です。権力のために、という部分は良いのですが、普遍的な事実で例を挙げた方が説得力が増します。**3つめの理由**は、白人至上主義の考えで説得力のある理由です。もう少し一般化した表現にするとなお良いでしょう。

点数

内容	構成	語彙	文法	合計
4 /8	**7** /8	**7** /8	**5** /8	**23** /32

総評

　1つ目の理由が非常に弱く、2つ目も一部の例を挙げるのみにとどまっていますので**内容点は 4 点**。パラグラフ**構成**は非常によくできていますが、結論部分でのシメが弱いので **7 点**とします。語彙も間違いが少ないので 7 点。**文法**は時制など目立つ間違いが見受けられましたので **5 点**とし、**合計 23 点**になりました。ここは文法を改善して合格点に近づけたいところです。

本質を突いた理由で説得力を高めよう！

サンプルエッセイ

＜反対の意見＞（人種差別はなくせないという意見の例）

(237 words)

In modern society, people have strived to eradicate racial discrimination through education, the establishment of laws, and international cooperation. However, I do not think that racial discrimination can be eliminated from society for the following three reasons.

First, the uncontrollable natural human desire to feel superior to others will often cause discrimination against different groups. People often try to increase their self-esteem by regarding a certain group as inferior to themselves. This inherent human desire leads to territorial expansionism and to an endless vicious circle of discrimination against different people, especially minorities.

Second, in-group favoritism due mainly to fear of the unknown contributes to racial discrimination. This trait has served as a defense mechanism against a fear of the unknown in the human evolutionary process. This exclusionism is common to animals in general as a way to keep their species safe. In the case of human beings, this mentality leads to discrimination against other races.

Third, the deep-rooted social structure of white supremacy makes it difficult to remove racial discrimination. White people have historically dominated the world geographically and economically. This domination has instilled in people Western-oriented values which often place Caucasians higher in the hierarchy than other races.

In conclusion, for the three reasons mentioned above, a human desire to feel superiority to others, human in-group favoritism, and the deep-rooted sense of white supremacy, I do not think that racial discrimination can be eliminated from society.

和訳

　現代社会では教育や法の制定、また国際協力によって人種差別をなくすように尽力してきた。しかし私は次の3つの理由から人種差別は完全には社会からなくならないと思う。

　まず、人間の持つ他者よりも優位でありたいという制御できない欲望によって他の集団を差別することがよくある。あるグループを自分よりも劣るものとみなし、自尊心を持とうとするのである。この人間の性によりナワバリを広げ、他者、特に少数派に対する差別につながるという悪循環を生み出すことになる。

　次に、未知のものを恐れることで、身内びいきをすることにより人種差別が起こる。この特徴は進化過程において未知のものを恐れるという防御反応として機能している。このような排他性は種を守るために動物全般に共通するものだが、人間の場合は特に人種差別につながるのだ。

　そして、根深く残る白人至上主義の社会構造が人種差別をなくすことを困難にしている。白色人種は地理的にも経済的にも世界を支配してきた歴史がある。このことで人々は白人が他人種よりも優れているという白人の価値観を植え付けられてきたのだ。

　結論として、上述の他者よりも優位でありたいという欲望、身内びいきそして根深く残る白人至上主義という3つの理由から、私は人種差別は完全には社会からなくならないと思う。

ポイント

☞「人種差別は完全にはなくならない」のポイントは**「他者よりも優位でありたいという人間の欲望」「身内びいき」「白人至上主義」**です。教育や法律などで努力はしても、人間の持つ本質や性、社会の構造は変えることが出来ないので、このトピックは**反対意見で書く方が説得力がある**と言えます。

8日目

ライティング&二次試験

ではエッセイ模擬問題をもう1問。

問題 2

- Write an essay on the given TOPIC.
- Give THREE reasons to support your answer.
- Structure: introduction, main body, and conclusion
- Suggested length; 200–240 words
- Write your essay in the space provided on Side B of your answer sheet.

Any writing outside the space will not be graded.

> TOPIC
>
> Is the extinction of some plant and animal species inevitable?

動植物の絶滅は避けられるのか？

添削エッセイ

反対の意見（絶滅は避けられるという意見の例）

(191 words)

It has been a controversial issue whether or not it is inevitable that some plant and animal species will become extinct. Some people argue that it is inevitable. However, I personally do not think that the extinction of some plant and animal species is inevitable for the following three reasons.

First, the development of freezing technology can preserve the seeds of endangered species for a long time. ① For example, Seed Vault in Norway and Japan. We can prevent the extinction of some plants by keeping seeds in a healthy condition until we need to use them.

Second, development of zoological technology can increase the number of young produced by endangered species at zoos, biosphere reserves and aquariums. For example, some zoos and aquariums ~~succeeded~~ artificial breeding of endangered
② have succeed in
species like elephants.

Third, environmental efforts and countermeasures to environmental destruction can decrease the speed of global warming and ∨ the eco-catastrophe which is the root
③ prevent
cause of the extinction of some plants and animals.

In conclusion, for the above-mentioned three reasons, development of freezing and zoological technologies, and our environmental protection efforts, I do not think that the extinction of some plant and animal species is inevitable.

☞ ① for example は原則として節を伴います。さらにこの部分は文になっていないので、例えば Seed Vault in Norway and Japan are making great efforts to preserve such species. など説明を加えましょう。

☞ ② succeed は自動詞が「成功する」、他動詞で使うと「継ぐ」の意になり、ここでは間違いです。さらに過去形だと現在とのつながりがなくなるので現在完了形にしなければなりません。

☞ ③ eco-catastrophe は decrease と意味がつながらないので prevent を挿入します。

点数

内容	構成	語彙	文法	合計
5 /8	6 /8	7 /8	6 /8	24 /32

総評

　テクノロジーや Seed Vault と言った機関の具体例を出すことで説得力のあるエッセイだと言えます。ただ、このトピックは人間が知る範囲でのいわゆる絶滅危惧種に関するものだけではなく、生物種全体の絶滅の可能性について述べなければなりません。その観点からは、絶滅危惧種に限定しているこのエッセイは説得力に欠けるでしょう。文法、語法のミスは非常に目立ちやすいので一見平易に見える単語についてもその用法を再確認して正しく使えるようにすることが重要です。

サンプルエッセイ

賛成の意見（絶滅は避けられないという意見の例）

(247 words)

Over the past decades, humans have threatened the existence of other species by exploiting nature. Some argue that human efforts can prevent their extinction, but I think that the extinction of some plant and animal species is inevitable for the following three reasons.

First, loss of natural habitats of wild species is caused by global warming and human invasion into their habitats. For example, industrialization and resultant excessive greenhouse gas emissions have contributed to global climate change, thus causing desertification and a rise in sea levels. Urbanization and deforestation resulting from human territorial expansion have destroyed many natural habitats.

Second, the introduction of invasive species as a result of globalization can cause the extinction of indigenous species. Advanced transportation has facilitated people's mobility and distribution to remote areas. These migrations lead to the introduction of foreign species to local areas, which often degrades the local ecosystem through an increase in the number of predators. The worst-case scenario is the extinction of indigenous species.

Third, overfishing causes the extinction of some marine species. For example, advanced fishing technologies combined with radar have increased the size of catches to a level far beyond that of traditional fishing. Such intensive and efficient fishing will rule out the possibility of the recovery of some marine population, thus leading to their extinction.

In conclusion, for these three reasons, loss of natural habitats, the existence of invasive species, and overfishing, I think that the extinction of some plant and animal species is unavoidable.

語注

□ invasive species　外来種　　　　　　　□ predator　捕食者
□ a worst-case scenario　最悪のシナリオ　□ indigenous species　在来種

　ここ何十年もの間、人間は自然を利用することでほかの種の存在を脅かしてきた。人間の努力で絶滅を防ぐことができるという人もいるが、私は次の３つの理由から、動植物で絶滅する種があることは避けられないと思う。

　まず、野生種の生息地喪失であるが、これは地球温暖化と人間が彼らの生息地に侵入したことで起きている。例えば、温室効果ガスを大量に排出する産業化は気候変動の一因となり、さらに砂漠化や海水面上昇につながる。人間が領域を広げるための都市化や森林伐採により多くの生息地が破壊されている。

　次にグローバル化によってもたらされる外来種の到来が在来種の絶滅になり得る。交通が発達し、人間は移動しやすくなり遠方にも行けるようになった。このように移動することで外来種を地元に持ち込むことになり、捕食者を増やしその土地の生態系を壊すことになる。最悪の場合、在来種が絶滅することがある。

　そして、乱獲をすることで海洋生物が絶滅する。例えばレーダーを用いた進んだ技術を使った漁では人の手での漁よりも漁獲高がずいぶん上がる。このような集中的で効率的な漁は海洋生物の個体数が回復するスピードを超えてしまい、絶滅につながるのだ。

　結論として、生息地の喪失、外来種の到来、乱獲という３つの理由により、私は動植物で絶滅する種があることは避けられないと思う。

☞「動植物が絶滅することは避けられない」のポイントは「**生息地の喪失**」「**外来種**」「**乱獲**」です。絶滅の原因は自然発生的なものもありますが人間の営みによるものが多いと考えられます。人間が今のペースで生活をしていくとこのような３つの要因で絶滅する種を増やすことになるのでこのトピックは**賛成意見で書く方が説得力がある**と言えます。

要約ライティング模擬問題にチャレンジ

先述の「2本柱メソッド」を用いて約3分の1に要約した文を完成させましょう。

In recent years, the discovery that certain insects possess the ability to consume and break down plastic materials has sparked a keen interest in the scientific community. These bugs, with their unique digestive systems, offer a potentially groundbreaking solution to the escalating crisis of plastic pollution. One of the most promising of these insects is the wax moth larva, known scientifically as Galleria mellonella. Commonly found to live in a beehives, these larvae were observed to have an unusual appetite for plastic, particularly polyethylene, a prevalent type of plastic used for shopping bags and packaging. Studies have shown that these larvae can consume and degrade polyethylene at a surprisingly rapid rate, because of a specific enzyme in their gut.

Similarly, the mealworm, the larval form of the darkling beetle, has demonstrated a remarkable ability to digest polystyrene, a common plastic found in products like Styrofoam. Researchers found that bacteria in the mealworm's gut effectively break down the plastic, converting it into organic compounds. This process not only helps reduce plastic waste but also transforms it into a potentially useful byproduct. These discoveries has profound implications. If these insects' abilities can be harnessed or replicated using biotechnology, it can lead to development of innovative and environmentally friendly methods of managing plastic waste. Such development can be a significant step in addressing the global problem of plastic pollution, though it also causes massive environmental and health problems, including wildlife extinction and water contamination.

However, this promising solution is not without challenges. Scaling up the process to the level of making a difference in global plastic waste is a complex issue. In fact, there are concerns about ecological implications of relying on living organisms for waste management, including the potential impact on their natural populations and habitats.

Despite these challenges, the discovery of bugs that eat plastic represents a novel and promising avenue in the quest to mitigate the environmental impact of plastic waste. As research continues, these tiny creatures might play a significant role in fostering a more sustainable future.

(348)

和訳

近年、ある種の昆虫がプラスチックを消費・分解する能力を持っていることが発見され、科学界では大きな関心と期待が高まっている。ユニークな消化システムを持つこれらの昆虫は、深刻化するプラスチック汚染の危機に対して画期的な解決策を提供する可能性がある。これらの昆虫の中で最も有望なもののひとつが、科学的にはガレリア・メロネラとして知られるハチミツガの幼虫である。ミツバチの巣によく生息するこの幼虫は、プラスチック、特に買い物袋や包装に使われる一般的なプラスチックの一種であるポリエチレンに異常な食欲を示すことが観察された。研究によると、これらの幼虫は腸内にある特定の酵素のおかげで、驚くほどの速さでポリエチレンを消費し、分解することができる。

同様に、ゴミムシダマシの幼虫であるミールワームは、発泡スチロールのような製品に見られる一般的なプラスチックであるポリスチレンを消化する驚くべき能力を示した。研究者たちは、ミールワームの腸内細菌が効果的にプラスチックを分解し、有機化合物に変えることを発見した。このプロセスは、プラスチック廃棄物の削減に役立つだけでなく、プラスチックを潜在的に有用な副産物に変える。これらの発見が持つ意味は大きい。これらの昆虫の能力をバイオテクノロジーの手段で利用したり再現したりすることができれば、プラスチック廃棄物を管理する革新的で環境に優しい方法につながる可能性がある。このような開発は、現在、野生生物の絶滅、水源の汚染、生態系の破壊など、大規模な環境・健康問題を引き起こしているプラスチック汚染という世界的な問題に取り組む上で、重要な一歩となるだろう。

しかし、この潜在的な解決策に課題がないわけではない。昆虫を用いる規模を拡大すると生態系が乱れかねない。実際、廃棄物処理を生物に頼ることの生態学的な影響は、その自然個体数や生息地への潜在的な影響も含めて懸念がある。このような問題にもかかわらず、プラスチックを食べる虫の発見は、プラスチック廃棄物が環境に与える影響を軽減するための探求において、斬新で有望な道を示している。研究が進めば、この小さな生物は、より持続可能な未来を育む上で重要な役割を果たすかもしれない。

☞各パラグラフの内容をまずは「1本目の柱」、骨格となる語句や文にアンダーラインを引き、さらに、それら「骨格」部分になる文を作ります。

1本目の柱

第1パラグラフ
●アンダーラインを引く部分

1文目　新しい発見について

・the discovery：何かが発見されたことが分かるキーワード
・〜 insects possess the ability to consume and break down plastic materials has sparked a keen interest in the scientific community.
（ある種の昆虫がプラスチックを消費・分解する能力を持っていることが発見され、科学界では大きな関心と期待が高まっている）

2文目　何故注目されているのか

・These bugs, with their unique digestive systems, offer a potentially groundbreaking solution to the crisis of plastic pollution.
（ユニークな消化システムを持つこれらの昆虫は、プラスチック汚染の危機に対して画期的な解決策を提供する可能性がある）

3—4文目　具体例

・the wax moth larva　ハチミツガの幼虫
・particularly polyethylene

5文目　幼虫の特徴

・these larvae can consume and degrade polyethylene at a surprisingly rapid rate, because of a specific enzyme in their gut.
（これらの幼虫は、腸内にある特定の酵素のおかげで、驚くほどの速さでポリエチレンを消費し、分解することができる）

▼

●情報整理 & 文章化

情報整理

アンダーラインを施した部分を元に、情報をまとめます。最初から英語でするのが難しい人は、このように日本語で情報をまとめてください。

・研究者はある種の昆虫がプラスチックを消費・分解する能力を持つことを発見した
・例えばハチミツガの幼虫は腸内にある特定の酵素のおかげで、驚くほどの速さでポリエチレンを消費し、分解することができる
・プラスチック汚染の危機に対して画期的な解決策を提供する可能性がある

▼

文章化

これらを本文の表現をほぼそのまま用いて英文にしてみましょう。

Researchers have recently discovered that insects including the wax moth larva possess the ability to consume and degrade polyethylene at a surprisingly rapid rate, because of a specific enzyme in their gut. They offer a potentially groundbreaking solution to the crisis of plastic pollution. (44)

訳 研究者たちは最近、ハチミツガの幼虫などの昆虫が、腸内の特定の酵素で、驚くほどの速さでポリエチレンを消費し、分解する能力を持っていることを発見した。それらは、プラスチック汚染の危機に対する画期的な解決策を提供する可能性がある。

第2パラグラフ

●アンダーラインを引く部分

1文目　他の虫の例

　・the mealworm ミールワーム

2文目　mealworm の特徴

　・Researchers found that bacteria in the mealworm's gut effectively break down the plastic, converting it into organic compounds.

　　（研究者たちは、ミールワームの腸内細菌が効果的にプラスチックを分解し、有機化合物に変えることを発見した）

3文目　有用性

・～ helps reduce plastic waste ～ transforms it into a potentially useful byproduct.

　　（プラスチック廃棄物の削減に役立つだけでなく、プラスチックを潜在的に有用な副産物に変える）

4文目　利用方法

・If these insects' abilities can be harnessed or replicated using biotechnology, it can lead to development of innovative and environmentally friendly methods of managing plastic waste.

（これらの昆虫の能力をバイオテクノロジーの手段で利用したり再現したりすることができれば、プラスチック廃棄物を管理する革新的で環境に優しい方法につながる可能性がある）

5文目　今後の見通し

・〜 would be a significant step in addressing the global problem of plastic pollution, though it also causes massive environmental and health problem

(大規模な環境・健康問題を引き起こしているプラスチック汚染という世界的な問題に取り組む上で、重要な一歩となるだろう）

▼

●情報整理 & 骨格文

情報整理

アンダーラインを施した部分を元に、まずは日本語で情報整理すると、以下の通りになります。

・研究者たちは、ミールワームも腸内細菌が効果的にプラスチックを分解し、有機化合物に変えることを発見した
・これらの昆虫の能力をバイオテクノロジーの手段で利用したり再現したりすることができれば、プラスチック廃棄物を管理する革新的で環境に優しい方法につながる可能性がある
・環境・健康問題を引き起こしているプラスチック汚染という世界的な問題に取り組むことができるだろう

▼

文章化

これらを本文の表現をほぼそのまま用いて英文にしてみましょう。

Researchers have found that mealworms also digest polystyrene with bacteria in their gut, effectively breaking down the plastic and converting it into organic compounds. If their abilities can be development of harnessed or replicated using technology, it can lead to development of innovative and environmentally friendly methods of managing plastic waste, but it also causes massive environmental and health issues.

(60)

🈟　研究者たちは、ミールワームも腸内細菌によってポリスチレンを消化し、プラスチッ

クを効果的に分解して有機化合物に変えることを発見した。もしミールワームの能力をバイオテクノロジーの手段で利用したり、複製したりすることができれば、現存環境と健康に大きな問題を引き起こしているプラスチック廃棄物を管理する、革新的で環境に優しい方法につながる可能性がある。

第3パラグラフ

●アンダーラインを引く部分

1文目　前述の内容を否定
・However　反論のキーワード
2文目　欠点その1
・Scaling up the process ～　a complex issue
（世界レベルに拡大することは複雑な課題）
3文目　欠点その2
・concerns about the ecological implications（生態学的な懸念）
・the potential impact on their natural populations and habitats
（自然個体数や生息地への潜在的な影響）
4文目　やはり利点がある
・a novel and promising avenue in the quest to mitigate the environmental impact of plastic waste.（プラスチック廃棄物が環境に与える影響を軽減するための、斬新で有望な方法である）
5文目　今後の見通し
・～ might play a significant role in fostering a more sustainable future
（より持続可能な未来を育む上で重要な役割を果たすかもしれない）

▼

●情報整理 & 骨格文

情報整理
アンダーラインを施した部分を元に、まずは日本語で情報整理します。

・プラスチックを食べる虫の利用を世界レベルに拡大することは難しい
・自然個体数や生息地に関する生態学的な懸念がある
・それでもプラスチックの環境への影響を減らし、持続可能な未来に貢献する可能性がある

▼

文章化

これらを本文の表現をほぼそのまま用いて英文にしてみましょう。

Scaling up the process to the level of making a difference in global plastic waste is a complex issue. There are also concerns about the ecological implications, including the potential impact on their natural populations and habitats. Despite these challenges, their discovery is promising for reducing plastic's environmental impact, thus leading to the creation of a sustainable future. (58)

訳 このプロセスを世界のプラスチック廃棄物に変化をもたらすレベルまで拡大するのは複雑な課題である。また、自然界の個体数や生息地への潜在的な影響など、生態系への影響も懸念されている。にもかかわらず、この発見はプラスチックの環境への影響を減らし、持続可能な未来に貢献する可能性を秘めている。

2本目の柱

次に「2本目の柱」へ進みましょう。「骨格文」を別の表現に変え、論理的な流れのパッセージを作ります。

●別の表現に変換

1本目の柱で作成した文中の表現を変えてみましょう。カッコ内の数字はワード数です。

① _1 Researchers have recently discovered that insects including the wax moth larva possess the ability to consume and degrade polyethylene at a surprisingly rapid rate, because of a specific enzyme in their gut. (32)

▼

Recent studies have unveiled that certain insects including the wax moth larva are capable of breaking down polyethylene very efficiently using a certain enzyme in their gut. (26)

リフレーズ技

別品詞 recently(副詞) → recent(形容詞)

類語類似表現

possess the ability to → be capable of ～ ing

degrade → break down
at a surprisingly rapid rate → very efficiently
because of → using
specific → certain

① _2 They offer a potentially groundbreaking solution to the crisis of plastic pollution.(12)

▼

,bringing an innovative solution to plastic pollution problems. (8)

リフレーズ技
分詞構文 ①と同じ主語なので分詞構文で 1 文に
類語類似表現
    offer → bring
    groundbreaking → innovative
    crisis → problems

② 1 Researchers have found that mealworms also digest polystyrene with bacteria in their gut, effectively breaking down the plastic and converting it into organic compounds. (24)

▼

Similarly, mealworms have been found to process polystyrene into organic materials, because of their gut bacteria. (16)

リフレーズ技
別構文　Researchers have found that mealworms ～
       → mealworms have been found to ～
別品詞　bacteria in their gut → their gut bacteria ＜名詞を形容詞的＞
類語類似表現
    also → similarly
    with → thanks to
    digest → process
    organic compounds → organic materials

②_2 If their abilities can be development of harnessed or replicated using technology, it can lead to development of innovative and environmentally friendly methods of managing plastic waste, but it also causes massive environmental and health issues. (36)

▼

Leveraging or mimicking these capabilities may pave the way for new and eco-friendly plastic waste management solutions, addressing major environmental and health problems. (23)

リフレーズ技

別構文 If their abilities can be harnessed or 〜 , it could lead to 〜
   → Leveraging or mimicking 〜　my pave 〜　＜ SVO 構文に＞
類語類似表現
    harnessed or replicated → leverage or mimic
    can lead to → may pave the way for
    innovative and environmentally friendly → new and eco-friendly
具体化 lead to 〜 methods of managing plastic waste
       → pave the way for 〜 plastic waste management solutions
       ☞ 「プラスチック廃棄物を管理する方法につながる」ということはつまり「プラスチック廃棄物管理を解決する道を開く」という意味。
    cause 〜 issues → address 〜　problems
       ☞ 「〜の問題に繋がる」ということは文脈から判断して「問題を対処する」という意味。

③_1 Scaling up the process to the level of making a difference in global plastic waste is a complex issue. There are also concerns about the ecological implications, including the potential impact on their natural populations and habitats. (37)

▼

Promoting the drive globally presents significant challenges, and potential damage to the insects' natural populations and their habitats. (18)

リフレーズ技

類語類似表現

> scale up the process to the level → promote the drive globally
>
> a complex issue → significant challenges (さらに複数形にして 1 語減)

別構文　There are also concerns ～

> → ～ and potential risks to ＜ 2 文を 1 文に＞
>
> ☞ there are/is は語数が多くなり間延びする。

具体化　concerns about the ecological implications, including the potential impact on their natural populations and habitats.

> → damage to the insects' natural populations and their habitats
>
> ☞ concerns about ～　including … は結局 risks to …と同じ。

＜別解＞

Despite significant challenges in promoting these processes and ecological concerns. (10)

③_2 Despite these challenges, their discovery is promising for reducing plastic's environmental impact, thus leading to the creation of a sustainable future. (17)

▼

Nonetheless, these findings on mitigating the adverse effects of plastic pollution hold considerable promise for promoting environmental sustainability. (18)

リフレーズ技

類語類似表現

> Despite → Nonetheless
>
> discovery → finding
>
> reduce ～ impact → mitigate the adverse effects of ～
>
> lead to → hold promise for

別品詞　a sustainable future → environmental sustainability

> ＜形容詞を名詞に＞

次に、文と文がうまく繋がるように最終チェックをしましょう。

●パッセージの流れを整える

② _1 の these は①で既出の内容なので繋がりが良い。② _2 と③ _1 は逆接になっているので However を追加します。

解答例 ||||||||||||||||||||||||||||||||||||||||||||||||||||||||||||||||||||||||||||||||||||||||||||||||||||||||

Recent studies have unveiled that insects like wax moth are capable of breaking down polyethylene efficiently with a certain enzyme in their gut, bringing an innovative solution to plastic pollution. Similarly, mealworms have been found to process polystyrene into organic materials because of their gut bacteria. Leveraging or mimicking these capabilities by biotechnology may pave the way for new and eco-friendly plastic waste management, addressing major environmental and health problems. However, promoting this drive globally presents significant challenges, and potential damage to the insects' populations and their natural habitats. Nonetheless, these findings to mitigate the adverse effects of plastic pollution hold considerable promise for promoting environmental sustainability.

(107)

和訳

最近の研究で、ハチミツガのような昆虫は、腸内のある酵素を使ってポリエチレンを効率的に分解できることが明らかになり、プラスチック公害解決の光が見えてきた。同様に、ミールワームも腸内細菌によってポリスチレンを有機物に加工することが示されている。バイオテクノロジーによってこれらの能力を活用したり模倣したりすることで、環境に優しい新たなプラスチック廃棄物管理ソリューションへの道が開かれ、環境と健康の大きな問題に対処できるようになるかもしれない。しかし、このような方法を地球規模に拡大することは非常に難しく、昆虫の個体数や自然の生息地に潜在的なリスクがある。とはいえ、プラスチック汚染の悪影響を軽減するこれらの発見は、環境の持続可能性を促進する上で大きな期待を抱かせるものである。

スピーキング模擬問題にチャレンジ

さて今度は二次試験に対応できるように、Q&Aトレーニングをしてみましょう。次の問題に答えられるか考えてみましょう。

二次試験用関連トピックQ＆A

Q1

Do you think Japan should make efforts to achieve gender equality?

サンプルアンサー 賛成意見の例

(91 words)

Yes, I think so for two reasons. First, there is still deep-rooted discrimination especially in the workplace. For example, female workers find it difficult to get promoted in many Japanese companies. Actually, far fewer women are in administrative positions in Japan than foreign countries, especially Scandinavian countries. Second, many Japanese women have to shoulder the double burden of house work and office work. Although an increasing number of women go out to work, most of them have to deal with multiple tasks, including household chores, nursing care, and other family-related work.

和訳

問 日本は男女平等になるようにもっと努力をすべきか？

答 私は2つの理由でそう思う。まず、職場ではまだ根強い男女差別がある。例えば日本の企業で女性が昇進することは難しい。実際、特に北欧諸国に比べると日本の企業で女性の管理職ははるかに少ない。次に家庭や職場での負担が大きい女性が多い。外で働く女性が増えているのにもかかわらず、たいていの女性は家事や育児や介護、そしてその他家の用事といった様々なことがらをこなさなければならない。

☞ これは賛成意見なら「職場で」「家庭で」のように場面別にすると話しやすいでしょう。反対意見の場合は「もっと努力すべき」と言う部分に異議を唱えると筋が通りやすくなります。例えばもうすでに男女雇用機会均等法などで改善はされている、AIなどの出現で家事などの労働は軽減される、などをキーアイデアにすることができます。従ってこのトピックは賛成でも反対でも意見を言えそうです。

Q 2
Do you think the legalization of same-sex marriage is beneficial to society?

サンプルアンサー 賛成意見の例

Yes, I think that it is beneficial to society for two reasons. First, the legalization will contribute to alleviation of discrimination against minorities. This is because it raises tolerance toward diversity. Under democratic law, every citizen should have the right to marry, and same-sex couples are no exception. With the legalization, people will realize the importance of accepting those minorities. Second, the legalization will help to vitalize the economy. Legalized marriage will lead same-sex couples to establish a stable life, thus leading to big purchases such as houses and cars.

和訳

問 同性婚の合法化は社会にとって有益か？

答 はい、私は2つの理由で有益だと思う。まず、同性婚の合法化は少数に対する差別を減らすことに役立つ。これは多様化に対して寛容になるという意識が高まるからだ。民主主義の法律ではすべての人が結婚する権利があり、同性カップルも例外ではない。法制化されると人々は少数派に目を向けることの重要性に気付くのだ。次に法制化すると経済が活発になるのに役立つ。法律上婚姻関係を持つことで同性カップルは安定した生活ができ、それが家や車など高額消費にもつながるのである。

☞ これは賛成意見なら上述のように「権利」「経済効果」の2点が挙げられます。反対意見は「宗教上の問題」「少子化加速懸念」などが挙げられます。

Q 3
Do you think we should promote political correctness in society?

サンプルアンサー 賛成意見の例

(125 words)

Yes, I agree with the promotion for two reasons. First, promotion of political correctness contributes to female empowerment by expanding job options for women. For example, by using gender-neutral job titles such as "chairperson" and "firefighter" in place of "chairman" and "fireman", people can become enlightened about the fact that there is no connection between gender and jobs. This will encourage women's participation in any kind of paid work. Second, promotion of political correctness contributes to social stability by eliminating prejudice and discrimination in multicultural societies. The use of politically correct expressions can encourage people to embrace cultural differences. Such mutual understanding will alleviate tensions between groups with different values because cross-cultural conflicts, including hate crimes, are often caused by a lack of cultural empathy.

和訳

問 ポリティカル・コレクトネスを推進すべきか？

答 はい、私は2つの理由で推進すべきだと思う。まず、ポリティカル・コレクトネスを広めることは、女性に対して職業の選択肢を広げ、その社会進出に貢献する。例えば、性別を特定する「チェアマン」や「ファイヤーマン」の代わりに、性別に中立な職業名「チェアパーソン」や「ファイヤーファイター」を使用することで、性別と仕事に関連性がないことを一般の人に啓発する。このことで、女性がどんな仕事でもやってみようと思える。次にポリティカル・コレクトネスの促進は、多文化社会における人種的偏見や差別を減らすことで、社会の安定につながる。政治的に正しい表現を使うことで、人は文化的相違を受け入れ、その結果、ヘイト犯罪のような価値観の異なる集団同士の緊張を緩和する。

☞ このトピックは賛成意見が「女性の社会進出を促す」「偏見や差別の軽減」です。反対意見は、現代社会の流れから判断すると非常に説得力が弱くなるので難しそうです。

Q4

Should we promote ecotourism to save species from extinction?

サンプルアンサー 反対意見の例

(112 words)

No we shouldn't think so for two reasons. Firstly, ecotourism can cause serious damage to ecosystems. An influx of eco-tourists into a pristine wilderness threatens the diversity of flora and fauna. Those areas are so fragile that foreign objects such as waste or microbes brought by tourists can seriously affect them. Once it has collapsed, an ecosystem cannot recover for a long time. Second, ecotourism increases CO_2 emissions from transportation. Vehicles, especially airplanes, emit a huge amount of CO_2, as tourists travel to remote areas of natural beauty. Contrary to popular expectations, the aims of ecotourism will not be achieved even if tourists are careful about the environment at their destinations, as they often end up degrading the environment in spite of their best intentions.

....

和訳

問 生物種を絶滅させないようにエコツアーを推進すべきか？

答 いいえ、2つの理由から推進すべきではないと思う。まず、エコツアーは生態系に深刻なダメージをもたらす可能性がある。自然のままの原野が残る地域にエコツアーの旅行者が流れ込むと動植物の多様性が脅かされる。このような場所はとても傷つきやすいので旅行者が持ち込むゴミや微生物といった外的な物質が生態系に深刻な影響を与える可能性がある。生態系はいったん壊れると、長い期間回復できなくなる。次に、エコツアーにより移動の際の二酸化炭素排出量が増加する。乗り物、特に飛行機は、旅行者が遠く離れた自然豊かな場所に移動する際、大量の二酸化炭素を排出する。どんなに目的地の環境に配慮したとしても結局は環境を悪化させてしまうので、人々の思惑とは裏腹に、エコツアーの目的は果たされないのである。

☞ 賛成意見の場合、大きな理由は「教育効果」のみだと考えられます。エコツアーの名の下で人が移動すると、土中などの微生物も含めた生態系が破壊されるので反対意見の方が理にかなっているといえます。

Q5

Do you think it's too late to prevent the loss of biodiversity on earth?

サンプルアンサー 反対意見の例

(111 words)

No, I don't think so for two reasons. First, advanced biotechnology can save endangered species, thus preventing biodiversity loss. iPS cell technology, for example, can save endangered species by producing appropriate medicine for injured or sick species, thus preventing their extinction. In addition, cloning technology can maintain the number of these species. Second, proper ecological education will heighten people's awareness of the ongoing problems, thus leading to their solution. The loss of biodiversity is caused mainly by human activities including worldwide travel, intrusion into pristine natural habitats, and large-scale emissions of greenhouse gases. Enlightened people should make efforts to prevent the loss of biodiversity by reducing their activities and working toward solutions.

....

和訳

問 生物多様性の喪失を防ぐことは遅すぎてできないのか？

答 いいえ、私は２つの理由から遅すぎないと思う。まず、バイオテクノロジーの発達で絶滅危惧種を救い、生物多様性を守る可能性がある。例えば iPS 細胞の技術により、けがや病気をした絶滅危惧種に適した治療薬を作り、絶滅を防ぐことができる。さらにクローン技術でそれらの種の個体数を維持できる。次に、生態学を正しく教育することは今ある問題に関する人々の意識を高め、喪失を防ぐことにつながる。生物多様性がなくなる大きな原因は人間の営みにより起きている、例えば世界旅行、自然の生息地への侵入、大量の温室効果ガス排出などである。教育を受けた人は活動を控え、問題への働きかけをすることで多様性喪失を防ごうとするにちがいない。

☞ このトピックの賛成意見は、もはや止めることができない「人間の産業開発」「食糧不足による乱獲」等が挙げられます。反対意見は上述のように「テクノロジーの発達」「教育」があります。どちらも説得力があります。

8日目 ライティング＆二次試験

Q6

Do you think that climate change is the biggest threat facing humankind?

サンプルアンサー 賛成意見の例 (86 words)

　Yes, I think so, for two reasons. First, climate change will lead to food shortages. Global warming causes desertification and abnormal weather, which are negatively affecting plant growth and animal habitats. With an increasing number of people worldwide, food shortages due to global warming will become the biggest problem. Second, climate change directly threatens our lives by increasing the number of natural disasters. Actually, recent natural disasters have already cost huge numbers of lives worldwide. In Japan, we have been seriously affected by numerous typhoons and torrential rains that have resulted in serious damage and casualties.

和訳

問 気候変動は人間にとって最大の危機だと思うか？

答 はい、2つの理由でそう思う。まず、気候変動によって食糧不足になる。地球温暖化で砂漠化が進み、異常気象が起きることで植物の生育や動物の生息地に悪影響を及ぼす。人口が増えているのに温暖化による食糧不足に陥るのは最大の危機となる。次に気候変動による自然災害が増えることで直接命を危険に晒す。実際最近の自然災害によって世界中で非常に多くの人命が奪われた。日本では数多くの台風や豪雨で被害を出した。

☞ このトピックの賛成意見は上述のように「食糧不足」「自然災害」が挙げられます。どちらも命にかかわることなので最大の危機だと言えます。反対意見の場合は他にもっと重要事項があると言う必要があります。例えば「貧困」や「不況」の方が差し迫った問題だ、など具体例を挙げて意見を言うとよいでしょう。

　以上でライティングと二次面接試験対策のトレーニングは終了です。コツはつかめましたか？なお、ライティングのレパートリーを増やしもっとトレーニングを行いたい方は、『英検1級ライティング大特訓』（アスク出版）をお読み下さい。

編著者略歴

植田一三（うえだ・いちぞう）

年齢・性別・国籍を超える英悟の超人（Amortal "Transagenderace" Philosophartist）。英語全資格取得・英語教育書ライター養成アスパイア学長。英語（悟）を通して人間力を高める、Let's enjoy the process!（陽は必ず昇る）を理念に、指導歴 40 年で、英検 1 級合格者を 3 千名以上輩出。出版歴 36 年で、著書は英語・中国語・韓国語・日本語学習と多岐に渡り 130 冊を超え、多くはアジア 5 か国で翻訳。ノースウェスタン大学修士課程、テキサス大学博士課程留学後、同大学で異文化コミュニケーション指導。オックスフォード大学で Social Entrepreneurship コース修了後、NPO 法人「JEFA（国際社会貢献人材教育支援協会）」主宰。リシケシュでインド政府公認ヨガインストラクター資格取得。比較言語哲学者、世界情勢アナリスト、シンガーソングライターダンサー。

著者略歴

由良毅（ゆら・たけし）

幼少期を英国で暮らし、その後、日本で英検 1 級（優秀賞）、国連英検特 A 級（外務大臣賞）、IELTS 9.0 を取得し、研究社主催のボキャブラリーコンテストで 3 年連続優勝（1990-1992）する。テンプル大学で経営学修士（MBA）を取得し、有機化学者（東京大学理学博士）として外資系の製薬企業で管理職を務めるが、科学分野にとどまらず、世界の歴史、文学にも造詣が深い世界をまたにかける日英独のトリリンガル。

上田敏子（うえだ・としこ）

鋭い異文化洞察と芸術的感性で新時代の英語教育界をリードするワンダーウーマン。バーミンガム大学翻訳修士（優秀賞）、アスパイア学際的研究 & 英語教育修士（優秀賞）修了後、ケンブリッジ大学、オックスフォード大学で国際関係論コース修了。国連英検特 A 級（優秀賞）、工業英検 1 級（文部科学大臣賞）、ミシガン英検 1 級、観光英検 1 級（優秀賞）、英検 1 級、TOEIC 満点、通訳案内士取得。アスパイア副学長、JEFA[国際社会貢献人材教育支援協会] 副会長であると同時に、アスパイア英検 1 級・国連特 A 級・IELTS 講座講師。著書は 60 冊を超え、代表作は『英検ライティング & 英検面接大特訓シリーズ』、『IELTS & TOEFL iBT 対策シリーズ』、『TOEIC 990 点突破シリーズ』、『英語で説明する日本の文化シリーズ』、『外国人がいちばん知りたい和食のお作法』。

中坂あき子（なかさか・あきこ）

アスパイア英語教育書 & 教材制作・翻訳部門の主力メンバー。英検 1 級取得。トロント大学に留学後、名門府立高校で約 23 年間、英語講師を務める。美学と音楽に造詣が深く、高い芸術性を教材作りとティーチングに活かした新時代のエジュケーショナルアーティスト。主な著書に『スーパーレベル類語使い分けマップ』、『英語ライティング至高のテクニック 36』、『真の英語力を身につける 英文法・語法完全マスター』、『英検 1 級最短合格！リーディング問題完全制覇』、『英検 ®1 級ライティング大特訓』、『英語の議論を極める本』、『英検 ®1 級完全攻略必須単語 1750』、『Take a Stance』などがある。

英検®1級　8日間で一気に合格！

2024 年 4 月 23 日 初版発行
2024 年 8 月 8 日 第 4 刷発行

編著　　　植田一三
発行者　　石野栄一
発行　　　ｱ明日香出版社
　　　　　〒 112-0005 東京都文京区水道 2-11-5
　　　　　電話 03-5395-7650
　　　　　https://www.asuka-g.co.jp
デザイン　西垂水敦 + 市川さつき（krran）
英文校正　Stephen Boyd
印刷・製本　シナノ印刷株式会社

巻末付録

これだけは覚えよう！必須語いグループ

150

フラッシュカードで

1 ○	辛辣な言葉 （　　　） remarks	
2 ○	熱烈な支持者 （　　　）supporters	

みるみる身につく！

巻末付録の使い方

　巻末付録には、英検1級合格のために必要な単語力を最短で身につけるために、グループで覚えられるフラッシュカードを用意しました。使い方は次の通りです。

---

① 3～24ページまでを、1ページずつ切り離しましょう。

② リストの太い線を切って、1枚ずつのカードにしましょう。

③ 必要に応じて、パンチで穴をあけましょう。（○を目印に）

④ フラッシュカードの完成です！

　カードの表には、日本語と空欄のある英語フレーズが書いてあります。裏には空欄に入るいくつかの単語が書いてあります。

　ひとつの日本語に対して、できるだけたくさんの英単語が思い浮かぶように、持ち歩いてトレーニングしましょう！

　英検1級でも、問題と選択肢が違う単語で言い換えられることがたくさんありますが、このフラッシュカードは非常に効果的な対策になります。ぜひ活用してくださいね！
Good luck!!

(**acrimonious**, **caustic**, acrid, acerbic, **scathing**) remarks	1 ○
(**ardent, fervent, vehement, avid, staunch**) supporters	2 ○

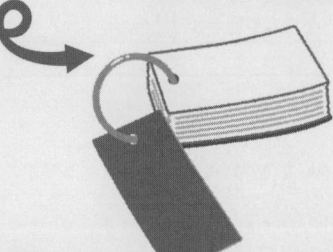

2

3 ○ 勇敢な探検家 ( ) explorers	10 ○ 秘密会議 a ( ) meeting
4 ○ ありふれた話 a(n) ( ) story	11 ○ 下品な作法 ( ) manners
5 ○ 内気な女性 a ( ) lady	12 ○ 束の間の愛 ( ) love
6 ○ 軽蔑的な言葉 ( ) remarks	13 ○ あいまいな返事 a(n) ( ) answer
7 ○ 好戦的な支配者 a ( ) ruler	14 ○ 不可解な文書 ( ) writing
8 ○ きつい仕事 ( ) work	15 ○ いまわしい犯罪 a(n) ( ) crime
9 ○ 熱心な労働者 ( ) workers	16 ○ 気紛れな恋人 a(n) ( ) lover

a (**clandestine, covert, furtive**) meeting	10 ○	(**audacious, intrepid, daring, gallant,** valiant) explorers	3 ○
(**boorish, uncouth, crass**) manners	11 ○	a(n) (**banal, mundane, prosaic,** insipid, **mediocre**) story	4 ○
(**ephemeral,** evanescent, fleeting) love	12 ○	a (**demure,** self-effacing, **bashful, coy, diffident**) lady	5 ○
a(n) (**evasive, equivocal,** noncommittal) answer	13 ○	(**derisive, disparaging, derogatory, pejorative,** snide) remarks	6 ○
(**cryptic, arcane, esoteric**) writing	14 ○	a (**belligerent, bellicose**) ruler	7 ○
a(n) (**flagrant, blatant, atrocious, heinous, hideous**) crime	15 ○	(**demanding, arduous, strenuous, grueling,** uphill) work	8 ○
a(n) (**fickle, capricious,** mercurial, **erratic,** volatile) lover	16 ○	(**assiduous, zealous,** sedulous) workers	9 ○

17 ○	手におえない少年 (　　　) boys	24 ○	非情な独裁者 a (　　　) dictator
18 ○	恐ろしい話 a(n) (　　　) story	25 ○	歓喜した勝者 (　　　) winners
19 ○	悲痛な体験 (　　　) experience	26 ○	おいしい果物 (　　　) fruit
20 ○	甘いものへの飽くなき欲望 a(n) (　　　) appetite for sweets	27 ○	わいせつな雑誌 a(n) (　　　) story
21 ○	ものすごい記憶力 a (　　　) memory	28 ○	後悔している犯罪人 a (　　　) criminal
22 ○	法外な値段 a(n) (　　　) price	29 ○	ばかげた考え a(n) (　　　) idea
23 ○	貧しい学生 (　　　) students	30 ○	むかつくような態度 a (　　　) attitude

	24		17
a (**ruthless, remorseless**) dictator	○	(**fractious, unruly,** recalcitrant, refractory) boys	○
(**jubilant, ecstatic**) winners	25 ○	a(n) (**gruesome, horrid, appalling, lurid,** macabre, ghastly) story	18 ○
(**luscious, delectable**) fruit	26 ○	(**harrowing, wrenching,** distressing, **excruciating**) experience	19 ○
a(n) (**obscene, filthy, salacious, lewd**) story	27 ○	a(n) (**insatiable, voracious**) appetite for sweets	20 ○
a (**penitent, repentant, remorseful**) criminal	28 ○	a (**prodigious, uncanny,** supernatural) memory	21 ○
a(n) (**preposterous, ludicrous,** farcical, asinine) idea	29 ○	a(n) (**prohibitive, exorbitant,** inordinate, unconscionable) price	22 ○
a (**repellent, repulsive, revolting, repugnant**) attitude	30 ○	(**destitute, impoverished, indigent, needy**) students	23 ○

31 ○	元気な若い女性 a (　　　) young woman	38 ○	簡潔な説明 (　　　) explanations
32 ○	魅力的なスマイル a(n) (　　　) smile	39 ○	酷暑の日 (　　　) days
33 ○	へつらう部下 a(n) (　　　) subordinate	40 ○	毒性物質 (　　　) substances
34 ○	粘り強い努力 (　　　) effort	41 ○	冗長な記述 a (　　　) description
35 ○	全くの愚行 a(n) (　　　) folly	42 ○	横柄な態度 a (　　　) attitude
36 ○	食欲をそそるにおい a(n) (　　　) smell	43 ○	ぶっきらぼうな態度 a (　　　) manner
37 ○	汚職がはびこって be (　　　) with corruption	44 ○	慢性病 a(n) (　　　) disease

(**succinct, pithy, terse, laconic**) explanations	38 ○	a (**brisk, vivacious,** spirited, **animated**) young woman	31 ○
(**sweltering, scorching, torrid,** sizzling) days	39 ○	a(n) (winsome, **engaging,** inviting, **enchanting**) smile	32 ○
(**toxic, venomous, noxious**) substances	40 ○	a(n) (**fawning,** obsequious) subordinate	33 ○
a (**verbose, redundant,** wordy) description	41 ○	(**strenuous,** unremitting, **persevering, dogged**) effort	34 ○
a (haughty, cavalier, **condescending, patronizing**) attitude	42 ○	a(n) (unmitigated, **downright, consummate**) folly	35 ○
a (**blunt, brusque, curt,** bluff) manner	43 ○	a(n) (**tempting, seductive, enticing, tantalizing**) smell	36 ○
a(n) (chronic, **intractable, inveterate**) disease	44 ○	be (**rife, fraught, rampant**) with corruption	37 ○

45 ○	派手派手しいドレス a (　　　) dress	52 ○	陰気な性格 a (　　　) character
46 ○	外向的な女性 a(n) (　　　) woman	53 ○	弱々しい体 a (　　　) body
47 ○	冒とく的な言葉 (　　　) language	54 ○	停滞している経済 a(n) (　　　) 　economy
48 ○	元気のない労働者 (　　　) workers	55 ○	田舎の生活 a(n) (　　　) life
49 ○	ギャンブル狂いの人 a(n) (　　　) gambler	56 ○	差し迫った危険 a(n) (　　　) danger
50 ○	筋の通った意見 a(n) (　　　) 　argument	57 ○	説得力のある主張 a (　　　) argument
51 ○	厄介な問題 a (　　　) problem	58 ○	不吉な前兆 (　　　) signs

a **(dour, sullen, sulky)** character	52 ○	a **(flamboyant, flashy, gaudy,** garish) dress	45 ○
a **(frail, fragile, feeble, infirm)** body	53 ○	a(n) (outgoing, **gregarious, extroverted,** ebullient) woman	46 ○
a(n) **(sluggish, ailing, stagnant, anemic)** economy	54 ○	**(profane, blasphemous,** irreverent, impious) language	47 ○
a(n) **(idyllic,** pastoral, **rustic,** bucolic) life	55 ○	**(sluggish, listless)** workers	48 ○
a(n) **(imminent, impending, looming)** danger	56 ○	a(n) **(compulsive, obsessive, confirmed)** gambler	49 ○
a **(compelling, cogent,** telling) argument	57 ○	a(n) **(coherent,** consistent, **articulate, tenable)** argument	50 ○
(ominous, portentous, sinister, foreboding) signs	58 ○	a **(thorny, knotty,** sticky, **ticklish, touchy)** problem	51 ○

59 ○	皮肉な言葉 (　　　) comments	66 ○	空想的な考え (　　　) ideas
60 ○	喫煙の有害な影響 (　　　) effects of smoking	67 ○	やかましい群衆 a(n) (　　　) crowd
61 ○	もろい証拠 (　　　) evidence	68 ○	器用な外科医 a (　　　) surgeon
62 ○	すさまじいペース a (　　　) pace	69 ○	やつれた患者 a(n) (　　　) patient
63 ○	禁欲的な生活 a(n) (　　　) life	70 ○	取り返しのつかない損害 (　　　) damage
64 ○	偏った見方 (　　　) views	71 ○	おしゃべりな女の子 a (　　　) girl
65 ○	揺るぎなき信念 a(n) (　　　) belief	72 ○	肉食動物 (　　　) animals

(**visionary**, utopian, chimerical, **quixotic**) ideas	66 ○	(**sarcastic, satirical, cynical, sardonic**) comments	59 ○
a(n) (**vociferous, uproarious, clamorous**, obstreperous) crowd	67 ○	(**detrimental, deleterious, pernicious**) effects of smoking	60 ○
a (**dexterous, deft, adroit**) surgeon	68 ○	(**flimsy, tenuous,** insubstantial) evidence	61 ○
a(n) (**emaciated, gaunt, haggard**) patient	69 ○	a (**frantic, frenetic, frenzied**) pace	62 ○
(**irreparable, irrevocable**) damage	70 ○	a(n) (**ascetic, austere**, monastic, puritanical) life	63 ○
a (**loquacious**, voluble, **garrulous**) girl	71 ○	(**slanted, biased, bigoted**, lopsided) views	64 ○
(**predatory, carnivorous**, rapacious) animals	72 ○	a(n) (**unwavering**, unshakable, **steadfast, unflagging**) belief	65 ○

73 ○	ピリッとする食べ物 (　　　) food	80 ○	彼の権利を侵害する (　　　) on his right
74 ○	穏やかな生活 a (　　　) life	81 ○	その所有物を没収する (　　　) the property
75 ○	痛みを和らげる (　　　) pain	82 ○	アリバイをでっちあげる (　　　) an alibi
76 ○	計画にお金を割り当てる (　　　) money for a project	83 ○	問題を熟考する (　　　) a matter
77 ○	その知らせに仰天する be (　　　) by the news	84 ○	ライバルと競う (　　　) a rival
78 ○	労働組合員と口論する (　　　) with the unionists	85 ○	申し込みが殺到する be (　　　) with applications
79 ○	広告の効果をけなす (　　　) the effectiveness of ads	86 ○	敗者をあざける (　　　) the loser

(**encroach, infringe, trespass**, impinge) on his right	80 ○	(spicy, **pungent, piquant**) food	73 ○
(**confiscate, impound**) the property	81 ○	a (tranquil, **serene, placid, sedate**) life	74 ○
(**concoct, fabricate**) an alibi	82 ○	(**alleviate, mitigate, appease, allay, assuage**) pain	75 ○
(meditate on, **mull over**) a matter	83 ○	(**allocate**, allot, **earmark**) money for a project	76 ○
(contend with, **vie with, emulate**) a rival	84 ○	be (**astounded**, dumbfounded, stunned) by the news	77 ○
be (**deluged, inundated**, swamped) with applications	85 ○	(**wrangle, squabble, feud**) with the unionists	78 ○
(**deride, scoff at**, sneer at, jeer at, **taunt**) the loser	86 ○	(**belittle, disparage**, denigrate) the effectiveness of ads	79 ○

87 ○	町を破壊する (　　　) a town		94 ○	その権利を放棄する (　　　) the right
88 ○	考えを広める (　　　) an idea		95 ○	彼に考えを吹き込む (　　　) an idea in him
89 ○	動きを妨げる (　　　) the movement		96 ○	家の中をくまなく探す (　　　) a house
90 ○	英雄を褒め称える (　　　) a hero		97 ○	その話に魅了される be (　　　) by the story
91 ○	企てを防ぐ (　　　) an attempt		98 ○	(匂いが) 部屋に充満する (　　　) the room
92 ○	人々を行動へ駆り立てる (　　　) people into action		99 ○	反乱を扇動する (　　　) a revolt
93 ○	春の到来を告げる (　　　) the arrival of spring		100 ○	町を略奪する (　　　) a town

(**relinquish, renounce**, abdicate, cede, **waive**) the right	94 ○	(**devastate, ravage, annihilate**, raze, **obliterate**) a town	87 ○
(**instill, inculcate**, implant, infuse) an idea in him	95 ○	(**disseminate, diffuse, propagate**, disperse) an idea	88 ○
(**ransack**, comb, rummage through) a house	96 ○	(**encumber, hamper, impede, inhibit**, dampen) the movement	89 ○
be (**mesmerized, captivated, enthralled**) by the story	97 ○	(**exalt, extol, acclaim**, glorify) a hero	90 ○
(**permeate**, pervade, **saturate**) the room	98 ○	(**foil, thwart, forestall**, preclude) an attempt	91 ○
(**foment, instigate**, incite) a revolt	99 ○	(**galvanize, prod, nudge**, impel) people into action	92 ○
(**pillage, plunder, loot**) a town	100 ○	(**herald, harbinger**, presage) the arrival of spring	93 ○

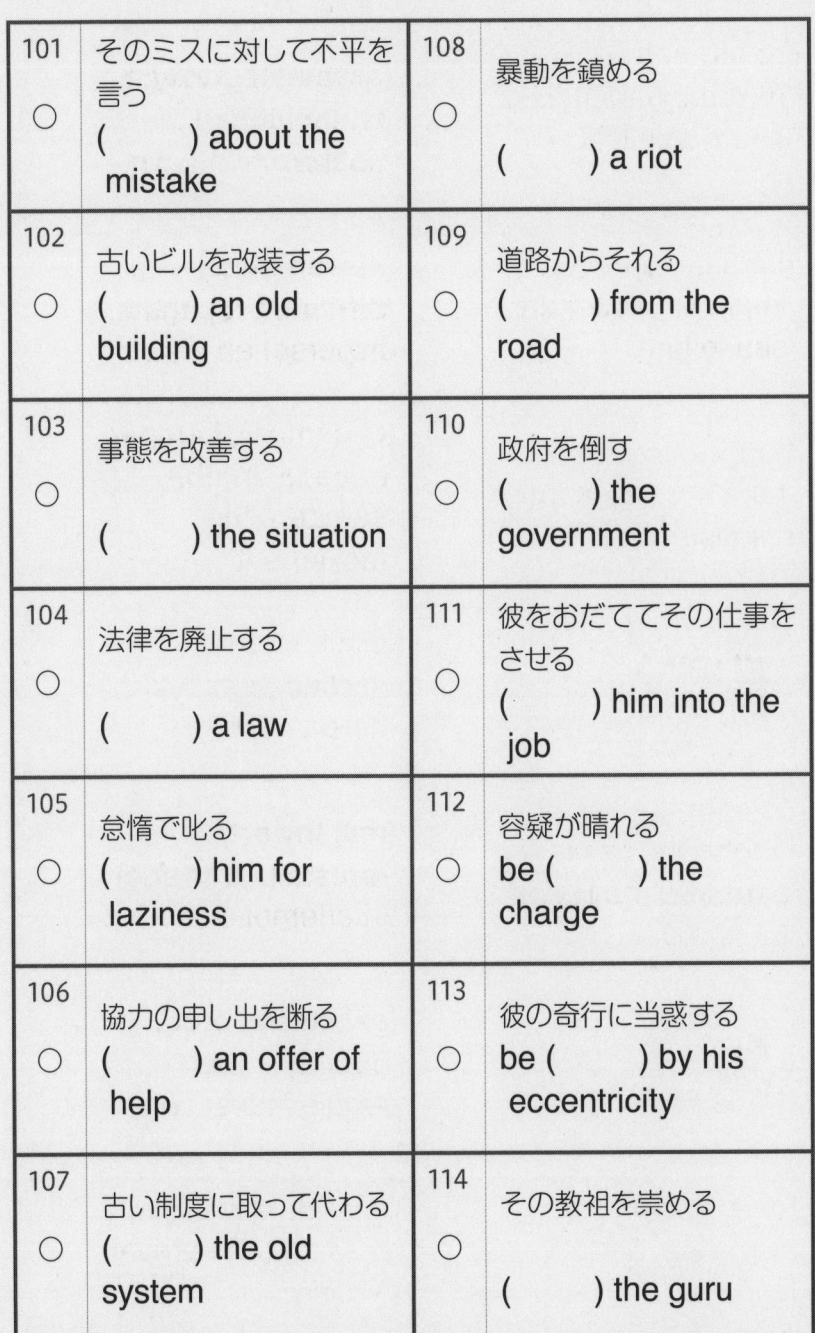

101 ○	そのミスに対して不平を言う (　　　) about the mistake	108 ○	暴動を鎮める (　　　) a riot
102 ○	古いビルを改装する (　　　) an old building	109 ○	道路からそれる (　　　) from the road
103 ○	事態を改善する (　　　) the situation	110 ○	政府を倒す (　　　) the government
104 ○	法律を廃止する (　　　) a law	111 ○	彼をおだててその仕事をさせる (　　　) him into the job
105 ○	怠惰で叱る (　　　) him for laziness	112 ○	容疑が晴れる be (　　　) the charge
106 ○	協力の申し出を断る (　　　) an offer of help	113 ○	彼の奇行に当惑する be (　　　) by his eccentricity
107 ○	古い制度に取って代わる (　　　) the old system	114 ○	その教祖を崇める (　　　) the guru

(suppress, quell, subdue) a riot	108 ○	**(grumble, gripe, whine)** about the mistake	101 ○
(deviate, diverge, swerve, veer) from the road	109 ○	**(renovate, refurbish, remodel)** an old building	102 ○
(topple, overthrow, subvert, overturn) the government	110 ○	**(remedy, rectify, redress,** ameliorate) the situation	103 ○
(cajole, coax, seduce, entice) him into the job	111 ○	(nullify, **repeal,** invalidate, **rescind,** abrogate) a law	104 ○
be(**acquitted of, vindicated from, exonerated from)** the charge	112 ○	**(reproach,** rebuke, **reprimand,** chide) him for laziness	105 ○
be (**confounded, baffled, mystified)** by his eccentricity	113 ○	**(repudiate,** spurn, **decline, rebuff)** an offer of help	106 ○
(revere, idolize, venerate, deify) the guru	114 ○	**(supplant, supersede, displace)** the old system	107 ○

115 ○	犯罪者たちを投獄する ( ) criminals	122 ○	紛争を調停する ( ) a dispute
116 ○	醜聞に巻き込まれる get ( ) in a scandal	123 ○	秘密をばらす ( ) a secret
117 ○	国の将来を脅かす ( ) the future of country	124 ○	落ち着きを失う lose his ( )
118 ○	神秘を解明する ( ) the mystery	125 ○	政権の崩壊 the ( ) of the regime
119 ○	部屋を花で飾る ( ) a room with flowers	126 ○	悪名高いいかさま師 a notorious ( )
120 ○	法律を施行する ( ) the law	127 ○	その計画実行への不安 ( ) about carrying out the project
121 ○	人々に重税を課す ( ) a heavy tax on people	128 ○	コンピュータの先駆け ( ) of the computer

(resolve, **mediate, arbitrate, reconcile**) a dispute	122 ○	(**detain, imprison, incarcerate,** jail) criminals	115 ○
(**uncover,** disclose, expose, **divulge**) a secret	123 ○	get (**embroiled, implicated,** entangled) in a scandal	116 ○
lose his (**composure, equilibrium,** equanimity, **poise**)	124 ○	(**jeopardize, endanger, imperil**) the future of country	117 ○
the (**demise, disintegration,** downfall) of the regime	125 ○	(**unravel, elucidate, shed light on,** illuminate) the mystery	118 ○
a notorious (**impostor, charlatan,** trickster, **con man**)	126 ○	(ornament, **embellish, adorn**) a room with flowers	119 ○
(**misgivings, qualms**) about carrying out the project	127 ○	(**enforce, implement, enact, invoke**) the law	120 ○
(**precursors,** forerunners, **trailblazers**) of the computer	128 ○	(impose, **levy, inflict**) a heavy tax on people	121 ○

129 ○	古代ギリシアの名残 ( ) of ancient Greece	136 ○	発展途上国の苦境 the ( ) of the developing countries
130 ○	政府への反乱 ( ) against the government	137 ○	誇張する傾向 a ( ) to exaggerate
131 ○	貿易会談の結果 the ( ) of the trade talks	138 ○	政治動乱 political ( )
132 ○	禁酒を実践する practice ( )	139 ○	ゲイに対する嫌悪 (an) ( ) toward gay people
133 ○	美徳の典型 the ( ) of virtue	140 ○	貧富の差 a ( ) between rich and poor
134 ○	政治的な大失敗 a political ( )	141 ○	大胆にも口答えする have the ( ) to talk back
135 ○	戦争の英雄を称える pay ( ) to a war hero	142 ○	行為への自責の念 ( ) for his deeds

the (**plight, predicament**) of the developing countries	136 ○	(**remnants, relics,** remains, **vestiges**) of ancient Greece	129 ○
a (**propensity, proclivity,** disposition) to exaggerate	137 ○	(**uprising,** revolt, **insurgence**) against the government	130 ○
political (**upheaval, turmoil,** disruption)	138 ○	the(**upshot, implications**) of the trade talks	131 ○
(an) (antipathy, **animosity, aversion(to)**) toward gay people	139 ○	practice (**abstinence, temperance, sobriety**)	132 ○
a (**disparity, chasm, discrepancy, schism**) between rich and poor	140 ○	the (**epitome, paradigm, paragon**) of virtue	133 ○
have the (**nerve, audacity, gall,** effrontery) to talk back	141 ○	a political (**fiasco, debacle,** flop)	134 ○
(**remorse,** compunction, **a pang of conscience**) for his deeds	142 ○	pay (**homage, tribute**) to a war hero	135 ○